戦後公教育の成立

京都における中等教育

小山静子
菅井凰展
山口和宏

編

世織書房

はじめに

本書は、タイトルからもわかるように、京都の中等教育をめぐる教育政策や教育実態を明らかにし、そのことを通して戦後公教育がいかにして成立したのか考察しようとするものである。このような本書の問題設定に対して、読者の中には、戦後公教育を論じるためになぜ京都を取り上げるのか、いぶかしく思う人がいるかもしれない。しかしそれはひとえに、これまでの戦後教育史の語られ方と関わっている。

戦後教育史の本をひもといてみれば、戦後教育史の叙述に際して、一つの定型化した見方が存在していることに気づく。それは一九七〇年代に成立したものであるが、非常に単純化していえば、次のような歴史叙述である。

すなわち、戦後教育改革によって憲法・教育基本法を理念的支柱とした「戦後民主主義教育」が成立する。そしてこの戦後民主主義教育を判断軸にしながら、一九五〇年代以降の教育状況を「逆コース」あるいは「反動化」としておさえ、戦後教育がいかに後退していくのかを問題にする。ついで一九六〇年代に登場した能力主義教育政策によって差別・選別の教育体制が生まれ、教育のあり方がいかにゆがめられていったのかを論じる、というものである。このような国家の教育政策の展開に対して、他方では、国民がどのように教育の「反動化」と闘い、教育運動が組織されていったのかが語られていく。そこにあるのは「国家の教育政策VS国民の教育」という分析枠組みであり、これは戦後教育史を叙述する際の所与の前提であった。

このような図式が、戦後教育史を叙述する際の大筋であろうが、「国家の教育政策VS国民の教育」というパラダイムの下で、京都の教育はまさに、「国民の教育」を象徴するものとして積極的に評価されてきた。なぜなら、一九五〇（昭和二五）年から一九七八（昭和五三）年まで続いた蜷川虎三府政は、「西の文部省」と呼ばれ、京都の教育は「民主教育の牙城」とみなされてきたからである。京都では、高校三原則（小学区制、総合制、男女共学制）が長期間にわたって存続し、カリキュラムの自主編成が行われるなど、京都の教育は戦後教育史において独特の位置をしめていた。

それゆえに、たとえば、「『多様化』をうたった後期中等教育の差別的な再編成が、各地でしだいに活気づきはじめている。……こうした現在の事態のなかで、あらためて高校三原則の意味と内実をとらえなおす必要性がうまれている。そこで、京都の高校教育は、有力な証言をあたえてくれるだろう」（『全書 国民教育10』明治図書、一九六七年、二八ページ）と、京都の教育は「反動化」の流れに抗するものとして位置づけられていた。また、「これからの高校教育を考えようとするとき、京都の教育抜きでは語れない、というのが私たちの自負であり、誇りである」（『これからの高校教育』明治図書、一九七九年、一三ページ）と、京都の教育はこれからの教育の指針たりうるものとして、誇りをもってとらえられてもいた。このような意味づけを与えられた京都の中等教育は、まさにそれゆえに、戦後公教育のありようを考察するにあたっての格好の研究対象となりうるのである。

これまで京都の教育について論じる際には、文部省の教育政策に対して京都ではいかに闘い、高校三原則を守り抜いてきたかが熱く語られ、京都の教育は民主教育、地域にねざした教育といった言葉で彩られていた。しかしながら、このような京都の教育に対する高い評価は、逆に、現実にどのような教育が行われ、そこではどのような課題が存在していたのか、明らかにすることをおろそかにしたのではないだろうか。

たとえば、本文で詳しく論じているように、総合制教育といっても、実際には一九五二（昭和二七）年より市立高校で、一九五四（昭和二九）年より府立高校で普通科のみの単独制高校が成立していた。そして「高校三原則を守り抜いている京都」というイメージが定着していった一九六〇年代半ばには、ほとんどの市立高校は単独制に移行していたし、府立高校でも、単独制の工業高校が成立していた。また総合制高校の場合も、多様な課程の生徒がともに学ぶのではなく、単に複数の課程が一つの学校の中に併存しているにすぎない多課程併置制へと変化している。しかも、蜷川知事自身も一九五〇年代から六〇年代にかけて、三原則にこだわらない旨を公言し続けていた。このような現実と、京都の教育に対して与えられる評価とのズレは、いったい何なのだろうか。

これまで、「民主教育を守っていく」という価値的文脈に京都の教育が位置づけられていたがゆえに、京都の戦後教育史を論じる場合にこれらの現実が無視されてしまい、実態を組み入れた歴史叙述ができていなかったように思う。そうであるならば、「国家の教育政策VS国民の教育」という認識枠組みから脱し、京都において戦後公教育がどのようにして成立し、そこにはどのような問題が存在していたのか、またそれは歴史的状況の変化とともにどのように変容していったのか、考察していかなければならないだろう。

このような本書の問題関心に対して、「戦後民主主義教育への否定的仮説に基づく研究」（教育の明日を考える会編『われら新制高校生』かもがわ出版、一九九九年、四ページ）という批判の声がなげかけられている。しかしもちろん、本書の真意は戦後民主主義教育の否定にあるのではなく、戦後の京都における教育の実像を明らかにし、なぜそのような教育が可能だったのか、そこにはどのような課題が存在していたのかを、歴史的文脈において明らかにすることである。

さらには、京都という一つの地域に視点をすえて、そこでの教育政策や教育実態を明らかにしていくことは、単に京都における教育実態を解明するだけでなく、戦後教育史研究の新たな地平を切りひらくものともなるだろう。これまで戦後教育史に関しては数多くの研究が公刊されてきたが、それらの研究は主に文部省やGHQ／SCAP（General Headquarters, Supreme Commander for the Allied Powers）に焦点をあて、国家レベルにおける教育制度改革や教育政策の解明を行ってきた。その結果、地方における教育の具体的なありようやその後の教育政策の展開は、さほど考察されてこなかったように思う。

たとえば、戦後教育改革において中等教育制度は大きく変化したが、新制中学校はまったく新しい教育機関として、いわばゼロの状態から設立されていかねばならなかった。また新制高等学校も、旧制の中学校や高等女学校、あるいは実業学校を再編しながら設立されていった。新制の中学校や高等学校は、このような大きな制度上の変革の結果として誕生したのだが、これらの学校がどのような過程を経て設立され、定着していったのか、あるいはその際にどのような課題が存在していたのか、いくつかの研究が存在するものの、十分に明らかにされているとはいいがたい。

いうまでもなく、中等教育機関の設置主体は都道府県や市町村である。個々の自治体では、文部省の政策に規定されながらも、それぞれの自治体がおかれている状況に応じて中等教育機関を設置していった。そして各自治体は試行錯誤を繰り返しながら、新しい学校制度を軌道にのせ、中等教育を定着させていった。そういう意味では、戦後の教育改革の実相、あるいはその後の教育の歴史的変化とその意味を明らかにするためには、国家レベルの教育動向を解明するだけでは不十分だろう。新しい教育制度がそれぞれの地域でどのように実施され、定着していったのか、その具体的な姿を検証していくことこそが必要なのではないかと考える。

そしてこのことは、戦後公教育の成立を教育の展開過程の中からとらえていくという視座を得ることにもつながっていくだろう。最初に述べた、戦後教育の成立、その後の反動化という図式でとらえられる戦後教育史の叙述では、戦後教育が戦後教育改革によって成立したということが所与の前提とされていた。しかし本文で論じていることを先取りしていえば、たとえば高校三原則は、最初から明確な理念に基づいて実施されたというよりは、理念よりも現実が先行し、その中で生じた様々な課題を解決しながら、理念が形成され、定着していったという側面もある。教育政策の展開と教育現実とのぶつかりあいや、理念と教育をめぐる様々な立場性の違いの中から、教育制度は確立していくのであり、公教育の制度は時間をかけて確立していくといえるだろう。したがって、このような長期的なタイム・スパンにおいて戦後公教育の成立をとらえてこそ、その歴史的な意味を考察しうると考える。

このような問題関心から共同研究を開始したのが一九九五（平成七）年であり、二〇〇〇（平成一二）年までの五年間の研究成果をまとめたものが本書である。

本書は大きく三部から成り立っているが、第一部は、京都の高校教育を特徴づける高校三原則を取り上げている。一九四八（昭和二三）年一〇月から一九八五（昭和六〇）年三月までの、三原則の長期間にわたる存続は、「民主教育の象徴」として賞揚されてきた。しかしその陰には様々な課題が存在しており、それらは社会的状況の変化とともに変化していった。その課題とはどのようなものであり、どのようにして問題解決が図られていったのか、さらにはどのようなプロセスを経て三原則が定着し、あるいは制度的に変質していったのか、歴史的に明らかにしている。

第二部では、高校教育とジェンダーの問題や高等学校の生徒会活動、さらには子どもたちの「問題行動」になげかけられるまなざしのあり方が論じられている。定時制高校や私学を通して行われた女子特性教育、他の都道府県に先駆けて行われた家庭科における男女共修の実施、生徒会活動の実相、全国で最後となった青少年条例の制定、これらのテーマから京都の高校教育の特徴が見えてくるであろう。

第三部では、一九四七（昭和二二）年四月に発足した新制中学校成立時の課題とその後の中学校の整備状況、そして中学校教育を軌道にのせるために奮闘した生徒たちやＰＴＡの取り組みを明らかにしている。

そのことを通して、新制中学校の成立が地域社会にいかに負担を強い、しかし他方でまさにそれゆえに、いかに学校と生徒・地域との緊密な関係性を生んだかが明らかになるであろう。

本書に収められたこれら八編の論文は、いずれも研究会での討論と草稿の相互批判をふまえている。しかしいうまでもないことだが、共通の問題関心をこえて、個々の執筆者には独自の論点があり、それぞれの論文はみずからの責任において書かれたものである。それゆえ、独立した論文として読んでいただければと思う。

＊

共同研究に集った一〇人ほどのメンバーは、必ずしも戦後教育史を専門とするものではなかったが、戦後の教育がいかにして生まれ、変化していったのか、できるだけ事実を掘り起こし、その姿を実証的に描き出したいという思いを共有していた。わたしたちは共同研究をはじめるにあたって、はじめから明確なマスタープランをもっていたわけではない。ほぼ月に一回、時にはダブルキャストで研究会を行っていったが、当初わたしたちは、先行研究を読みながら問題点を議論し、共通認識を形成することに努めた。そして次第に各人の問題関心に基づいて研究テーマを絞り込み、その報告、相互批判を重ねていった。いわば手探り状態で共同研究を行っていったといえるが、このことがかえって一人ひとりの問題意識を明確化させ、自由闊達な議論を生み出したのではないかと思う。今から振り返ってみれば、この共同研究は、「素人」であることの強みを武器とした、恐れを知らぬ大胆な試みであったといえなくもない。しかしその結果、京都における戦後教育を論じたこれまでの研究とは、ひと味もふた味も違った研究ができたのではないかと自負している。

わたしたちはこの書物で一歩を踏み出すことができたが、数多くの課題も残している。したがって、共同研究を継続し、残された課題を解明するのが本来のやり方であろうが、研究会発足から九年以上を経た現在、メンバーのおかれている状況は大きく変わってしまった。それゆえ、いまはただ、わたしたちの問題関心のありかをいささかでも披瀝できることでよしとしたいと思う。

なお、本書はもともと次に掲げる論文をもとに、書き直したものである。参考のため、初出の論文名と掲載誌をあげておきたい。

小山静子「新制高等学校における小学区制の実施とその課題」（『立命館大学教育科学プロジェクト研究シリーズⅩⅥ』二〇〇〇年）
山口和宏「戦後京都の高等学校における『総合制』の理念と現実――京都市内四校の『学校新聞』を中心に――」（『立命館大学教育科学プロジェクト研究シリーズⅩ』一九九八年）
山口和宏「戦後京都の高等学校における『総合制』の問題点――職業教育の実態を中心に――」（前掲『立命館大学教育科学プロジェクト研究シリーズⅩⅥ』）
小山静子「高等学校における男女共学の実現とその課題」（前掲『立命館大学教育科学プロジェクト研究シリーズⅩ』）
土屋尚子「戦後教育改革と女子特性教育論――京都府を事例として――」（前掲『立命館大学教育科学プロジ

ェクト研究シリーズXⅥ』)
森岡伸枝「『家庭一般』の男女共修——京都府を中心として——」(同前)
冨岡勝「新制高校における『生徒会』の成立——京都市立洛陽高等学校および京都府立鴨沂高等学校を中心に——」(前掲『立命館大学教育科学プロジェクト研究シリーズX』)
四方利明「児童・生徒の『問題』行動へのまなざし——京都府議会会議録を通して——」(同前)
四方利明「京都府における青少年条例の制定過程」(『立命館教育科学研究』第一三号、一九九八年)
四方利明「『問題』行動への教育的なまなざしをめぐって——京都府における青少年条例制定過程の背景を探る——」(前掲『立命館大学教育科学プロジェクト研究シリーズXⅥ』)
菅井凰展「発足当初の公立新制中学校——独立校舎の確保をめぐって——」(前掲『立命館大学教育科学プロジェクト研究シリーズX』)
菅井凰展「公立『新制中学校』の発足とその整備への歩み」(前掲『立命館大学教育科学プロジェクト研究シリーズXⅥ』)

本書をまとめるにあたり、研究会に熱心に参加していただいた、小股憲明、中村隆文、平尾智隆の三氏が、やむをえない事情で執筆していただけなかったことは心残りであった。また、伊藤武夫、斉田直実、杉林隆、竹中暉雄、張海英、閔軍、三原芳一、村岡洋子の諸氏には、研究会において貴重なご意見をたまわった。これらの方々に感謝したい。また史料調査にあたっては、以下の方々や諸機関にお世話になった。

この場を借りてお礼申し上げたい。荒木功、井口和起、小畑登、土田寛、谷川邦宏、永田照夫、西田茂戸子、橋本紀子、藤原昭、松田正、森幸枝、府立鴨沂高校、府立桂高校、府立嵯峨野高校、府立朱雀高校、府立桃山高校、府立山城高校、府立洛北高校、市立西京商業高校、市立銅駝美術工芸高校、市立日吉ヶ丘高校、市立伏見工業高校、市立堀川高校、市立洛陽工業高校、府議会図書館、府立総合資料館、京都府総合教育センター、市議会図書室、京都市役所情報公開コーナー、京都市永松記念教育センター、私学会館、大東文化大学全国高校新聞ライブラリー、立命館大学GHQデータベース作業室、立命館大学教育科学研究所。

また、世織書房の伊藤晶宣氏にはひとかたならぬお世話になった。このような地味な研究書の出版を引き受けていただいたことに対して、感謝の念で一杯である。

最後に、本書は立命館大学教育科学研究所における、一九九五―一九九七年度のプロジェクト研究「京都における『新教育』半世紀」、同じく一九九八―一九九九年度のプロジェクト研究「戦後教育の成立と転回」、および一九九七―一九九九年度の文部省科学研究費補助金基盤研究(C)(2)「京都における『新教育』半世紀」(課題番号09610286)の研究成果であることを記しておきたいと思う。

二〇〇四年六月

共同研究を代表して　小山静子

戦後公教育の成立・目次

I 高校三原則の成立と課題

小学区制

小山静子

はじめに

小学区制、総合制、男女共学制からなる高校三原則という概念は、一般的には、一九六〇年代から七〇年代半ばにかけて広く用いられるようになっていったが(1)、その際に大きな注目をあびたのが京都の高校教育であった。なぜなら、京都においては一九四八（昭和二三）年一〇月から一九八五（昭和六〇）年三月まで、一応まがりなりにも高校三原則が維持されていたからである。高校三原則は、戦後の学制改革において全国一律に実施されたわけではなかったが、実施されたところでも小学区制や総合制は一九五〇年代に徐々に姿を消していった。それに対して京都では、高校三原則の下で高校教育が行われ、京都は一九六六（昭和四一）年以降、小学区制が行われている唯一の都道府県となっていた。

このように京都の高校教育は全国的にみて大きな制度的特徴をもっていたが、この高校三原則の中でとりわけ注目したいのが小学区制という制度である。というのも、住んでいる地域によって進学する高校が決定されていく小学区制は、単に高校三原則の一つということにとどまらず、男女共学制、総合制を支える制度でもあるからである。小学区制をとる限りにおいて、男女別学、あるいは男女比が極端にアンバランスな高校が生まれる余地はなかった。また総合制も小学区制があればこそ、存続する可能性が高い制度であった。そしてその小学区制は、一九四八年から一九八五年まで根本的手直しが行われることなく存在していた。総合制が、多様な課程の生徒がともに学ぶという当初の姿から、一つの学校の中に複数の課程が併存する多課程併置制へと変質し、一部では単独制高校も誕生するというように、その内実が大きく転換していったのとは好対照である。

しかも小学区制の下では高校間格差がさほど生まれず、したがって過度の受験競争が生じないというメリットもあった。京都市域（京都市内及び乙訓地域）では、高校入試にあたって、小学区制とともに総合選抜制も併用されていたので、まず京都市域全体の合格者が決定され、そのうえで、住んでいる小学校の学区ごとに進学する高校が決まっていくという仕組みであった（後に、宇治・城陽地域、南山城地域、亀岡地域もこの仕組みをとるようになる）。それゆえ、同じ小学校の学区に住んでいても、年によって進学する高校が変わることがあるという問題があったが、その代り高校間格差はあまり存在していない。このことは、一九六〇年代以降、高校進学率の上昇、高校の序列化、受験競争の激化が全国的に進む中で、実に特筆に値することであった。だからこそ、一九六〇年代以降、京都の高校三原則が全国的に大きな注目を集めたのである。そしてこのことを象徴的に示しているのが、『毎日新聞』に一九六五(昭和四〇)年六月から連載されはじめ、一世を風靡した教育特集「教育の森」において、京都の小学区制が高い評価を受けたことであろう(2)。

そういう意味で、京都において長期間にわたって小学区制が存続していた意義は大きかったといえるが、問題は、なぜ京都では長期間小学区制が存在し、一九八五年になって新制度へと移行したのかということである。この問題は、これまではよく蜷川虎三から林田悠紀夫への府知事の交代のゆえであるとして語られてきた。もちろん府政の転換という政治的要因を無視することはできないだろう。しかし、小学区制の是非が教育問題である以上、本論では、小学区制自体が抱えていた課題という、もっと教育内在的な観点からこのことを考えてみたいと思う。すなわち、小学区制の成立経緯やそれに対する人々の受け止め方を明らかにすることによって、どのようにして小学区制が受け入れられていったのか検討するとともに、小学区制がどのような課題を抱えており、社会状況の変化に伴って、それがどのように変化していったのか考察していくことにしたい。

1　小学区制の成立

新制高等学校は、一九四八(昭和二三)年四月にスタートしたが、その開始にあたって文部省は学区のあり方について何も言及してはいなかった。ただ一九四八年七月に制定された教育委員会法が、その第五四条において、「都道府県委員会は、高等学校の教育の普及及びその機会均等を図るため、その所轄の地域を数箇の通学区域に分ける。但し、必要がある場合には、生徒の就学につきこれを調整することができる」と規定しているだけである。そして通学区の設定は一九四八年から翌年にかけて、各都道府県ごとに実施された高校統廃合と同時に実施されていった(3)。ちなみに、一九五二(昭和二七)年当時の都道府県ごとの学区制の実施状況は、普通科に関していえば、小学区制一八、小・中学区制併用八、中学区制九、不明一一である(4)。文部省は何も小学区制を推奨しているわけではなかったが、小学区制を採用している都道府県が多数であったことがわかる。

京都の場合、新制高等学校は実に変則的な形でスタートした。というのは、第八章でも述べられているように、一九四八年二月以降、京都軍政部ケーズ教育課長の強力な指導・勧告の下に義務教育優先の方針が確認され、四月一日より旧制中等学校の校舎の多くは新制中学校に転用されることになったからである。旧制中等学校は多くの校舎を失い、そっくり新制高等学校へ昇格することは不可能になった。その結果、新制高校へ昇格する際に、次に示すように、一つの学校へ二つ、三つの学校が同居することになり、九校で教室不足から二部授業が行われることになった（カッコの中の校名は旧制学校名。矢印によって示した学校が同居先の学校）。

府立鴨沂高校（第一高等女学校と嵯峨野高等女学校との合体）・府立洛北高校（第一中学校）↓鴨沂高校

府立朱雀高校（第二高等女学校）・市立二条高校（二条高等女学校）↓朱雀高校
府立桃山女子高校（桃山高等女学校）・市立伏見高校（伏見高等女学校）↓桃山女子高校
府立山城高校（第三中学校）・府立桂高校（第五中学校）↓山城高校
府立桃山高校（桃山中学校）・市立伏見商業高校（第三商業学校と伏見女子商業学校との合体）↓桃山高校
市立西京商業高校（第一商業学校）・市立西陣商業高校（第二商業学校）↓西京商業高校
市立洛陽工業高校（第一工業学校）・府立洛南高校（第二中学校）↓洛陽工業高校
市立伏見工業高校（第二工業学校）・市立四条商業高校（四条商業学校）↓伏見工業高校
市立堀川高校（堀川高等女学校）・市立城巽女子商業学校・市立中京高校（第一中学校）↓堀川高校
市立美術高校（美術工芸学校）↓美術高校
市立藤森高校（私立菊花高等女学校）↓藤森高校

このようにして京都市内には、普通科、工業科、商業科などからなる男女別学の単独制の公立高校が一一校誕生したのである。これらの同居は単なる寄合世帯でしかなく、二部授業の実施により、昼食時には、下校する生徒たちと登校する生徒たちとで校内は混乱し、教師の指導も十分に行われがたい状況であったという。そして高校教育が開始されてから二カ月ほどがたった時点で、早くも高校再編成の問題が論議されはじめている。というのは、一九五〇（昭和二五）年四月までに新制中学へ転用した校舎は返還される予定であったが、その目処がつかず、二部授業の弊害を是正するためには、抜本的な改革が必要不可欠だったからである。

一九四八年六月一九日の『京都新聞』は、トップニュースとして「京の新制高校ご破算」という記事を掲げ、「現在の府市立新制高等学校が全部御破算となつてその上で総合、男女共学地域制の新制学校が各所に生れ、生徒と教員はそれぞれ分散するという京都教育史上未層《(ママ)》有の学校改革が来る第二学期から行われることとなつた」と報じている。それによれば、この改革は府教育課及び公立高等学校長会でとりあげられ、市高等学務課もこれに賛同しており、府教育課の肝いりで、府市当局、校長会、教員組合、教育委員会（知事の諮問機関、教育委員会法に基づいた組織ではない）の代表からなる新制高校改革協議会（仮称）が発足することになったという。またこの記事には、府教育課長、山城高校長、高教組委員長、市高等学務課長の、再編成に原則的に賛同する談話も掲載されていた。立場の違いに関わりなく、再編成に異論が存在していなかったことがわかる。

その後の『京都新聞』によれば(5)、八月二日、市内公立高校長会と教職員代表による再編成案が天野利武教育部長へと手渡されている。これは六月一四日以来、一〇数回の会合の末に決定をみたものである。八月一三日には、この案をもとに府教育課と市高等教育課とが共同で府市案を決定し、八月二八日には、府教育委員会が再編成案の最終決定を行っている。そして九月二日に決定した、部長会議決定案「新制高等学校整備について」が、九月八日、府会全員協議会において発表されている。「新制高等学校整備について」は、高校整備に関する原則として、地域制（小学区制のことであるが、当時はこのようにいわれていた）、男女共学、綜合課程の三点を掲げており、京都市内では一〇月一五日、三原則に基づくまったく新しい高校が一〇校誕生することになった。その一〇校とは、府立の鴨沂・朱雀・桂・桃山・山城高校と市立の西京・伏見・堀川・洛陽・美術高校である。

では、なぜ地域制が採用されたのだろうか。京都市以外では市や町単位に高校が設置され、したがって高校ごとに地域的なまとまりも存在していたが、それと異なり、京都市内にあっては高校を地域で支え、地域の学校として高校をとらえる意識は稀薄であった。そういう状況の中で地域制をとるということは、かなり積極的な選択であったと思われるが、「新制高等学校整備について」は地域制の意義を次のように語っている。

（イ）税金によって維持されている諸学校に特殊な生徒達のみ入学を許し、且は、無意味な伝統、虚栄による学校差等の封建的慣習を排除するために、全公立学校に学校通学区を定め、その校区の全生徒に対して希望による教育が出来るよう措置することが望ましく、これによって真の「教育の機会均等」が得られる。

（ロ）地域制によりなるべく自宅より通学出来る距離の場所に生徒の進むべき学校が存在することは交通難、財政難を緩和し、殊に教育委員会法の制定された今日、是非実現すべき問題である(6)。

これからも明らかなように、地域制は学校差をなくし、教育の機会均等を実現するために、そしてまた交通難、財政難を緩和するために採用されたものであった。ただ京都市内の状況からすれば、前者の理由がより中心的な理由であったと思われる。そして地域制は比較的スムーズに実施されたらしく、地域制が採用されたことに対して、当時の新聞を見ても何も論じられていない。回顧談において、「地域制と言いながら、今までより遙かに遠い学校に転校しなければならない矛盾への不満等々、学校でも家庭でもこの改革に大反対だったのを思い出す」(7)という証言があるので、地域制に対してまったく不満がなかったわけではないだろう。しかし第三章で述べているように、男女共学が実施以前からその可否が大きく論じられ、反対運動の動きもあったことに比べると、それは大きく異なっていた。また第二章で明らかにされているように、総合制教育の意義が、「職業教育に対する蔑視観念の除去」や「広範な視野と人間性の涵養」という観点から主張されたのと異なり、地域制の意義が声高に語られなければならないわけでもなかった。そういう意味では、地域制はその是非が社会的に議論されることもなく、比較的簡単に、そして淡々と実施されていったように思われる。それというのも、地域制は京都にとって初めての経験ではなかったからである。

第一次世界大戦後、中等学校への入学希望者の増大に伴い、入試の激化が大きな社会問題となっていき、文部省は一九二〇年代後半から様々な入試制度改革に取り組んでいった。その一環として出されたものが、一九四一(昭和一六)年一一月二〇日の発普二七六号「中等学校入学者選抜ニ関スル件」である。ここにおいて文部省は、「学区制及綜合考査制ノ実施ヲ考慮スルコト」(8)を府県に対して求めていた。もちろん、考慮することを求めたのであるから、各府県は実施しなくてもよかったのであるが、京都府は全国に先駆けてこれを実施していくことになる。

一一月二二日の『京都新聞』は、早速この通牒について報じた「中等入試に区域制」という記事を掲載し、以後、入試制度改革に関する多くの記事が『京都新聞』をにぎわしている。戦時下にあって、紙面の大半が戦争関連の記事で埋め尽くされているなか、入試改革関係の記事の多さはひときわ目を惹くが、それだけこの問題が社会的な関心事であったのだろう。一一月二三日の『京都新聞』には、綜合考査制には賛成が多いが、学区制（小学区制と同義であるが、この時はこのように呼ばれている）は、中等学校が地域的に偏在しているという事情もあるので実施が難しい、という学校教育関係者の意見が掲載されたりしている(9)。

そして府では一二月一三日に中等学校入学者選抜法審議会を設置し、早くも一二月二六日に、学務課は一九四二（昭和一七）年度入試の新しい入試方法を発表した。それは、国民学校長の報告、人物考査、身体検査を併用した綜合考査制であり、通学距離の近い者から志望校へ入学させるというものであった(10)。ただ実際にこの方法がとられたのは、京都市内にある府・市立の六中学校、府・市立の六高等女学校、市立の四商業学校であり、各学校種別ごとに綜合考査制と学区制に基づいて、合格者の決定がなされている(11)。ちなみに、全国で一九四二年度入試において学区制を採用したのは京都ほか六府県、綜合考査制は京都だけであり(12)、京都の実施が先駆的な試みであったことがわかる。

なぜ京都が全国に率先して新しい入試方法を採用したのか、その理由は定かではないが、当時の府学務課長であった田村義雄は、その意義を次の七点にわたって指摘している（カッコ内は引用者による補足説明）。

1　優等生の落伍を防止し得た（成績上位者が特定の学校に集中して受験する結果、良い成績をとっても不合格となっていた事態が避けられた）
2　社会の信頼性を高めた（入学試験に伴う汚職の噂が絶えなかった状況が改善され、入試の透明性が確保された）
3　国民学校の進路指導を容易ならしめた
4　校差観念を払拭した
5　学校の修錬組織を強化した（生徒が学校周辺の地域にまとまっていることから、様々な修錬組織を組織するのが容易となった）
6　生徒通学の利便―交通緩和に有効であった
7　国民学校との連繫が容易となった(13)

学校格差をなくすことで過度の受験競争を防止し、入試の公平性を確保すること、地域との連繫を強化すること、これらの目的のために新しい入試制度が採用されたことがわかる。そして2や5の点を除けば、これらの意義は、戦後においても小学区制のメリットとして語られているものであった。

この綜合考査制と学区制による入試は一九四五（昭和二〇）年まで継続して行われたが、戦後初の入試となった一九四六（昭和二一）年度入試には変更がもたらされている。すなわち、綜合考査制は維持されたものの、学区制は廃止され、中学校や高等女学校などの学校種別ごとに合格者総数が決定された後に、受験生の志望に応じて入学校を決めていくという仕組みが採用されている(14)。その結果、ある学校を志望する合格者数が志望校の定員を超過した場合には、入試成績にしたがって志望校への入学が決定され、志望校への入学ができない者は、志望者が定員に満たない学校へ通学関係を考慮して配分されることになった。どうしてこのような制度に変更されたのか、その理由はわからない。またこれ以後、旧制中等学校の最後の一九四七（昭和二二）年度入試、新制高等学校の最初の一九四八（昭和二三）年度入試がどのようなやり方で行われたのかも、今のところはっきりしない。

それゆえ、一九四二年度入試以降、敗戦をはさんで一貫して地域制が行われていたというわけではないのだが、それでもこのような戦時下の経験があったればこそ、高校再編成に際して地域制が打ち出されても、さほど問題にならなかったと思われる。しかも戦時下の経験は、入試に伴う不正事件の防止や受験競争の緩和に役立ったとして、好意的に受けとめられていた(15)。それゆえ、この経験の延長線上に地域制の採用も受けとめられていたと思うが、このことは、次の不破治（元京都市教育長）の証言からもうかがうことができる。「（昭和二二年―引用者）四月だったと思いますが、アンダーソンとマックレランから、高等学校に通学区制をしくということはどうかと質問されたんです。……旧制中学の通学区域はお互にやっておったこともありますので、通学区域設定は出来るであろうと賛成しました」(16)。

この証言でもう一つ興味深いことは、一九四七年四月の時点で、軍政部から地域制の採用について打診がなされていたということである。実をいえば、一九四八年一〇月の高校再編成は、軍政部の圧力によって行われたというのが、当時の大方の共通認識であった。京都府会で議員たちや理事者たちは、再編成の実施を「Ｇ・Ｈ・Ｑの意向」（長谷川正直〔民主党〕『京都府会会議録』一九四八年九月六日、以下、議事録からの引用にあたっては年月日のみを記す）、「その筋の強力なる要請」（細川馨〔民主党〕、同）、「関係方面からの強い要求」（教育部長天野利武、同）と表現している。ここでいう「その筋」「関係方面」が京都軍政部をさしていることは明らかである。

具体的にいえば、軍政部の圧力とは、第一軍団軍政部教育担当官であるマクレランとオズワルドによるもので、マクレランは九月一日までに高校を再編するように指示を出していた(17)。また「新学制発足時の関係者座談会」において、「そのうちマクレランがやってくるから、今度から綜合制、男女共学制、地域制をやらせるらしいということになって、どうせやられるなら、やらせられたという形はとるまい、校長会で自発的にやるという体制を造ろうということで、校長会代表と組合代表と……週一ぺんくらい委員会をやりました」(18)と、片岡仁志（当時の府立鴨沂高等学校長）は述べている。

これらの意見を総合して考えると、軍政部の圧力のもとで三原則は実施せざるをえない状況になっており、その規定方針にのっとる形で、府や校長会・教員組合が「主体的に」具体案を作成したといえるだろう。ただすでに述べたように、地域制に対して強い抵抗感があったかといえば、そうではなかった。再編成は「某方面の強力なアドヴァイス」（一九四八年一〇月二五日）によるものと述べていた大槻嘉男（無所属）は、地域制をとる以上、学校格差の是正のために思い切った教員異動が必要なことを訴えていた。地域制を軍政部の圧力によるものととらえていたにしろ、それを受け入れ、よりよいものにしていこうという姿勢をここに見てとることができる。それを可能にしたのが、一九四二年度入試からの綜合考査制と学区制の経験であったといえるだろう。ただ後述するように、自分たちが地域制を積極的に選択したのではないという思いは、地域制が抱える課題が顕になるにつれ、地域制廃止論と結びついていくことになる。

2 小学区制の定着へむけて

一九四八（昭和二三）年一〇月より実施された地域制であるが、いざ行われてみると問題が噴出していった。中でもとりわけ大きな問題として認識されていたのが、年毎の学区の変動と越境入学者の存在である。また一九五一（昭和二六）年二月には、高校収容数をめぐる府教育委員会（以下、「府教委」と略す）と市教育委員会（以下、「市教委」と略す）との対立から地域制の廃止も話題に上っている(19)。ただこれらは地域制が定着していくために通らねばならなかった「揺れ」といいうるものであり、やがて一九五五（昭和三〇）年ころになると、地域制はほぼ定着していった。この「揺れ」の時期にどのような地域制の課題が浮かび上がっていたのか、以下、具体的に検討していきたい。

1 学区の変動

地域制が採用された後、初めての入試を迎えた一九四九（昭和二四）年三月、高校の通学区域の一部が修正され、新一年生ばかりでなく、新二年生の一部にもそれが適用されることになった(20)。市立美術高校が普通科・商業科・美術科からなる市立日吉ヶ丘高校に改編されたためであると思われるが、新二年生、すなわち、一九四八年四月に高校に入学した生徒たちは、同年一〇月の再編成も経験していたから、今度で三カ所目の高校となる者もいたことになる。

翌、一九五〇（昭和二五）年になると、府立洛北高校、府立嵯峨野高校が復元され、京都市内の公立高校は一二校となった。学校数が増えたのであるから、学区の変動は当然起こりうることであったが、洛北高校も嵯峨野高校も、一年生だけでなく、二年生も在学する高校として復元されたので、新二年生も学区の変動を余儀なくされた。その結果、京都市内の新二年生全体の六分の一にあたる約一〇〇〇人が転校している[21]。

このように、学区の変動が新二年生を含めて二年続いて行われたことは、まさに異常事態であり、これに対して高校生や親たちはかなり不満を募らせていたようである。「通学区域をしばしば変更されては困る」[22]、「いたずらに狭い学区をきめしかも毎年変る、これは大きな影響がある。こんなに変るのであれば全市一通学区にした方がよい」[23]という声が、『京都新聞』に掲載されていた。また一九五一年三月の府会では、大野熊雄（民主クラブ）が、「いたずらに通学区の変更を断行して多くの人々を不安に陥れ」（一九五一年三月一三日）と発言している。

そしてこのような世論を意識してのことかどうかわからないが、一九五一年には、これまでとは違った地域制の運用が行われた。それは次のような制度である。

①本年度の通学区は現状の通りとする②志願者については総合判定により六千五百人を目途（ママ）として合格者を決定する③各通学区の合格者数がその学校の収容定員を超過した場合はその希望により定員に余剰のある他の学校に収容する。

これによつて合格者でも当該通学区内のA校が定員を超過した場合は他の通学区の定員に満たないB校（希望による）を選ばなければならないので再度志願者について第二次志望を調査することになつた(24)。

従来は、総合選抜によって合格者を決定し、そのうえで通学区を動かしながら入学する高校を決めていたのに対し、今回は、通学区を動かさずに、超過した人を動かして入学する高校を決めるやり方がとられたのである。その結果、「出雲路校（市立堀川高校出雲路分校のこと―引用者）その他には、成績が下位にあった為に、他の学区から移されて来たものが集」まり、「それらの子供に劣等感を与え、受入れた高校でも教育上極めて困難な問題に逢着した」という(25)。このようなやり方は、通学区を固定するための苦肉の策といえるが、それは学校差を生み出すものであった。

学校差を生じないようにすれば学区の変動が避けられず、学区を動かさないと学校差が生まれるというディレンマに陥っている感がある。このことは高等学校長会でも認識されており、校長会は地域制のメリットを指摘しつつも、「敢えて合格水準が異っても一校一学区を守るべきか、又は水準を揃えて学区の年々の移動を忍ぶべきかは、なお、今後の研究に俟たねばならぬ」(26)と述べている。しかし、このディレンマをどう乗り越えるか、その方向性がはっきりしないままに、一九五二（昭和二七）年には市立紫野高校、一九五四（昭和二九）年には府立洛東高校が新設され、またもや通学区の大きな変動が行われた。

しかしながら、一九五五年以降は、学区の変動問題が社会的に大きく取り上げられることはなくなった。一九四九年、一九五〇年のように、在校生の学区の変動ということも起こっていないし、一九五一年と一九五三年に行われた、学区を固定して合格者を動かすというやり方もとられていない。もちろん、毎年、小規模ながら学区の変更は続くのだが、学区の変動が問題化しないのは、一九五〇年、一九五二年、一九五四年と続いた高校新設が一段落し、学区が比較的安定した状態で維持されていたからであろう(27)。その結果、学区の変動が地域制の是非をめぐる議論にまで発展するということはなくなったのである。

2 越境入学者の存在

地域制が学校差を解消し、教育の機会均等を実現するために存在している以上、決められた学区以外の学校へ進学する越境入学者の存在は、地域制を維持していくうえで容認することができない問題であった。そのため府教委では、一九四九（昭和二四）年四月一日に高校の越境入学禁止の通牒（教委六二一号）を発し、生徒の所属学区は保護者の居住地によること、子どもだけの単独寄留は認められないこと、違反者はどの学校からも除籍することを通告している。

しかし越境入学の問題は、早くも一九四九年五月の『京都新聞』投書欄で話題になっており、「受持の教員の宅に子供だけ単独寄留をしたり、あるいは府市会議員や教育委員その他いわゆるボスの紹介あつせんによつて形式的な寄留や配給を移して体はもちろん親元から通つている者が相当あります」(28)という投書が寄せられていた。これに対して、当局はこのような事実はないと回答しているが(29)、越境入学の存在は公然の秘密だったようである。

たとえば、「大学進学を目指す受験者や保護者は大学への入学率の良否を高校選択の基準におき、これがため昨年度(一九五一年度—引用者)は相当数のモグリ入学者があつたと伝えられている」(30)という新聞記事がある。また、越境入学の背後には「観念としての学校差」が根深く存在しており、それは「進学者の学力を平均化しても、教員の優劣を平均化しようとしない教育行政のせいではないだろうか」(31)という、行政批判の声もあがっていた。

このように、越境入学者の存在、その背後にある学校差の観念の存在が認識されていく中で、一九五二(昭和二七)年二月二日、再び府教委では公立高校への越境入学禁止を通達し、四月三日には、判明した越境入学者に対して入学取り消し処分を通告している(32)。折しも一九五二年は紫野高校が開校した年であり、紫野高校は旧私立京都淑女高等女学校の校舎を受け継いだために設備などが不十分であり、ここを嫌って他の高校へ越境入学する者が増加するのではないかといわれていた。それゆえ府教委としても、厳重な取締りを公表したのであろう。

越境入学するために、住居はそのままにして住民票だけ移す、場合によっては虚偽の養子縁組や離婚をするということまで行われていたというが、それというのも、「父兄、受験者にとつては勢い大学進学率のよい高校を選びたがり、また元府立一中、一女など旧格式を重んずる傾向がいまだに根強く残つているため」(33)であった。また府教委自身も、「旧来の学校のもつ校風伝統に対する愛着や学校差観念から、学区制を無視して特定学校へ入学しようとするもので、これは学区制実施以来跡を断たなかったものである」(34)と述べている。このような「校風」「伝統」に対するあこがれや、学校差意識のゆえに、郡部から京都市内の高校へ、あるいは京都市内に住んでいても、旧一中(洛北高校)や旧一女(鴨沂高校)をめざす動きがあったのである。

そしてこの後も、府教委は越境入学者に対して断固たる処置をとることを言明し、一九五五(昭和三〇)年には、「(府教委の—引用者)調査によると越境入学者は郡部から京都市内に越境したもの九人、京都市内の通学区域を無視したもの七人で、同教委は五日までに本来の学区の高校へ転校しない場合は府公立高校通学区域に関する規則により除籍処分もやむを得ないと警告を発した」(35)という。また一九五八(昭和三三)年にも、「(府教委では—引用者)合格者全員を徹底的に再調査、発見したモグリ入学組は即時入学を取消し除籍処分にするという強硬方針を決めた」(36)という新聞報道がなされている。

このように府教委は越境入学者に対して厳しい態度で臨んだが、それは、越境入学の取締りが地域制を維持していくうえで不可欠なものだったからである。しかも、学区の変動という問題に対して有効な是正措置がない以上、地域制を定着させていくためには、おのずと越境入学の取締りに力が注がれたのではないだろうか。

しかし他方では、府教委の取締りに反発した事件も一九五五年には起きている。すなわち、府教委から越境入学として退校を命じられた高校生の父親が、退校処分は教育の自由を侵害するものだとして、京都地方法務局人権擁護課に訴え出たのである。これは実際には京都市外に住んでいながら、親と一緒に住民登録だけを京都市内に移し、市内の高校に入学したというケースである。最終的には訴えが取り下げられ、高校生は設立されたばかりの私立洛星高校へ転校している(37)。そのため人権擁護委員会の結論は出されていないが、たとえ一件であるにしろ、このような訴えが起きたことは、越境入学者をめぐる府教委の厳しい姿勢を象徴する出来事であった。そして洛星高校へ転校したということもまた、大学進学のための教育を求めるのであれば私立高校がある、という考え方を象徴しているように思える。

3　小学区制の定着

このように越境入学者の存在が「問題」として認識されていく中で、一九五二年三月の府会では地域制のあり方が初めて論議され、以後、何度か議論がたたかわされていった。その急先鋒が表権七（改進クラブ）である。彼は三月一一日、越境入学者が取り締まられることに対して不満を述べ、どうして子どもだけの単独寄留が認められないのか、憲法に定められた居住の自由に違反するのではないかと詰め寄っている。さらに彼は三月一九日、学校の伝統、学校差の存在を根拠にしながら、地域制の撤廃を主張していた。

この表に対して天野利武教育長は、設備の面でも教員の面でも、学校差をできるだけなくしたいと述べているが、それにとどまらず、次のように答弁するのである。「郡部に関しましては交通費というようなことが学区制制定の一つの重要な要素になつていると思いますが、それらの点が余り市内においては問題になりません関係上、大都市においては小地域制ということは必ずしもこれを固守する必要はないと考えるのでございます」（一九五二年三月一九日）。そして天野は、同様の趣旨の発言を一九五二年一二月一六日の府会でも繰り返している。また蜷川虎三知事も一九五三年三月一一日の府会で、「果してこの地域制というものを、それほど固く守ってゆく必要があるかどうか」と述べていた。知事も教育長も、この時点では、とりわけ京都市内においては、何としても地域制を実施しなければならないとは考えていなかったということになる。

この二人の主張に対して、教育委員長は地域制の意義を強調し、擁護する答弁を行っており、両者の違いが際立っていた。たとえば一九五二年三月一一日の府会で、上田一夫教育委員長は、地域制は教育の機会均等、学校差の除去のために必要だと述べている。また一九五三年一一月定例会では、芦田重左衛門教育委員長は、地域制のメリットを指摘したうえで、さらに「個人の自由な学校選択を許さないという点、これは一校一学区制に対する反対者の一番重要な意見でございますが、この点は……高校が普通教育であるというふうな立場から暫く御辛抱をお願いしなければならぬ点だと思うのであります」（一九五三年一一月七日）と、個々人の選択の自由は我慢すべきことを説くのである。その後も芦田は、ことあるごとに地域制の必要性を主張していた。

つまり、一九五〇年代前半においては、地域制をめぐって三つの考え方が存在していたことがわかる。一つは、表に代表される、地域制撤廃の立場である。その根拠はすでに述べたように学校差の存在であったが、それればかりでなく、彼は「地域制というものは果して日本人の独創になれるものか」（一九五二年一二月一六日）とも述べており、地域制が占領政策によって生まれたことを地域制廃止の論拠としていた(38)。

府会で地域制に関して発言した議員たちは、みなこの立場をとっており、表以外には、吉田要（自由クラブ）や早瀬邦三（自由クラブ）、鈴木博也（純正クラブ）、内藤大迷（改進クラブ）が、地域制から脱し、学校選択の自由を認めるべきだと述べていた(39)。折しも、一九五二年には一八道府県で採用されていた小学区制は、一九五六（昭和三一）年には七道府県となっており(40)、このような全国的動向に棹さしながら、彼らは地域制からの転換を訴えたのである。

それに対して二つめの考え方は、教育委員長の発言に象徴されるように、地域制のメリットに鑑みて地域制を維持しようというものである。そして三つめは、知事や教育長のように、地域制の良さを活かしつつ、問題が存在している京都市内には何らかの是正措置が必要なのではないかと考える立場であった。

このように、地域制をめぐって三つの考え方があったが、中でも興味深いのは、知事や教育長が京都市内では地域制の必要がないのではないか、と考えていた事実である。京都では小学区制が一九八五（昭和六〇）年まで継続して行われ、しかもその間、蜷川府政は一九五〇（昭和二五）年から一九七八（昭和五三）年までに及んだので、わたしたちは行政当局は一貫して小学区制を維持しようとしていたと考えがちである。しかし、けっしてそうではなかったことがわかる。そして行政当局の地域制に対する考え方の揺れがもっとも表面化したのは、洛東高校の設立をめぐる問題においてであった。

洛東高校は一九五四（昭和二九）年四月に開校したが、府会で洛東高校のことが初めて話題になったのは、一九五二年一二月一六日である。この時、表権七は、増設する高校は実業高校で、京都市内を全通学区域とするものにしてほしいと要望を出している。しかしこれ以上は何の議論もなく、次に府会で新設高校のことが論議されたのはほぼ一年後であった。ただ府会で議論がなくても、その間、『京都新聞』には何度か新設高校に関する記事が掲載されている。

たとえば、一九五三年八月三一日の『京都新聞』の夕刊に掲載された「高校商業課程の通学区廃止」という記事は、高校の新設に関して、府教委事務局が市教委事務局と協議し、結論を得たと報じている。それによれば、「①商業課程は数校に集約し通学区を廃止する②普通課程のみに通学区制を敷く」というもので、「商業コースだけ自由通学制とすれば普通コースの学区がほぼ固定する便益がある」という。しかしその二カ月後の一〇月三〇日の『京都新聞』は、「市内の高校増設問題化」という記事において、高校増設に関して府と府教委の間で意見が完全に対立していると述べている。それによれば、教育委員会は「総合制、地域制については依然として堅持する方針の模様である」のに対して、府は「総合制、地域制は一応再検討する段階にきており、新設校は両制度を考慮せず京都にふさわしい実業高校」にしようとしているという。すでに述べたように、教育委員長と知事や教育長の間には地域制に対する認識の相違が存在していたが、それがこのような形で顕になったことがわかる。またこの二カ月間における府教委の政策の揺れもここに見ることができる。

このような中、この翌日には府下中学校長理事会で、「①京都市内に高校一校を増設②高校通学区域廃止の絶対反対」(41)が決定されている。また一一月七日の府会では、早瀬邦三が新設校のことについて質問に立ち、地域制、総合制にとらわれない専門高校を設置して欲しいと発言した。それに対して芦田重左衛門教育委員長は、地域制、総合制を堅持するとともに、総合制教育の実をあげるために職業コースを統廃合するつもりであると答弁している。

そしてその後明らかになった新設高校の姿は、八月末の新聞報道通りのものであった。すなわち、一九五三年一二月八日の府会文教委員会において、芦田教育委員長は次のような方針を明らかにしている。山科地区に高校を一校新設する、商業科二五〇名、普通科一五〇名の定員とする、従来通りの地域制は普通科のみとし、商業科は全市一学区とする、これに伴って現在の高校にある商業科は統廃合し、紫野高校だけでなく、鴨沂・洛北・嵯峨野の各高校は普通科だけの単独制高校とする、という内容である(42)。しかし『京都新聞』によれば、「(府教委は―引用者)総合制、学区制についてはなお堅持の方針なので問題は一挙に解決せずさらに論議の余地は残されている」(43)という。

このような府教委の発表に対して、一二月九日、京都私立中学・高等学校協会は、知事に高校増設は私立学校への圧迫だと申し入れを行った。それに対して知事は、「公立校のスシヅメ教育及び三原則を少しでも緩和するために一校増設したもの」(44)と答えているが、ここで注目したいのは、「三原則を少しでも緩和するために」という言葉である。府側の三原則を廃止したいという意向がうかがわれる。

他方で、京都教職員組合(以下、「京教組」と略す)は一二月一〇日に総決起集会を開き、府教委案に対する絶対反対を決議している。また京都市立中学校長会も府・市教育委員会に申し入れを行い、「商業科志願者に対して学区制を廃し、自由志願を認めるのは通学区域制堅持の根本方針に反し、志願者の偏重から競争激化と優良学生のかたよりを生ずる。このため校格差をつくり、中学教育の正常な発展を阻害するので慎重を期してほしい」(45)と述べていた。このように、府会の外では府教委案に対する反対の声が高まっていたが、この動きに押されて、芦田教育委員長は一二月一二日になって、商業科の統廃合と商業科の通学区域を全市一学区とすることは考え直すと、府会文教委員会で言明するに至るのである。もちろん、数日のうちに方針が転換したことに対して議員からは反発の声があがったが、それに対して芦田は一二月一四日の府会において次のように答えている。「これを発表いたしましたと同時に、この案に対して輿論の強いものがあるということを察知いたしまして、なお本会議における本決定の余地を残しておるような点から、高等学校の学校側とPTA、中学校長側となお《(ママ)》学校のPTA、特にこの改革に深い関係をお持ちの方の御意見を慎重を期する意味においてお尋ねをいたしたわけでございます。私どもの予想に反しまして……全部の方から強い反対と再考を要望されたわけでございます」。

府教委の予想に反して、高校からも中学からも、そしてPTAからも、府教委案は大反対にあったことがわかる。府教委の見通しが甘かったといえばそれまでであるが、予想を超えて、地域制に対する支持の念が存在していたということだろう。しかし、従来通りの地域制や総合制がとられたわけではなく、洛陽・伏見・日吉ヶ丘・桂・嵯峨野の各高校にあった商業科は募集停止となり、紫野高校に加えて嵯峨野高校も単独制の普通高校となった。また各課程別に定員制がしかれることになり、普通科と商業科には別々の学区が設置されるとともに、工業科と農業科は市内全域が一つの学区になった。

それにしても、これまで本論では、学区の変動に対する不満の声や、越境入学をしてまでも学区以外の高校へ進学しようとする人々の姿を紹介してきた。また府会でも議員たちは地域制の撤廃を主張していたことを述べてきた。このような本論の流れからすると、「民意」によって府教委案が流れたことは意外に思えるだろう。確かに地域制批判の声があったのは事実であるが、それらはどうやら少数派にすぎず、多くの人々は地域制に対して暗黙の了解を与えていたということなのではないだろうか。そうでなければ、京教組がいくら反対運動を展開したところで、府教委が数日のうちに府会文教委員会で公表した案を撤回するはずもないからである。

このことを物語る史料はあまりないが、たとえば一九五二年に府教委調査統計課が三原則について行った世論調査がある。地域制についての結果は表1の通りであるが、次のように賛成・反対の理由がまとめられていた。

> 一般父兄の賛成理由の大きなものは、京都市と、京都市以外では全く異っている。即ち、京都市では、志望の特定学校への集中排除が第一で、次に就学の機会均等であるが、京都市以外では、通学の便利が第一で、特定学校への志願の集中排除が第二となっている。……

表1　通学区域制に対する賛成反対の回答

		賛成(%)	反対(%)	不明(%)	計
一般有識者		17(45.9)	18(48.6)	2(5.4)	37
京都市内	高校教員	22(33.8)	43(66.2)	—	65
	中学校教員	76(77.6)	21(21.4)	1(1.0)	98
	生徒保護者	103(62.8)	57(34.8)	4(2.4)	164
	小計	201(61.5)	121(37.0)	5(1.5)	327
京都市外	高校教員	53(84.1)	10(15.9)	—	63
	中学校教員	63(67.0)	31(33.0)	—	94
	高校生徒保護者	30(57.7)	22(42.3)	—	52
	中学生徒保護者	56(56.6)	43(43.4)	—	99
	小計	202(65.6)	106(34.4)	—	308
計		420(62.5)	245(36.5)	7(1.0)	672

(調査統計課「京都府立高等学校の現行制度に関する世論調査について」『教育展望』1952年7月、より作成)

一般父兄の反対理由は、①個人の自由な志望が許されない、②学校に特色がなくなる、③個性教育が充分でないと云うのが、この順に多いのであるが教員も①の理由を教育する立場から強く支持している。市内では、特に通学区域設定の必要性を認めない、と云うものが相当多い。反対理由で一番大多数をしめているものの中の殆んどが、積極的又は消極的立場から学校差を肯定しているものであるが、このことが条件付賛成者の回答によく現はれている。即ち、①教員、施設設備の平等化が圧倒的多数である(46)。

調査数があまり多くないということもあって、これらの数字をどう読むのか難しいが、全体として三分の二ほどが地域制に賛成だったことがわかる。(京都市内の高校教員の賛成者がかなり少ないことは気になるところであるが、これはおそらく、多様な学力の生徒が入学してくる地域制の下での学習指導の難しさを反映した数字ではないかと思う。)そしてこれから見る限りでは、地域制が圧倒的な支持を受けていたとは思えないが、やはり地域制が問題を抱えていることを知りつつも、京都市内在住者は学校差を解消する手だてとして地域制を評価していたといえるだろう。

もともと、知事などに比べると教育委員長は地域制の維持に熱心であったから、洛東高校の設置をめぐるいきさつは教育委員長に地域制に対する自信を深めさせたようで、次のような発言を教育委員長は残している。「京都市内におきましては、通学区を堅持してゆくことが教育上妥当であるとも考え、なお輿論もそれを支持なさる方が多いというように考えて、堅持してゆくつもりでおるわけでございます」(芦田重左衛門、一九五四年六月二二日)。「三原則は理論的に正しく……とくに学区制につきましては、大多数の父兄がこれを崩さないように希望されていると存じております」(小林英生、一九五七年三月五日)。

もちろん、一九五〇年代半ば以降も、地域制反対あるいは再検討を求める意見がなかったわけではない。知事自身、記者会見の場で、「教育三原則は教育論としてはうなずけるが、現在の社会経済情勢、京都の文化水準などの点からみて問題があるので、今後よく話合いのうえ解決したい」(47)と発言していたし、一九五七(昭和三二)年五月に市教委は三原則を根本的に再検討するために市立高校長を集めて、第一回高校制度懇談会を開催している(48)。また、「義務教育でもない公立高校の入学に全然選択の自由を許さないのは人権を無視した方法ではあるまいか。……如何に小学区制を堅持しても容易に学校差はなくなるものではない。各学校にはそれぞれの伝統や、特徴があり、その特徴をしたって学生、生徒は集まってくるのである」(49)という投書も寄せられていた。

しかし、これらの動きはあったものの、地域制が手直しされることはなかった。そしてベビーブーム世代の高校進学をひかえた一九六〇年代に入るころから、高校教育をめぐる主たる問題関心は高校増設と総合制の問題に向けられ、地域制のことはほとんど論じられなくなっている。その後再び地域制が大きな問題となるのは一九六〇年代後半からであり、そこでは一九五〇年代前半とは質の異なった問題が提起されていった。

3　小学区制の新たな課題

1　学力問題

1　大学進学問題

住んでいる地域によって通学する高校が決められる小学区制の下では、学校間格差があまりない代わりに学校内の生徒の学力格差が存在していた。そして小学区制の下での学力問題は、まず大学への合格率の悪さとして問題提起されていった。府会では早くも一九五三（昭和二八）年一一月七日に、鈴木博也が公立高校からの大学入学者の少なさ、大学進学教育の不十分性を指摘していた。そして同趣旨の発言は、一九五七（昭和三二）年、一九五八（昭和三三）年にもなされている(50)。

また一九六〇年代に入ると、大学進学の観点から小学区制の問題を論じた投書が新聞に掲載されはじめる。たとえばそれは次のようなものであった。「われわれ京都市内高校の教員が、はんもんにたえないのは、現役の大学受験生がおかれたきわめて不利な環境である。京都のようにバカ堅固な地域制をとらない大阪など、能力の似た者が一校に集められ、教員は学業を生徒に仕込むことを第一義とし……ちゃくちゃくと能率を上げているのにくらべて学校の授業程度の低さにあきれて、さらに時間をさいて個人指導をうけ、手をつくしてはじめて、自分をのばしきれるのが実態だ」(51)。

このような新聞投書や府会での発言があったものの、これらは散発的な意見にとどまっており、これらがすぐに小学区制の見直しにつながっていったわけではなかった。というのは、一九六〇年代に入ると京都の高校三原則は全国的に注目され、教育委員会は小学区制に対して自信を深めていたからである。

高校進学率の上昇にともなって、高校の序列化、受験競争の激化が進んでいくが、他方で、一九六〇年代中頃から全国的に様々な高校入試改革が進められていった。たとえば、九教科から五教科ないし三教科への入試科目の削減、入試にあたっての内申書の重視、東京都の学校群制度の導入などが行われている。これに対して、京都では総合選抜制と小学区制の下で入試が行われていたので、他の都道府県のような受験競争の弊害が顕在化しておらず、改革を行う必要がなかった。いやそれどころか、「全国的に入試制度の〝改善〟がさけばれるようになって、こうした京都がにわかに注目をあびはじめ視察団が殺到するようになった」(52)というのが現実であった。

次に引用するものは、一九六七（昭和四二）年九月に行われた、鯵坂二夫（京都大学）の司会による、谷口次郎京都府教育長と中垣内勝久京都市教育長との対談の一部であるが、当時の教育委員会の認識をよく現している。

（谷口）わたくしたちは、選抜のやり方（総合選抜制と小学区制のこと—引用者）が安定したと信じています。ここ数年、各府県でも、選抜方式のため起こる議論から京都方式が参考にされているようです。……

（鯵坂）京都ではいわゆる有名校はなくなった。……

（中垣内）総合選抜制の結果として学区が動くので、近くの学校に行けないこともあるという苦情はいまもあるようです。むかしは、そういう声もよく聞かれたが、総合選抜制はそれをカバーして意義があり、安心して進学できるという点が十分理解されてきたので、それも少なくなったようです。……

（谷口）京都が（大学への―引用者）合格率が良いかというと、科学的にその証拠はない。悪いということもでてこない(53)。

ここからも小学区制に対する自信のほどがうかがわれ、小学区制の見直しがまったく問題にされていないことがわかる。そしてかねてから話題になっていた大学合格率の悪さも、科学的証拠がないとして、一蹴されていた。

同じころ、府会では一九六七年九月定例会において、松村政雄（自民党）が公立高校から府立の大学への入学率が低いことを話題にしたが、蜷川知事は、高校教育の目標は大学に入ることではなく、社会人としての教育を行うことであると答弁し、山田忠男教育委員長も次のように述べていた。「府立高校では学校として必要な全人教育ということに力を注いでおりまして、いわゆる予備校化をしないように、基礎的な学力の充実ということにつとめておりまして……京都の教育という点に関しましては、一応先進府県のなかに入るという自信をもつております……京都府の高等学校の教育が大学入試に……特に有利であるという事実はございませんが、また特に不利であるという事実もないと信じております」（一九六七年一〇月六日）(54)。

このように、小学区制、ひいては京都の高校制度が他府県にない優れた制度として認識されていたことが、大学進学問題が小学区制の見直しへとつながらなかった理由と考えられる。だがそれだけではなく、もう一つの理由として、塾や私学などの存在があったからではないだろうか。たとえばある保護者は、「父兄の側が、進学準備を全面的に学校にたよるという考えをやめて、家庭でなり、学習塾でなり、それぞれ適当な方法を考えて、受験準備のできる環境をつくってやること」(55)が必要だと新聞で語っていた。このように考えるのであれば、小学区制の見直しという議論はなかなか生まれないであろう。この当時、塾や家庭教師がどの程度広まっていたのか、その実態を明らかにすることは難しいが、大学の町京都では大学生の家庭教師は容易に求めうるものであったし、学校教師の塾でのアルバイトも問題になっていたから(56)、進学準備教育を高校以外に託すことは、比較的たやすいことであったと思われる。また、私学についていえば、一九六〇年代には私立の洛星中学・高校が中高一貫の進学校としての確固たる地位を築いており、同志社高校や立命館高校、同志社女子高校や京都女子高校などのように、生徒の大半が推薦で大学進学できる私学も存在していた。さらには、国立高校として、京都教育大学附属高校もあったので、公立高校の進学教育に不満をもつ層は、これらの学校を選択することができた。

2 成績低位層への対策

このように、大学合格率の悪さという問題は指摘されてはいたものの、これは小学区制をゆるがすものとして受けとめられることもなく、行政当局が何らかの対応を迫られる問題でもなかったと思われる。ところが、一九六八(昭和四三)年四月にはじまった『京都新聞』の「これでよいのか　京の高校教育」という特集記事は、新たな角度から高校教育の問題に焦点をあて、そこで言及された学力問題は行政当局も看過しえない問題になっていった。いったい何がこの特集では問題とされたのだろうか。記事の見出しをいくつか列挙してみよう。

「のんびりムード追放・学力の〝地盤は沈下?〟」「はきちがえられた自由・鍛えられず気随、気まま」「全人教育と受験勉強・大学……欠かせぬ予備校通い」「少ない授業時間・休講……生徒まかせに」「情熱のない教師・サラリーマン化自負」「ピンからキリまで・生徒の差、広がる一方」(57)

もちろん、これらの見出しから想像できる沈滞した教育の様子がはたして現実の姿なのかという問題はあるのだが、この特集がまだ終了しないうちから、新聞にはここで指摘された問題に関連した記事やそれへの行政の対応策が多数掲載されはじめていく。それゆえ、このような教育実態が存在することは、ある程度は認識されていたと思われる。

たとえば、四月二二日に、知事や教育委員長なども出席して行われた府立学校長会議において、校長側は教員の公務出張の多さを指摘し、府教委にその対策を要望している。さらにはこの会議で、校長側と府教委との間で「かつてない激しい〝学力論争〟」が行われ、府教委は、「『生徒の能力差を無視した十把(ぱ)ひとからげ教育は教育的といえない。府教委は基礎学力充実を前面に打ち出したが、基礎学力とはなにをいうのか、具体策はあるのか』と高校長側から次々と突き上げられた」という(58)。また府教委は、四月下旬に過去二〇年間堅持してきた高校三原則を点検し、社会的原因によるヒズミなどに対処していくために、京都府高校教育審議会を発足させることを決めている(59)。このような素早い対応をしたということは、やはり行政側も改善の余地があることを認識していたからであろう。

そして府教委が打ち出した対応策の一つは、生徒の学力格差が広がる中で、低学力層を対象にした「底上げ補習」を公費で実施するというものであった。補習は府下三五の公立高校の中で、すでに七割が校内費や保護者負担によって実施されていたというが(60)、それを公費で行おうというのである。この計画は五月一三日に府教委が発表しているが、府教委では、「京都の高校教育のもっとも大きな悩みである能力差に見合う教育問題」を解決するために、「能力別クラス編成はきわめてマイナスが多いので行なわないが、能力差解消のため低位生徒の補習実施（放課後、夏休みなど）を各学校の実情に則して推進（一部で自主的に実施）させる……この補習によって低位生徒の基礎学力をつけ授業に復帰させる」ことを意図していた(61)。そしてそのために二〇〇万円の補正予算が組まれている。

このような方針を府教委が公表した直後、京都市教委もまた公費補習を検討することを明らかにし(62)、府も市も足並みをそろえることとなった。全国的には補習廃止の傾向がある中で、京都では逆の動きをしたことになるが、府教育委員長職務代理手嶋正毅は、府会でその理由を次のように語っている。「京都府の場合には小学区制を布いておりまして……比較的地域的にも、学校別にもならしております。ならしておるということは、また一面において底上げをしていく必要が起つてくる。特に八五パーセントの進学率を今年記録しているそのなかでは、底上げをある程度実施しなければならない。これはいわゆる進学準備のための補習教育ではなくて、特についていけない子供たちを対象にいたしまして、底上げの補習をしたらどうか、こういう計画を立てております」(一九六八年七月一六日)。

さて、もう一つ行政当局がとった学力向上策は、中学と高校との連携、具体的には、中・高間で教科内容の相互連絡、生徒指導などを推し進めるというものであった。ただ、実際には京都市内はあまり中・高の連携が進まなかったようで(63)、せっかくの小学区制が必ずしも教育実践に活かされていたわけではなかったようである。

このように一九六八年は、高校進学率の上昇にともなって生徒の学力格差が問題となり、その対策が行政によって講じられた、初めての年であった。すなわち、学区の変動問題や越境入学者問題のように、小学区制という制度そのもののあり方が問われるのではなく、小学区制の下での高校教育のあり方、とりわけ生徒間における学力格差の問題が論じられるようになったのである。そして学力格差の問題が、成績低位層に対してどのような学力保障を行うのかという観点から対策が図られていったのが、この時の特徴であった。しかしこの一〇年後には、学力格差はまた別の視点から論じられていくことになる。

3　成績上位層への対策

一九七八(昭和五三)年四月、二八年間にわたった蜷川府政は終わり、林田悠紀夫が知事に就任する。それは高校三原則再検討のはじまりを意味するものであった。知事選後、『京都新聞』は「蜷川から林田へ」という特集を組んでいるが、そこでは、一方では三原則をなかなかよい制度だと言いつつ、他方では高校全入状態にあって小学区制のままでよいか検討が必要だとする、林田の考えが紹介されている(64)。そして知事就任後初めての府議会となった一九七八年六月定例会では、早速高校三原則が大きな話題となり、以後、何度も府議会で議論されていった。この六月定例会において、林田知事は小学区制の問題点について次のように述べている。「いま中学生の九四%が高校に入っていくというようになってまいっております。そういたしますると、自然、その高校生の中に学力差というものができてくるわけでありまして、その学力差のある者が同じ高校へ小学区制度によって入っておるというのが現状でございます。それが一つの問題点。もちろんほかにもたくさん問題点はございます。そういうことによりまして、大学へ入る場合に、なかなか入試が受からないというような問題も出てまいっておりま す」(一九七八年七月三日)。

すでに述べたように、一九六〇年代後半において生徒の学力格差が言及されるときには、主に成績低位層に対する学力保障という観点からであったが、ここで知事は大学進学という観点から学力格差を問題にしている。大学進学問題が府議会で話題になったのは、およそ一〇年ぶりであったが、何といっても、これが知事の口から出たことは特筆すべきことであった。そして菅井和雄(公明党)や巻野力(自民党)は、知事の発言をうけて、三原則の見直しを求める発言を行っている。たとえば菅井は、三原則は「高校発足以来十数年はそれなりに効果を上げ喜ばれてきたことも事実」だと認めつつも、次のように述べていた。「生徒の能力のアンバランスに手のつけようがないことや……兄弟が別々の学校へ通学を余儀なくされ、親からの不満がひっきりなしで、その対応に苦慮している。カリキュラムや単位の違いが他府県からの受験者に遅れをとり、大学進学がむずかしいのではないかなど、よく聞かされるのであります。確かに高校三原則も、その内容の面からいま一度見直すべき時期にきているのではないかと思うのであります」(七月四日）。

このような発言に対して、金子欣哉教育長は三原則を「今日考えられる最善のもの」と述べ（七月三日）、乾昭三教育委員長は三原則の趣旨を生かしつつ、「生徒の現在きわめて多様化している進路、適性により即応した学習形態と方法を研究し、学校の取組みを積極的に進めたい」と答弁している（七月四日）。また議員の間からも、山脇閪（社会党）の三原則堅持論が展開される（七月一四日）など、新知事就任早々、高校三原則は賛否の意見が飛び交う問題となっていた。そして一九七八年九月定例会、一二月定例会、翌年二月定例会と、高校三原則の問題は府議会のたびに取り上げられている。

この時期の教育委員会側の基本的な立場は、高校三原則を維持しつつ、学力格差のような現実に存在している課題に対処していくというものであったが、まず打ち出されたのが公費補習である。公費補習は、すでに一九六八（昭和四三）年から実施されていたが、一九七九（昭和五四）年度予算においては、従来からのいわゆる底上げ補習だけでなく、「進学、就職いずれの道を進むにしろ〝できる生徒〟にはその能力に応じた学力補習」(65)が必要とされ、そのための予算が計上されたことが大きな特徴であった。

同じく学力格差に対する施策といっても、一九六〇年代後半における成績低位層を対象としたものから、ここにおける成績上位層をも射程に入れたものへと変化したことがわかる。それはいったいなぜなのだろうか。もちろん知事の交代が大きな要因であったことは否めない。ただそれだけではなく、当時の京都の高校教育で進行していた「公立離れ」という現象も、成績上位層への対策を後押ししたものではなかったかと思う。

「公立離れ」がいつごろから起きていたのか、それを実証的に特定することはなかなか難しい。京都市は私学依存率が高い地域であったが、表2は、京都市域の全日制公立高校普通科と、京都市内の全日制私立高校（若干の職業科も含む）の入試倍率を比べたものである。私立高校は定員よりも多くの合格者を出すから、この入試倍率が現実を映し出しているわけではないが、一九七〇年代を通じて、私立高校の倍率が徐々に上がっていったことがわかる。それに対して、公立高校は一九七五（昭和五〇）年以降、新設高校が次々と開校するということもあって、入試倍率は低くなっている。そしてこの入試倍率が発表されたときの『京都新聞』の記事を追っていくと、徐々に進行していった「公立離れ」の状況が見えてくる。

一九七一年——「公立高が年々〝広い門〟になるのと対照的に、私立はじわじわと〝狭い門〟化が進んでいる」(66)

一九七五年——公立高入試で欠席率一二・五%と、かつてない記録に、教育関係者や子をもつ親たちに驚きと動揺(67)

一九七六年——史上二番目という公立高校入試当日の大量欠席、「激烈な大学入試を突破するためには、現在の公立高の授業内容、あり方ではとても安心して

表2　入試倍率の比較

年	公立	私立
1970	1.3倍	2.1倍
1971	1.3	2.2
1972	1.4	2.4
1973	1.4	2.7
1974	1.5	3.0
1975	1.2	2.8
1976	1.2	2.7
1977	1.2	2.9
1978	1.1	3.0
1979	1.2	3.3
1980	1.1	3.5
1981	1.1	3.4
1982	1.1	3.5
1983	1.0	3.3
1984	1.1	3.1

（『京都新聞』の記事より作成）

いられない、という〝公立離れ〟の傾向も見逃せない」(68)

一九七九年――職業科も含めた全日制公立高校の倍率は下降の一途、「中学での進路指導の問題や〝公立離れ〟とも一部でいわれる現状を暗に示した」(69)「私学専願・推薦の方が難関という現象」(70)

一九八三年――「京都市地区の普通科は八〇一〇人の定員に対し、八〇一七人が出願しただけで……入試当日の欠席者を考えると定員割れは確実という異例の事態となった」(71)

これらの記事を読んでいくと、一九七〇年代を通してじわじわと私立高校を選択するものが増加していったことがわかる。もちろんそれは、一九七〇年代後半における私学の専願制の定着や、一部の私学での大学受験に力点をおいた特進コースの設置というような要因のゆえでもあるのだが、公立高校の教育に対する不安や不満とあいまって、「公立離れ」という現象が起こっていたといえるだろう。とするならば、公立高校の教育を建て直すためには、成績下位層ばかりでなく、成績上位層にも補習という手当てをする必要があったことも頷ける。

それにしても、一九七〇年代後半においては、高校進学率の上昇に伴う生徒たちの学力差の拡大と私学の台頭のゆえに、小学区制の下で学校格差を作らないという京都の高校教育の特徴を持ち続けていくことは、きわめて課題の多い難しいことであったことがわかる。しかもこれだけではなく、小学区制を維持するのが困難な状況がもう一つ、一九七〇年代後半から生まれてきていた。それは、学区の変動という問題である。

2　学区の変動

学区が頻繁に変動するということは、小学区制導入直後から問題になっていたが、一九七〇年代後半になると、変動の規模は格段に大きくなっていった。一九五四（昭和二九）年に洛東高校が新設されて以降、高校新設が行われた一九六三（昭和三八）年と一九六四（昭和三九）年を除いて、京都市域の普通科の学区変動は九から二六の範囲に収まっていた。ところが、毎年三月に、公立高校の合格発表に先立って行われる学区の決定を報じる『京都新聞』によれば、一九七五（昭和五〇）年以降は、次のような数の学区の変動があった。

七五年―六八　七六年―二八　七七年―四七　七八年―五五　七九年―五七　八〇年―六八
八一年―四六　八二年―七八　八三年―六五　八四年―九二

『京都市統計書』によれば、たとえば一九八〇（昭和五五）年における京都市立小学校の学区の数は一八四なので、毎年、いかに大規模に学区が動いているかがわかる。このようなおびただしい数の学区の変動が起こったのには二つの理由があった。

一つは、一九六〇年代後半から顕著になりはじめていた人口のドーナツ化現象である。市内中心部の上京区・中京区・下京区から、伏見区や右京区、あるいは山科へと人口が移動していった(72)。そして一九七〇年代に入ると、一段と市内中心部から周辺部へと人口が移動していく。その結果、年毎の学区の変動は大規模化していった。しかしこれにもまして大幅な学区の変動となった二つ目の要因は、一九七五年以降の府立高校の新設ラッシュである。京都市域を学区とする新設高校をあげれば、次の通りになる。

七五年―北嵯峨高校、向陽高校／七七年―東稜高校、西宇治高校／七八年―洛水高校／八〇年―北稜高校、洛西高校／八四年―鳥羽高校

一〇年の間に八校の高校が新設されているが、高校が新設されれば、それにともなって学区が移動せざるをえず、高校数の増加に伴う学区の細分化は、さらに学区の変動を引き起こしやすいものであった。この二つの理由により七年連続で学区が移動したり、近くの高校を通り越して遠くの高校へ通ったりする事例が見られるようになっている(73)。そういう意味では、学区を編成すること自体が難しく、地域と結びついた高校という小学区制の理念そのものが、根底から揺さぶられていたといえるのである。

このような現状に対して府議会でも不満の声があがっており、それは先に引用した、一九七八年六月定例会における菅井和雄の発言にも見てとることができる。また彼以外にも、西村勉（自民党）が同趣旨の発言を行っているし（一九七九年一〇月一一日）、学区の変動と細分化に伴う学校と地域との結びつきの弱体化を指摘した意見も出されるようになった（西山正英［新政会］、一九八一年七月二日）。その他、小学区制は学校選択の自由を拘束するものだとの意見（木村繁雄［新政会］、一九八〇年二月二六日／我孫子隆秀［民社

党」、一九八一年二月二七日）や、特色ある学校づくりができにくいといった意見（我孫子、一九八一年二月二七日／西山、一九八一年七月二日）も、府議会では開陳されている。

もちろんこのような小学区制批判の意見に対して、三原則擁護の立場から反論がなされているが、その代表的な主張が杉本源一（共産党・革新共同）によるものであった。彼は、政府の圧力に抗して京都では三原則を守り抜いてきたととらえたうえで、小学区制の利点をいかした教育を行うことが必要であり、学区の変動は公立高校の増設によって解消できると述べていた（一九八一年七月八日）。なぜ増設によって学区の変動問題が解決できるのか、その論拠が示されていないのではっきりしないが、同じ主張は西口克己（共産党・革新共同）や大塚元子（同）によってもなされている（一九八二年七月一日／一九八三年二月一五日）。

このように高校三原則の是非は大きな政治的争点になっていたが、その背後には、多様な学力をもった生徒の存在、「公立離れ」という状況の進行、学区の頻繁な変動、という小学区制が抱える課題が、一九七〇年代後半には顕著化してきている状況があった。そういう意味では、この時期、小学区制を維持するのがきわめて困難な状況であったといえるだろう。それゆえ、林田府政の登場とあいまって、京都の高校制度は新たな制度への転換が進められていくことになるが、その動きについて最後に述べておきたい。

4　新制度へ

林田新知事就任後、府教委は一九七八（昭和五三）年九月、一一月、そして翌年二月と、三回にわたって教育懇談会を開いている。そこで府教委は育友会代表の父母たちから高校教育についての意見を聴取していったが、その中でとりわけ話題となったのが、学力問題・小学区制のあり方であった(74)。高校三原則といっても、男女共学はすっかり定着していたし、総合制は現実には多課程併置制となっており、多くの単独制普通高校も存在している以上、小学区制に議論が集中するのは当たり前であろう。ただこの懇談会では、制度改革をめざすというよりは、親の率直な意見を聞くことに主眼がおかれていたようで、この懇談会の開催が制度改革に直接的につながっていくわけではなかった。

そして一九七九（昭和五四）年四月には教育長が、金子欣哉から教職経験のない生え抜きの教育行政マンである川本邵へと交代し、それは「〝蜷川色〟から〝中間色〟へのバトン・タッチ」(75)であるという観測を生んでいた。この川本教育長の下で高校教育制度改革が進められていくが、一九八一（昭和五六）年一月、府教委は新年度から二年間の予定で高等学校教育懇談会を発足させることを発表し、五月に第一回会合が開かれている。

この懇談会の組織化は、府教委が本腰を入れて高校教育制度改革への動きを開始したことを意味していたが、それに対して京教組は反対運動を展開していく。また一九八二（昭和五七）年五月二二日になると、「京都の教育を考える府・市民の懇談会」が結成され、数年にわたって、小学区制維持のための市民運動が展開されていった(76)。

ちょうどこのころ京都新聞社では、京都府内のすべての教育委員・教育長・全日制の公立高校長に対して、小学区制、総合制などについてアンケート調査を行っている。それによれば、小学区制に対する賛否は真っ二つに割れていた(77)。教育行政担当者や高校長という限定された人々に対するアンケートではあるが、この当時の小学区制に対する評価の一端を知ることができる。

さて、高等学校教育懇談会は、一九八三（昭和五八）年一月一三日、意見を集約した「座長まとめ」を府教委に提出しているが、そこには小学区制について次のように書かれていた。

> 学区制については、小学区制は競争力除外の保護制度で、個性や能力を無視した悪平等の制度だという意見のほか、学校選択の自由を十二年間にわたって奪う上、良い意味での競争原理が働かず、学習への意欲に乏しい――などの意見も。これらを受け①四ブロック（丹後、中丹、南丹、京都市及び南部）に分け、地域の実態に合わせて小学区制・中学区制を併用、総合選択《ママ》を廃止して各学区（小学区は各校）内で単独選択《ママ》を行う②京都市内とその近接地域では一学区に数校を包含する中学区制として、その範囲内で自由志望、単独選抜を行い各校の特色の創造と競争を助長する③学区の安定している北部は現状のままとし、京都市内及び周辺部は、郡・市・区を単位とし二―三校を含む学区を地域基盤として固定、志望校選定ないし選抜のあり方を検討する④固定学区にして各学校がそれぞれの特色を明確にし、四―五校間で各校の募集定員の一〇―二〇パーセントぐらいは他校区からの入学を認める――などの改革案が出された(78)。

この「座長まとめ」には、小学区制をいかした学校づくりを求める意見も記載されているのだが、総体としていえば、ここで引用したように、中学区制への移行や学校選択の自由を導入する制度への変更が中心テーマとなっていた。そしてこの「座長まとめ」をうけて、府教委は一九八三年三月二四日に「府高校教育制度改善の基本」を発表している。ここでは、学区の問題に関して、数校の高校をグループとした通学圏構想が打ち出され、通学圏の中で学校選択を一部生徒に認めるという、現行の小学区制をベースにしながら中学区制の要素を加味した方式が提案されていた(79)。そして府教委は、同年四月二六日に高校教育制度検討委員会を発足させている。

この間、府議会でも改革推進派、反対派によって活発な議論が行われているが、次に引用するのは、教育長である川本邵の一九八三年六月定例会での発言である。理事者側が何を問題とし、どのように改善しようと思っていたのか、ここから見てとることができる。

小学区制のもとにある本府の高等学校におきましては、生徒が高等学校を選べないということもありまして、各高校間の教育内容に差が生じないよう配慮いたしまして、科目の置き方などをできるだけ共通にするようにしております。高校の特色も出しにくく、各学校の努力にもかかわらず、生徒それぞれの能力や個性に必ずしも十分にこたえられているとは言えない状況にございます。……こうした点を克服してまいりますためには、一つには授業の内容や指導方法、クラブ活動等に特色を持った高校をつくること、二つ目は、幾つかの高校を含んで互いに通学の無理のない通学圏を設定すること、第三点目は、それぞれの高校の特色を選んで志願できるよう、入学の選抜方法を工夫すること、こういった改善を図っていく必要があるところでございます（一九八三年六月二九日）。

彼が学校選択の自由のなさや特色を出しにくい学校のあり方を小学区制の問題としてとらえ、多様な、特色をもった高校を作り、生徒にそれを選ばせていくという方策をとることによって、生徒の学力格差の問題に対応しようとしていたことがわかる。これはもちろん学校差を生み出すことにほかならず、この点が議員たちによってもっとも議論された点であった。

たとえば、通学圏ごとの高校のランク付けや受験競争の激化を危惧する声（西山秀尚［共産党・革新共同］一九八三年六月二八日／関矢昭［同］一九八三年九月二六日）や、新しい制度への期待と選別教育になるのではないかという不安とが入り交じった気持ちを吐露した意見（杉谷孝夫［公明党］一九八三年六月二九日）が出されている。また、特色ある学校づくりと選択の自由を「学校格差を生じない真の自由」とするために、どういう具体的な手だてをとるのかと尋ねた質問も出されている（鈴木源太郎［社会党・府民クラブ］一九八三年九月二八日）。

これらの意見に対して理事者側は、「学校間格差をつくる考えはございません」（大槻弥一郎教育委員長、一九八三年九月二六日）、「受験地獄になるなどの誤解や不安を解消いたしまして、今後とも正しく答申の趣旨の御理解が得られるよう努力をしてまいりたいと存じております」（川本教育長、一九八三年一一月二九日）と述べるだけで、具体的には何も答えていない。

他方で、改革に対して積極的支持をする議員もおり、小林弘明（自民党）は次のように述べていた。理事者側がストレートに表現しない改革の意図が、ここでは率直に語られている。

まず、従来なら、府立では学力が伸びず、希望する大学への進学率が悪い。こういうことを今回、進学希望者にはそれなりの教育をするための講座を設ける。二番目として、学校内で格差が生じて指導上いろいろ支障が起こっている。それを、生徒の進度とそれぞれの学校生活の目的によって履修内容の異なる講座を設ける。……三番目として、公立離れが非常に著しい、公立への信頼が失われてしまっている。これを、公立の信頼を今回回復していく。四番目、学校選択の自由という基本的権利がなかった。これを、ある程度選ぶ自由を与える。五番目として、今回の制度は三原則を捨て去るもの、改悪であるという一部の声がありますが、まず高校三原則のうち、男女共学以外かつてできなかった、第二、商業科や普通科が同一校に設置されているのは併置制であり三原則で言う総合制ではない、第三、小学区制といま言っておりますが、三原則では本来地域制と言い、実際行ってきたのは総合選抜のため三原則とかかわりさえない(80)。したがって、三原則が京都の高校を支えてきたというのは適当ではない。今回の改善は、こういうことにかかわりなく現実に即した制度をつくっていくことにある(一九八四年二月二八日)。

このように、一九八三年から一九八四(昭和五九)年にかけて、府議会では制度改革への賛否両論が渦巻き、激しい議論が応酬されていた。新制度は、差別と選別の教育であり、機会均等や基本的人権を明記した憲法や教育基本法に違反するという意見も飛び出している（杉本源一、一九八四年三月一日）。しかし、小学区制が抱えた課題にどう対処していくのか、それが反対派によって語られない以上、説得力のある議論とは言い難かった。

そして府教委の下におかれた検討委員会は、一九八三年一二月二四日に最終答申を発表し、一九八四年三月二八日、一九八五（昭和六〇）年度から新制度へ移行するための「新高校制度大綱」を発表した。それによれば、京都市内は五～六校の公立高校からなる四つの通学圏に分けられ、各々の通学圏に第Ⅰ―Ⅲ類の類型がおかれることになった。ちなみに、第Ⅰ類―標準コース、第Ⅱ類―学力伸張コース、第Ⅲ類―個性伸張コースであり、第Ⅰ類と第Ⅱ類はすべての高校に、第Ⅲ類は通学圏ごとに一校ずつおかれている。そして入学者は通学圏ごとの総合選抜によって決定されていくが、それは次のようなやり方であった(81)。

- まず第Ⅱ類及び第Ⅲ類の類型ごとの合格者を決定
- 第Ⅰ類を志望する者、並びに第Ⅱ類及び第Ⅲ類の不合格者で第Ⅰ類を第二志望とする者の中から、第Ⅰ類の合格者を決定
- 各高校は、第Ⅰ類の総合選抜合格者で、特別活動及び部活動に関連し、当該高校への入学を希望する者の中から、第Ⅰ類募集定員の一〇％の範囲内で入学者を決定
- 第Ⅱ類の総合選抜合格者で、教育内容を選んで当該高校への入学を希望する者の中から、総合成績を資料として、第Ⅱ類の類型ごとの募集定員の三〇％の範囲内で入学者を決定

・残りの総合選抜合格者については、地理的条件を勘案の上、各高校に配分し、入学予定者とする

かなり複雑な仕組みであるが、小学区制を基本にしつつ、一部（主に第Ⅱ類）で学校選択を導入した制度になっていることがわかる。この制度について『京都新聞』は、「『特色ある学校づくり』が中核理念だった昨年末の最終答申に比べて後退、大胆な特色は打ち出せなかった。しかし、有名大学への進学率アップという改革のねらいは、特進コース（第Ⅱ類）を設けたことで果たせたといえる」(82)とコメントを出しているが、林田悠紀夫が知事就任後の府議会で取り上げた学力問題が、知事二期目に至り、このような新しい制度を生んだのである。

そしてこの新しい制度の特徴は、何といっても、一挙に中学区制に移行するのではなく、小学区制の枠組みを生かした点にあった。そういう意味では、新制度は三〇年以上にわたる小学区制の経験から導き出された制度であったといえるだろう。それゆえ、他府県におけるような高校の細かい序列化を避けることができた。しかし一つの高校の中に複数のコースを設置することは、とりもなおさず、校内に格差を持ち込むことを意味している（もちろんそれは、他府県における高校格差に比べれば、緩やかなものであったが）。小学区制の枠組みを活かしつつ、多様な生徒に対応できる高校制度を作ろうとすれば、校内に格差を持ち込まざるをえなかったのであろう。こういう状況の中で、通学圏制度が誕生し、小学区制が姿を消したのであった。

おわりに

一九四八（昭和二三）年の小学区制の成立から一九八五（昭和六〇）年の通学圏制度への移行まで、およそ三つの時期に区分しながら、小学区制が抱えていた課題とそれへの対応策を検討してきた。それを通して明らかになったことを最後にまとめておきたい。

まず最初の時期は、小学区制の成立から一九五〇年代前半までの時期であり、このときの問題は、小学区制をいかに定着させるか、というものであった。戦前における通学区制の採用という経験があったためか、高校三原則の中で小学区制は一番スムーズに実施されたが、いざ実施してみると、通学区の移動や越境入学者の存在などの問題が起こっている。また行政側も、小学区制に対して必ずしも一枚岩ではなく、知事や教育長は京都市内における小学区制を固守すべきものとは考えていなかったのに対して、教育委員長はその必要性を強調していた。しかし洛東高校の新設問題をきっかけとして、多くの人々が小学区制に賛同していることが確認され、府教委は小学区制の維持に自信を深めていくことになる。そして高校新設が一段落し、府教委が越境入学者を取り締まったこととあいまって、一九五〇年代半ばには小学区制は定着していった。

第二の時期は一九六〇年代後半であるが、この時期、京都の小学区制は、高校格差や過度の受験競争が存在しないという理由で、対外的には高く評価されている。しかし京都では、学校間格差の代わりにある学校内における生徒の学力格差が問題とされ、成績低位層にいかに対処していくかということが課題になっていた。これに対して府教委は、成績低位層に対する底上げ補習を実施することで、この問題の解決を図っていった。

第三の時期は一九七〇年代後半であり、「公立離れ」が進行する中で、成績上位層をも射程に入れた学力差の存在と大規模な学区の変動に対して、どう対処するかという課題が浮上している。これはもはや小学区制の枠内で解決することが困難な問題であり、林田府政の登場とあいまって、通学圏という、小学区制の枠組みをいかしつつ、高校内にいくつかのコースを置き、成績上位層へ配慮した教育を行う制度へと転換していった。

考えてみれば、京都市のような都市部で小学区制を実施することは、かなり難しいことである。なぜなら京都市では、他の市や郡部のように、高校ごとに地域的なまとまりがあるわけではないし、他の高校には通いにくいという通学上の不便があるわけでもないからである。また小・中学校と比べて学力差が開き、卒業後の進路も多様となる高校生たちを小学区制の下で教えることは、学習指導上の困難をもたらしもする。このような状況の中で、京都で一九八五年まで小学区制が存続したのは、やはり、学校差を作らず、過度の受験競争を生まない、地元の高校に通えるという小学区制のメリットが人々に認識され、公立高校に大学受験教育をあまり求めない心性が存在していたからであろう。しかし一九七〇年代後半以降は、小学区制が抱える問題は大きくなり、理念のみによって小学区制を維持していくことは難しくなっていたのであり、知事の交代にともなって、小学区制の廃止、通学圏制度への移行が行われたのであった。

そして小学区制の歴史を検討してきて改めて思うのは、私学の存在を抜きにして小学区制の問題を語るのは難しいのではないかということである。京都市は私学依存率が高い地域であり、市内の高校へ通う高校生の半分以上は、私立高校へ通う生徒で占められていた（詳しくは、一三四ページの表1を参照）。私立高校はもちろん学区制とは無関係であったから、小学区制にのっとった公立高校とそうでない私立高校とが、並存していたことになる。公立高校に進学するのであれば、住んでいる地域によって学校が決まり、私立高校に進学するのであれば、学校の特色や設備、将来の進路などを考慮して学校を選択することができた。このような異なる原理の並存は、一方では、なぜ公立高校では学校を選択できないのかという不満を生み、小学区制を維持していくことを難しくする。しかし他方では、私学が公立高校に不満をもつ人々の受け皿になることで、私学の存在は小学区制を補完する役割を果たしていた。そしてこの二つの側面は時代とともにその現れ方が変わり、一九六〇年代までは後者の側面が強く、一九七〇年代に入ると「公立離れ」という形で、徐々に前者の側面が強まっていったように思う。そういう意味では、たとえ公立高校における小学区制の問題であっても、そこには私立高校の存在が様々に影響を与えていたのであり、私学の存在を抜きにして高校教育を語ることはできないといえるだろう。

◆2

総合制

山口和宏

はじめに

「京都は戦後一貫して憲法・教育基本法にもとづく教育と『高校三原則』を守りぬいてきたただ一つの府県です」(1)と言われる。「京都」に対するこうしたイメージは、戦後の高校教育が大きな曲がり角を迎えていた一九六〇年代後半に形作られたようである。たとえば、一九六七(昭和四二)年の論文の中で、木下春雄は次のように書いている。「高校三原則(小学区制・総合制・男女共学制)は、京都の高校教育の骨格をなしている。それは、こんにちまでの経過のなかで、部分的にゆがめられてきたとはいえ(とくに総合制において)、なお一体のものとして、京都の高校教育の民主的な可能性を保障しつづけている。全国的にみれば、昭和四一年度から北海道で小学区制廃止、大学区制への移行が強行されて以後、高校三原則はわずかに京都だけに生きている、という事態にたちいたった」(2)。

それ以降、「京都では高校三原則が守りぬかれている」という言説が繰り返されてきた。たとえば、一九七九年に京都高校教育問題研究会は、京都府においては「新制高校発足当初の教育理念を生かす高校制度が今日まで生き続けてきた」(3)と述べている。なによりも京都府教育委員会(以下、「府教委」と略す)自身が、「京都府の教育は、あらゆる困難の中で、一貫して高校三原則を堅持してきた」(4)と公言していた。

しかしながら、「高校三原則」のうちでも総合制に限っていえば、それを「守りぬいてきた」「一貫して堅持してきた」と言えるかどうかは疑問である。というのは、小学区制と男女共学制が、本書で分析されているように発足当初こそ「揺れ」や「反対」があったものの、やがて人々に受け入れられ制度的にも定着していったのに比べて、総合制は本論で明らかにするように「高校三原則」の導入当初(一九四八年一〇月)から最後(一九八五年三月)まで絶えず批判され続け、その内実を大きく転換させてきたからである。

長年にわたって京都の高校教育の現場を支えてきた一人の元校長は、一九八四年に次のような手厳しい批判を提出している。

この三原則のうちで最も無意味になっているのが綜合制である。中学校の進路指導部が進学の成績を挙げるために、学力別に普通科、工業科、商業科、そしておおむね最も低い学力で公立学校を志望する生徒を農業科に振り分ける方針をとって以来、綜合制はナンセンスになってしまったのである。目的別ではなくて、学力別に農業科等の職業学科に組み入れられた生徒に、差別感を抱くななどという方が無理である(5)。

このような総合制に対する否定的・批判的な声は、京都の内部では戦後の新制高校が発足した当初から繰り返しあがっていた。

たとえば、一九五二年に府教委が行った世論調査は、「職業専門教育の低下」「進学希望者の学力低下、設備の不足」などを理由に、総合制に反対する市民が総合制に賛成する市民とほぼ同数いることを伝えている(6)。

一九六一年に京都公立商業高等学校設置促進協議会は、京都の総合制は「世界に比類のない独特奇型な総合制」であるから「京都型総合制」とよぶのが適当であると述べたうえで、次のように批判している。

「京都型総合制」は、「人間形成」の目標の異なる普通教育と商業教育とを、すなわち未完成教育と完成教育とを、同一の学びの庭に、同一の教育方法を、全人教育の名のもとに、強制して得々としてきたのである。しかし普通科、商業科は相対立し、その結果、総合制による民主主義の理想は危機にひんし、教育に階級性すらも発芽せしめているのである。現段階においては、総合制による全人教育は非現実的機械論にすぎない。知識人の卵でもなく、職業人としての自信ももたない中途半端な「総合制的人間形成」をもって、全人教育なりと宣することは、普通科はともかく、商業科生徒の大いなる犠牲でなくて何であろうか(7)。

一九六八年には、地元紙の『京都新聞』が、「これでよいのか　京の高校教育」という連載記事を掲載。この中で府立桂高校の卒業生六人が、京都の高校教育に対して異口同音に「ぼくたちの経験から言うと、制度が整っているにもかかわらず、内容があまりにも貧弱すぎる」「人間教育というカンバンはあったが、内容の充実がなかった」(8)と発言している。

以上のように、京都の教育に対しては、一方には「高校三原則を最後まで守りぬいた民主主義教育の地」という「京都神話」とでも言うべき積極的・肯定的な評価があり、他方には消極的・否定的な評価が存在する。かくも両義的に評価される「京都の高校三原則」とは、いったい何だったのだろうか？(9)「高校三原則」のうちでも、とりわけ批判が集中し、問題視されてきたのが総合制であった。そこで本章は、京都において総合制はどのようなものとして成立し、その実態はどのようなものであり、どこに問題があったのか?を明らかにすることを課題としたい。ただし、総合制に対して府内でも京都市外ではおおむね好意的に受けとめられており、批判的な意見が出されたのはもっぱら京都市内の公立高校に対してであったので、考察の対象はおもに京都市内の全日制公立高校を中心とすることにする。

1 総合制の成立と温度差（一九四八年〜一九五〇年代前半）

1 京都における総合制の成立

1 総合制高校の誕生

京都において戦後の新制高校が誕生したのは、他府県と同様に一九四八（昭和二三）年四月のことである。この時、いわゆる「高校三原則」は採用されてはいない。「高校三原則」によって高校が再編されたのは、それから半年後の一九四八年一〇月である。この半年の間に何があったのか？

当時、京都府教育部長をつとめていた天野利武は、そのころの様子を次のように回想している。「総合制は、当時の教育部が充分理論的検討を加えた上で自主的に採用したものとは申し難く、総合制の採用を容易ならしめ、かつ幾分余儀なからしめるような客観的条件が備っていたところへ、京都軍政部の勧告があったため、『国及び地方の経済状態からみて早急に総合的な学校を作るということは、設備の点からいっても教員組織の上からいっても、なかなか困難なこと（文部省学校教育局編、新制高等学校実施の手引、六頁）』であるとは承知しながら採用を決意したというのが真相である」(10)。ここで言われている「総合制の採用を容易ならしめ、かつ幾分余儀なからしめるような客観的条件」とは、本書の第一章で述べられているように、新制中学校に校舎を明け渡した新制高校が、残った学校の校舎に数校ずつ同居していたという事情をさす。そこへ「三原則を実施せよ」という「京都軍政部の勧告」があったのだから、「総合制の採用」は「容易」であったのである。

いうまでもなく当時は「占領下」であり、軍政部の力は絶対的であった。したがって、「軍政部の勧告」が総合制実施の原動力であったことはまちがいない。しかしながら、「軍政部の勧告」があったからといって各都道府県がただちに「勧告」どおりに「総合制」を実施したわけではない。阿部彰によれば、「軍政部の主張に対し、多くの日本側教育行政当局者および実業学校（とくに農業、工業）関係者は、特色の希薄化と教育水準の低下を根拠に強い拒絶反応を示した」(11)という。

京都でも「普通科に家庭科を組み合わせることによって総合制としてのつじつまを合わせたり」(12)していた事実を阿部は指摘している。たしかに、京都では「財政的負担を考慮して、比較的軽少な経費で実施できる普通科、家庭科の併置を行い、年次を追って完全な綜合制を実施する」(13)という方針が採られていたようである。だが、京都において総合制は、そうして「つじつまを合わせた」というだけではなく、戦前の教育に対する反省に基づいて「自主的に」総合制を実施していったという側面もあったように思われる。

一九五六年に新制高校発足当時の関係者が集まった座談会で、片岡仁志（当時公立中等学校長会代表）や田中徹郎（当時府視学）は、八年前の「高校三原則」実施事情について次のように回想している。

（片岡）「そのうちマクレランがやってくるから、今度から綜合制、男女共学制、地域制をやらせるらしいということになって、どうせやられるなら、やらせられたという形はとるまい、校長会で自発的にやるという体制を造ろうということで、校長会代表と組合代表と、五月頃から夏休にかけて、男女共学、綜合制、地域制の三原則を何としてもやらなければなるまいというので、週一ぺんくらい委員会をやりました」

(田中)「総合制とはどういうことかというので、校長会でも研究していました」

(片岡)「ケーズが米国に帰って留守だった間に、総合制の研究ばかりやっておりました」(14)。

では、その「総合制の研究ばかり」をやっていたという校長会や「週一ぺんくらい」の委員会で、どのような議論があったのか? それについては、一九五八年の座談会で、片岡が次のように証言している。

あの当時とりあげられた三原則というもの――男女共学・地域制・綜合制その一々についてほんとうにわれわれは口角泡をとばして議論をしながら出来あがっていったものです。従来わが国では職業教育に対する一種の蔑視観念があった、これを無くするためにはどうしても今迄のような徒弟教育式のやり方では駄目で、むしろ普通課程と同じ平等の立場でやらせる――同一の入学試験を受けて入って来た生徒が、自分の能力なり将来の希望なりにしたがって、それぞれの教科課程を選択することが出来るように綜合制を実施したんです。それまでですと、一般中学校の方からあれは商業学校の生徒だとか工業の生徒だとかいって何か異った目でみることがあったんですが、綜合制になれば、同じホームルームで三年間一緒に生活するのですから、その間にお互の友情を通してそれぞれ職業教育に対する理解や尊重の念もゆきわたっていくだろうし、またそこにこそほんとうの職業教育も出来るというものです(15)。

総合制は、「われわれ」がこのような「議論」をしながら作りあげていったものだ、と自負するが故に片岡は、繰り返し次のように強調するのである。「綜合制発足当時には実際われわれが自主的に考えて教育的見地からそうする方が職業尊重の念を高める上にも全人教育という点からも綜合制がよいというのではじめたんです」(16)。

ただし、「教育的見地」からのみ総合制がはじめられた、とは考えにくい。座談会の席上でも、「学校の数がどうしても足らなくなったから、やむをえず二校三校をひっつけて綜合制が出来た」というような「財政上の理由」もあったのではないかという質問が出ている。それに対して、京都市教育委員会（以下、「市教委」と略す）の三木正雄は、次のように答えている。「単独商業を作るとなれば二つも三つも要るんですが、現在商業として一応多少の施設を持っているのは西京だけです。だから単独商業を作った場合その施設充実のためには相当の金がかかる……そういった意味で財政的な理由はあるかも知れませんが、どっちかといえばむしろ校舎の不足ということです」(17)。

ここで語られていることが当時の事情を正確に物語っているものであるとすれば、京都において総合制は、「財政上の理由」（単独校をつくるよりも経済的である）と「教育上の理由」（職業教育に対する理解や尊重の念を育て全人教育をおこなうためには総合制のほうがよい）の二つの理由によって「軍政部の勧告」を「自主的に」受け入れ、全面的に実施されたと考えられる。

かくして、一九四八年一〇月、京都府下のほとんどの公立高校は総合制となるべく再編された。京都市内の全日制公立高校について見れば、次の通りの課程が設置されている(18)。

市立堀川高校――普通・商業・音楽・家庭
市立西京高校――普通・商業・家庭
市立洛陽高校――普通・商業・工業・家庭
市立伏見高校――普通・商業・工業・家庭
市立美術高校――美術(一九四九年度より日吉ケ丘高校として普通・商業・美術)
府立鴨沂高校――普通・商業・家庭
府立朱雀高校――普通・商業・家庭
府立山城高校――普通・商業・家庭
府立桂高校――普通・商業・農業・園芸・家庭
府立桃山高校――普通・商業・家庭

2 総合制への批判

しかしながら、戦後まもない時期に、このようにほとんどの公立高校を総合制にすることには大きな無理があった。なぜなら、この統廃合によって職業教育に必要な施設・設備を備えた教室まで「一般教室」に転用せざるをえなくなったからである。たとえば、戦前の京都市立第一工業学校を母体とする洛陽高校でも、次のような状態であったという。「教室の増築もされないまま二、一六七人という、もとの定員の二倍近くの生徒を収容したので、教室不足も深刻であった。工業課程の実験室・実習室・製図室なども一般教室に転用したが、それでも教室不足は解消されるものではなかった」(19)。全体的な状況について、一九五一年の『京都新聞』も次のように報じている。「商業課程はほとんど全高校に設置されているが一校にタイプライター一、二台があるだけ、簿記用机も商品標本室もない。またクワやカマでかろうじて間に合わせても畜舎がないという農業課程、一寸込み入つた実験教育は出来ないという工業課程も多く、到底従来の実業学校の設備に及ばない」(20)。

こうした「しわ寄せ」は、とりわけ商業課程の教育において顕著だった。というのは、京都府下のほとんど全部の公立高校に商業課程が設置され、そのために必要な施設・設備や教員は、戦前からの商業学校の資源を分散させるほかなかったからである。『京都府産業教育七十周年記念誌』は、その実情を次のように記している。「昭和二三年一〇月高等学校再編成の結果、商業学校は分散され、商業コースとして高等学校教育の片隅に追いやられた。京都市立西京商業高等学校もその例にもれず、校長初め数多くの先生は各高等学校に分散され、商業科教員としては、三人残されたがいずれも他の方面に転職し、山本久三郎教諭だけが残留した。生徒もまた他の学校に分散し、実践教室は廃止され、商品陳列室は物置となり、事実上商業科の特別教室は皆無となった」(21)。しかも、このような「分散」は、各学校に均等に行われたのではなく、学校によって商業課程の生徒数は最大三七九名、最小二七名、教員数は最大八名、最小一名というバラツキがあった。さらに細かく各学年別に商業課程で学ぶ生徒の数を見ると、一年生では伏見高校に二六名、二年生では城南高校に九名、三年生は伏見高校に七名の商業課程生徒がいるに過ぎなかった。

こうした現状に対して、「戦前のような実業学校を復活せよ（単独制の職業高校を作れ）！」という声が日増しに高まってくる。とりわけ、一九五一年六月に産業教育振興法が制定されてからは、職業教育の充実を求める声がいっそう大きくなった。なぜなら、産業教育振興法は、商業課程・工業課程など各課程別に施設・設備の基準をつくり、その基準に満たない場合は必要な費用の三分の一を国庫から負担するというものであったので、これによって京都の高校の施設・設備があまりにも貧弱であることが数値的にも明らかになったからである。商業教育については、戦前の京都市立第一商業学校を母体としていたので「最も良好である」と称された西京高校でさえも、産業教育振興法が施行された一九五二年度では、施設は基準の三四％弱、設備は基準の二八％しか満たしていなかった。京都府内公立高校全体の平均現有率はさらに低く、施設・設備ともに基準の一七％を現有するに過ぎなかった(22)。工業教育でも、一九五二年四月時点での洛陽高校の「産業教育設備の現有率」は、色染科一七％、紡織科一六％、工業化学科一〇％、電気科一七％、機械科二五％でしかなかったのである(23)。

3　府当局者の見解

総合制への批判の声は、議員を通じて府会の場にも持ち込まれる。一九五一年九月、教育長の天野利武は、議員の質問に答えて総合制を採用した理由を、府会で次のように説明している。

この総合制の問題は、これは従来の高等学校の制度の検討の上に打ち立てられたところの制度でありまして、従来農業学校、あるいは商業学校というようなものが単独でありました場合には、この農業学校あるいは商業学校というようなものが普通の従来の中等学校よりも少し低く見られておつた。商業学校出あるいは農業学校出ということになりますと、何か普通の中学校を出た生徒よりもちよつと格が低いというような印象を一般に与えておりましたし、また商業学校の先生、農業学校の先生というのは、これまたちよつと格が低いというようなふうに一般に思われておつたわけであります。かようなことはやはり教育の機会均等という建前から申しましても面白くございませんし、また新たなる新制の高校に通学するころの年齢の子供に、あまりに片寄つた教育を行うということは教育の民主化という考から申しましても、また国民の一般教養の水準を高めるという点から申しましても、これは面白くないというような考え方もございまして、なおそのほかにいろいろの理由がございますが、要するに従来の中等学校教育の欠点を改める意味において採用せられたところの制度なんであります

(『京都府会会議録』一九五一年九月一二日、以下、議事録からの引用にあたっては年月日のみを記す)。

このような考え方が府当局の共通認識であったことは、教育委員長の上田一夫が教育委員会を代表して、次のように府会で答弁していることからもうかがえる。「委員会におきましては、この綜合制を廃して単独の実業学校を設けてはどうかという意見については、種々なる観点から研究をいたしましたが、決してわれ〳〵はこれを面子の問題とか、そういうふうには考えておりません。ただ従来の普通学科が偏重されて職業科が軽視されるような風潮はあくまでこれを是正いたさなければならぬというふうに考えておる次

第でありますＪ（一九五二年三月一〇日）。ただし、同時に上田は、総合制の高校を普通科と職業科の「単独制高校」に分割すると、職業高校にも普通科を教える先生を配置しなければならないので、「非常に経営上の不経済」（同前）になるという説明もしている。

こうした教育委員長の説明に対して、議員からは「ただいまお話しになつたのは経費の問題であるか、理念の問題であるか」という質問が出される。それに対して、上田教育委員長は「この問題は決して経費だけの問題ではございません。教育の理想にかんがえみて、この二つの面からこれを今後も続けて参りたいと思う次第であります」（同前）と答えているのである。

以上のように、総合制は、「経費」の観点からだけでなく、「教育の理想」にかんがみて「従来の中等学校教育の欠点を改める意味において採用せられたところの制度」であるというのが行政担当者の一貫した説明であった。府会でこうした答弁がおこなわれていた一九五二年、京都府公立高等学校長会も独自に『京都府における綜合制、地域制、共学制について』というパンフレットを製作し、総合制のメリットを府民に訴えたのである。

4　高校長会の主張

パンフレットの中で、高校長会は六項目にわたって「綜合制の根拠とその特質」をあげている。その中には、「(f) 施設の相互利用」として「教室、講堂、特別教室、実験器具等相互に利用し得て極めて経済的である」というメリットもあげられてはいるが、校長会が積極的に打ち出したのは、次のような「綜合制の特質」である。

（b）各課程の共学共励

（単一課程に隔離され、単一性別に固定された環境が結果する教育の偏向は往年既に実験済であるが、綜合制においては）職業、普通等の課程の別を問わず、男女共に必修、選択の両教科にわたり共通教科においては同一の講座で学習し、長短相補い全人的教育の実を挙げることができる。

（c）単位の相互取得

普通課程の生徒も希望により職業科目（例えば珠算、簿記、タイプ、家庭、農・工の一部等）を選択し、職業的な見識を得ることが可能であると共に、職業課程の生徒もまた普通課程の必要科目を学習することができる。

（e）広汎な視野と人間性の涵養

従来とかく、偏狭且つ独善的であった実業学校の徒弟養成的教育や技術養成的教育に比し、目的と環境を異にする種々様々の生徒の綜合制下における学校生活は広汎な視野と豊潤な人生観に立つ有用な社会人、知識人、技術人の形成に大いなる影響を齎すものと確信する。従つて、卒業後も多方面の仕事の担当や交渉に堪え得る柔軟性のある人間の完成が予想される(24)。

このように、綜合制でこそ「長短相補い全人的教育の実を挙げることができる」と言うのは、校長会が綜合制というものを、単に一つの学校の中にいくつかの課程が同居している「多課程併置制」としてではなく、「目的と環境を異にする種々様々の生徒」の〈出会い〉を可能にする制度と考えていたからこそであろう。そこには、「単一課程に隔離され、単一性別に固定された環境が結果する教育の偏向は往年既に実験済である」というように、戦前の複線型教育に対する反省の念が込められていた。

校長会の主要なメンバーであった片岡仁志は、総合制実施当時を振り返って、次のように述べている。

当時は職業コースであるからといって入学試験の最低合格点に差を設けず、一応同じ試験でいれてその中でコースをわけた。そしてホームルームには職業普通の区別なしに生徒を収容した。だからホームルームの成員がそれぞれの時間に自分の希望する講座へ出かけていく、商業に行くのもあれば普通科目をうけるのもあるというふうにしてやったから、これがほんとうのわれわれの考えた綜合制の特徴であったわけです(25)。

片岡の言うように「これがほんとうのわれわれの考えた総合制の特徴であった」とすれば、京都において総合制とは、単なる「多課程併置制」ではなく、教科の学習においてもホームルームにおいても、多様な課程の生徒が「職業普通の区別なしに」ともに学ぶことによって「お互いの友情を通してそれぞれ職業教育に対する理解や尊重の念」をゆきわたらせ、「広汎な視野と人間性の涵養」をはかることを理念としたものであったということができる。すでに見たようにこの理念は、府の教育長・教育委員長も言明するところであり、一九五二年七月に発表された府教委の世論調査で、総合制に対する「賛成者の一般的最大の理由」が「各種の生徒が、常に接触し刺激しあい、学習に幅が出来、視野が広くなる」(26)であったことからも、こうした総合制の理念が市民の間にもそれなりに浸透していたことがうかがえる。

とはいえ、この世論調査が総合制に反対する市民もほぼ同数いることを伝えているように、京都市民の世論が「総合制賛成」にまとまっていたわけではない。一九五二年一二月、京都府産業教育審議会は、「単独か、総合制か」について数次にわたって討議したが、「夫々長所も短所もあり、種々の意見があって何れを是なりと断定する結論には到らなかった」(27)という答申を発表した。「総合制か単独制か」の世論は、京都の中ではほぼ拮抗していたのである。

5　商業課程の統廃合

府当局と府教委の間にすら、一九五三(昭和二八)年ごろには総合制について見解の相違が生じていたようである。五三年一〇月三〇日付けの『京都新聞』は、京都市内に新しく高校(洛東高校)を一校増設するにあたって「府と府教委の間で意見が完全に対立している」ことを報じている。同紙によれば、府教委は新設校を総合制高校とする予定であるが、府側は「総合制、地域制は一応再検討する段階にきており、新設校は両制度を考慮せず京都にふさわしい実業高校にする」という見解をもっているという。「総合制堅持」の方針は、行政内部でも早くも揺れ動いていたのである。

「総合制堅持」を訴える京都府公立高等学校長会でさえも、職業教育については「施設の不十分等に起因する一時的不振の事実」を認めていた。そこで校長会も、「最小限二課程は重点的に残し、それ以上の課程は充実を早めるために数校に亘つて統廃合するのは、已むを得ない措置であると考える」(28)と述べて、統廃合に柔軟な姿勢を見せていた。

この「課程の統廃合によって職業教育の充実を図る」という方針は、府教委のとるところでもあった。一九五三年一二月、芦田府教委委員長は新しく高校を設置することにともなう制度改革案として次のような方針を発表している。〈(一) 山科に昭和二九年度に新設する高校については、一学年四〇〇人(商業コース二五〇人、普通コース一五〇人)とする。(二) 商業コースは、現在の一二校を朱雀、山城、桃山、新設校、堀川、西京の六校に最高二五〇人から最低一五〇人として統合する。この結果、鴨沂・洛北・嵯峨野・紫野の四校は普通コース単独校とする。(三) 学区は、普通コースは現在の一三学区に新設校を加えて一四学区とするため多少変動する。商業及び工業コースは全市一学区とする。〉(29)

このプランは、一九四八年秋から続けられてきた「地域制」(小学区制)を大幅に変更しようとするものであったので、「市民」の大反対にあったことは、すでに本書の第一章で分析されている通りである。総合制という観点から注目したいのは、この時、京都教職員組合(京教組)や京都市立中学校長会などが府教委の案に反対した理由は、おもに「商業科志願者に対して学区制を廃し、自由志願を認めるのは通学区域制堅持の根本方針に反し、志願者の偏重から競争激化と優良学生のかたよりを生ずる」(30)という点にあり、商業課程の統廃合によって普通課程のみの単独制高校が誕生することに対しては反対の声がほとんどあがっていないことである。実際、一九五四年度から府立嵯峨野・桂、市立日吉ケ丘・伏見・洛陽といった高校に設置されていた商業課程は募集されず、在校生が卒業するのをまって商業課程は廃止されたので、一九五六年度から商業課程を持つ京都市内の公立高校は府立鴨沂・洛北・朱雀・山城・桃山・洛東、市立堀川・西京の八校となり、府立嵯峨野高校は普通課程のみの単独制高校となった。

こうして、ともかくも商業課程の統廃合が実現したことによって、商業課程で学ぶ生徒がごく少数しかいないという事態は解消した。また、この一九五四年度から普通課程・商業課程に定員制(31)が敷かれたことによって商業科の職員配置が安定し、「産振法の適用が容易となり施設設備の基準が明確化した」(32)ことも事実である。そうして実際、これ以降、産業教育振興法による援助も受けて、京都の職業教育も少しずつではあるが施設・設備が充実していくことになる。

しかしながら、この時、府が「実業高校」の新設を構想し、府教委も「普通コース単独校」四校の成立を計画して実際に一校（嵯峨野高校）は実現させているように、この時点ですでに「全人教育のためには総合制でなくてはならない！」という強い意志を行政側に見出すことはできなくなっている。また、実際に生徒の教育を担当する教育現場においても、「総合制によって全人教育を実現していこう！」という熱意には各学校によって大きな温度差が存在していたようである。「総合制による全人教育」とは、「お互いの友情を通してそれぞれ職業教育に対する理解や尊重の念」をゆきわたらせ、「広汎な視野と人間性の涵養」をはかることをめざすものであったとすれば、日常的に各種の生徒が常に接触し刺激しあって互いの友情を育むことができるように、教科の学習やホームルーム活動において「職業普通の区別なしに」多様な課程の生徒が文字通りともに学ぶことができなければならないが、教科の講座やホームルームクラスの編成方針には、各学校によって、またそれぞれの学校においても時期によって大きな差があったのである。

そのことを、学校新聞が入手できたいくつかの学校を例にとって検討し、そのうえでそれらの学校を含めた京都府下公立高校の全体的な状況を俯瞰してみる。

2　教育現場における温度差

1　京都市立西京高等学校

京都市立西京高校は、戦前からの京都市立第一商業学校を母体として、商業課程・普通課程・家庭課程からなる「総合制高校」として一九四八年一〇月に発足した。校長会の中でも積極的に総合制の「教育的理念」を訴えていた片岡仁志（一九五〇年七月から京都大学教育学部教授となる）が初代校長をつとめたこともあってか、京都の高校の中でももっとも前向きに「総合制の理念」を実現しようとした学校の一つである。

片岡校長時代の一九五〇年四月、新入生のための『生徒指針』が製作・発行されている。最初に発行された『生徒指針』は未発見であるが、翌年に発行された一九五一年版の『生徒指針』には、「高校教育の三つの原則」という項目が設けられ、その中で総合制について次のように記されている。

従来の学校制度では六ヶ年の義務教育を修了すると、中学校、女学校、商業学校、工業学校等に分れて進学した、ところが新しい制度では商業、工業、等の学校種別を廃して高等学校一本に綜合せられた。其の理由は綜合制によつてより完全に近い教育が行われうると期待されるからである。即ちこの制度によつて生徒が選択しうる教科の幅が広くなり、それだけ吸収しうる智識の範囲が大きくなるからである。それだけでなく綜合制には一つの長所がある。それは綜合制によつて諸君はいろいろな生活経験や理想を持つている人と接触することができることである。これによつて君はたんなる智識のみならず、生活のあらゆる領域にわたつて、より豊かな経験に恵まれるであらう。ホームルームの編成が、男・女、普通課程・職業課程の区別なしに綜合的に編成されてるのもこの精神にもとづくからにほかならない(33)。

また、この『生徒指針』では、「教科選択上の注意」として「普通課程を履修する者も第二年度又は第三年度において、一般商業、簿記会計のいづれか五単位を選ぶことが望ましい」(34)と、総合制ならではの教科選択を生徒に勧めていることが注目される。

実際、西京高校において、時間割の編成は、「昭和二五年度には総合制の理念に添って努力が払われ、必修科目は普・商・家を問わず授業が編成されたし、選択科目についても、普通科目・商業科目・家庭科目を問わず大巾に生徒の希望者数に応じた時間割作成への努力がなされた」(35)という。ホームルームの編成も、一九四八年度・四九年度は全学年「普・商のミックス」でホームルームが編成された。一九五〇年度は三年生のみ進路指導の都合上、普通課程・商業課程別のホームルームとされたが、一年生は「普・商のミックス」と「普・商・家のミックス」、二年生は「普・商のミックス」。この年度から普通・商業両課程間に二年進級に際して相互の「転科」が認められたので、その年の商業課程の二年生は前年度の一年生の数よりも十一名増加した。翌五一年度には商業課程の生徒の増加数は五一名にものぼった。「総合制高校」として再出発してからの数年間、西京高校は「総合制の理念」を正面に掲げ、できるかぎり「総合制の特徴」を生かすような学校づくりがなされていたといえる。

それが大きく変化し始めたのは、一九五四（昭和二九）年度になって京都市内の公立高校に課程の統廃合がおこなわれ、各課程別に定員が設けられることになってからである。西京高校でも、普通課程三〇〇名、商業課程二〇〇名と定員が定められ、この年の入学生より二年進級の際における普通・商業両課程間の「転科」が認められなくなった。ホームルームについても、一九五四年度からは一年生にも商業課程生徒のみのホームルームが一部編成されることとなった。翌五五年度からは、一・二年生の「コース総合編成」をやめ、「全学年教科単位によるホームルーム構成」となったので、だいたいにおいて課程別の編成となった。そしてこのころから学校新聞に「ホームルームの現状」を批判する生徒の声が載り始めるようになる。

2　京都市立洛陽高等学校

京都市立洛陽高校は、戦前からの京都市立第一工業学校を前身とする工業課程に、普通・商業・家庭の三課程が加わった総合制の高校として一九四八年一〇月に発足した。他の多くの京都市立の高校と同様に、一九六三年の再編まで約一五年間総合制の高校であった。

ただ、形の上ではいくつかの課程が一つの学校に置かれた総合制高校であったとはいえ、「文字通りの総合制」と言える時期は、ごく短期間であったようである。『洛陽工高百年史』は、総合制の高校として再出発した当時のことを次のように記している。

昭和二四年四月、二年目を迎えるころになると、学校の指導体制もようやく軌道に乗り、生徒部の立案で科をミックスしたホームルーム制の実施、生徒集会の時間・図書の時間の新設、クラブ活動のカリキュラム組入れなどが実施されている。ホームルーム制の実施は、普通科・商業科・工業五科（色染・紡織・工業化学・電気・機械）と細分化された生徒が所属の科という枠を越え、男女のへだてなく触れ合う機会を設けようという趣旨でスタートしたのだった。（中略）当初は科別のコース・クラスとホーム・クラスとに分かれていた。一年では、むしろホーム・クラスで過ごす時間のほうが多く、所属の科を離れて男女ともに学ぶ機会が多かった。二年でも国語や英語などの授業はホーム・クラスに入ったという。しかしカリキュラムの関係で、二、三年後には、こうした風景も姿を消したという(36)。

わずか数年のうちのこうした変化は、『洛陽新聞』からも裏付けられる。

一九四九年七月一八日付けの『洛陽新聞』第八号には、工業科から普通科に「転科」した生徒の談話が掲載されていることから、この時期、「転科」が実際に行われていたことが裏付けられる。一九五〇年一〇月一日付けの『洛陽新聞』第二四号では、学校内で実施された「世論調査」の結果が報告されているが、「総合制について」の項目では、「現行」に「賛成」が四三%、「反対」が三五%、「どちらでもよい」が二三%となっており、総合制に賛成している生徒のほうが多い。ホームルームに対しては、「有益」と答えた生徒が六二%、「無益」二二%となっていて、このころはホームルームを「有益」と考えている生徒の方が圧倒的に多いことがわかる。

ところが、一九五三年以降になると、ホームルームの形骸化を指摘する記事が現れ始める。一九五三年一二月一六日付けの『洛陽新聞』第五七号には、「HRの時間が設けてありながら、実際は何もおこなわれていない」、生徒もホームルームのある水曜日の午後は「放課であると思ってみんな帰ってしまう」という記事が掲載されている。このような現状に対して生徒会執行部は、一九五四年一月に「生徒大会」を開いて「H・R強化問題」について討議を行おうとしたが、生徒の関心はきわめて薄かったようである。同年一月二五日付け『洛陽新聞』第五八号によれば、「予定の時間になっても一向集合が見られず一時は開催不可能と懸念された」ようなありさま。「予定より約二十分遅れた十二時三十分頃になって約六百名が集合、低調な中で会長の説明が始められ一般討議に入ったが、問題が問題だけに生徒の関心は盛んなものと期待していたにもかゝわらず二、三名を除いてはほとんど意見を提出するものが無く、生徒会に対する関心はまったくなくなったものと見られた」という。一九五五年一一月一二日付け『洛陽新聞』第七三号は、「ホームルームタイムの常設」を求める生徒会代表に対して、学校側が次のように答えたことを伝えている。「従来の本校の例をとっても、市内各校の現状をみてもまったく有名無実で時間は設けていながら何をしてよいのか、もてあましているようなありさまで、常設したものの毎時実施するクラスと遊びに終るクラスが出来たりしたのでは意味がない」。

当初は「生徒が所属の科という枠を越え、男女のへだてなく触れ合う機会を設けようという趣旨でスタートした」というホームルーム制が、洛陽高校では五、六年後には形骸化していたのである。

3　京都府立洛北高等学校

京都府立洛北高校は、戦前からの府立第一中学校を前身とする。戦後は、校舎を京都市立洛北中学校に明け渡したため、一九四八年四月の新制高校発足にあたっては府立鴨沂高校の校舎に同居することを余儀なくされた。もとの校舎に復帰して、普通課程と商業課程からなる総合制の高校として独立したのは、一九五〇（昭和二五）年四月である。

独立した当初こそ生徒会は盛り上がったようである。『京一中洛北高校百年史』によれば、生徒会の設立そのものが「生徒の有志」の要求によるものであったという。ところが、そうして成立した生徒会も、その母体となるホームルームの活動は当初から停滞していた。

最初に『洛北高校新聞』にホームルームについての記事が掲載されたのは、一九五一年三月一六日付けの第七号である。同紙の伝えるところによれば、「世論調査」の結果、生徒は次のようにホームルームをとらえている。「現在のＨＲ」を「活用している」と答えた生徒は八％、「活用していない」五二％。「現在の二〇分のＨＲＴを更に延長して欲しいと考えますか」に対しては、「考える」が二九％、「考えない」六五％。「週一回のＨＲを更に週に二回に増やすことを考えますか」では、「考える」二六％、「考えない」六五％。その実態も、同紙によれば、次のようなものであった。「本校の毎日のＨ・Ｒは単なる出欠の点検及び学校各部よりの伝達放送を聞くのみで殆どの級が二〇分のＨＲＴを送つているという状態にある。（中略）しかも週一回一時間特別にＲ《（ママ）》・ＨＲがあてられているが、学校の都合によつて取消されたり、たとえ平常通りであつても、日々のＳＨＲと同じく出欠の点検のみで下校する級があるなど、現在の状態では殆どその機能は失われている形にある」。

そのため、一九五二年度前期生徒会長浅田毅は、「生徒会の母体たるホーム・クラス会の活動停滞現象に対処して、新しく『ホーム・クラス委員会』を設け、ホーム・クラス活動の活発化と生徒会活動の振興もはかった」(37)という。ところが、こうした努力にもかかわらず、ホームルーム活動は活性化しなかったようである。その後も、「ホームルームの時間はいつも何もしないで先生が来て名簿をとるだけで別に何もしていないので面白くない」「皆んなだまりこんでなにもしない」(一九五三年五月六日付け『洛北高校新聞』第二〇号)。「H・Rの現状では単なる伝達の時間」(一九五四年七月五日付け『洛北高校新聞』第二七号)といった記事が散見される。ホームルームの編成そのものも、一九五四年度からは「二、三年では課程別に編成し、ホーム・ルームを固定する」(38)という方針に変更されている。

教科の学習についても、この一九五四年度から二、三年生にコース別のカリキュラム(A―進学コース、B―進学・就職コース、C―家庭コース、D―商業課程の四コース)(39)が用意されるようになった。「コース制が導入された」といわれる一九五六(昭和三一)年の教育課程改訂以前から、洛北高校ではすでにコース制的なカリキュラムが教師自身の手によって実施されていたのである。

4　京都府下公立高校の全体的な状況

以上三校を見ただけでも、「総合制の特徴」を生かした学校づくりへの取組みには学校によって、またそれぞれの学校においてもその時期によって、かなり大きな違いのあったことがわかる。他の学校については資料的な制約が大きいために詳細な実態はわからないが、たとえば京都市立日吉ケ丘高校でも総合制の実質は次のように変化したという。「創立当初の昭和二〇年代は文字通り完全な総合制が実施されており、三課程の生徒が三年間同一のホームルームで机を並べ、担任も普通科・商業科・美術工芸科の先生方が入り混って担当され、卒業時の単位取得状況により普通・商業等の卒業証書が渡されるという方式だったので、進路についても職業課程からの大学進学が今より楽であり、卒業後もだれが普通科でだれが商業科であったかわかりにくいという状況であった。ところが、昭和二九年度より商業課程が募集停止となり、同時に普通科と美術工芸科のホームルームが分かれ、事実上は総合制でなく併置制となり進路も科により固定化するようになった」(40)。以下、これらの高校も含めた京都府下公立高校の全体的な状況を、一九六八年に発表された全国高等学校長協会綜合部会の調査(41)をもとに概観しておく。

「教科目の選択」に関しては、京都府下の公立高校で「学科の別なく自由選択」の学校は、二三校のうちで一九四八年度一四校、四九年度一二校であった。それが、一九五〇年度は八校、五一年度七校、五二年度~五五年度五校と急速に減少している。「学科別またはコース・類型による選択」の学校は、一九四八年度・四九年度こそ六校と少なかったが、翌年度から増加し始め五四年度には一四校にもなっている。「ほとんど必修」の学校も、一九四八年度~五〇年度は二校、五一年度以降は三校あった。「コース制が導入された」といわれる一九五六年の教育課程改訂以前から、すでにかなりの学校でコース制的な教育課程を導入していたのが実態であったのである。

「講座」についても、「学科混合で編成する」という高校が、一九五〇年度には二〇校あったのに翌年度から急速に減少し始め五五年度には一〇校になっている。逆に「一部学科別・一部混合で編成する」学校は、一九五〇年度ではゼロであったが、翌年度から増え始めて五五年度には五校にのぼっている。「学科別に編成する」という高校も一九四八年度からすでに二校ある。「職業、普通等の課程の別を問わず同一の講座で学習する」という「総合制の特質」は、すべての高校で実現していたわけではなかったのである。「ホームルーム編成」に関しても、必ずしも「三年間一緒に生活」ではなかった。京都府下の公立高校で「完全に混合」の学校は、二三校のうちで一九四八年度一八校、四九年度一七校、五〇年度一六校、五一年度一五校、五二年度一二校、五三年度・五四年度一〇校、五五年度九校と減少。逆に「学科別」にホームルームを構成している学校は、一九四八年度〜五〇年度では二校であったのが翌年度から順次増え始め一九五五年度には一〇校になっている。

とはいえ、一九五三（昭和二八）年度までは普通科・職業科に定員が定められておらず、入学後の「転科」が可能であったので、「同一の入学試験を受けて入って来た生徒が、自分の能力なり将来の希望なりにしたがって、それぞれの教科課程を選択することが出来る」という条件は制度的には満たされていた。一九五四年度には「定員制」が導入されて「転科」が難しくなるが、まだ「転科不可能」というわけではなかった。実質的に「転科」が不可能になり、教科の「共通学習」も困難となったのが一九五六年四月である。その契機となったのは、同年の文部省による教育課程改訂であった。

2　総合制の形骸化（一九五〇年代後半〜一九六〇年代前半）

1　コース制の導入

一九五四（昭和二九）年一〇月、文部省の教育課程審議会は、「生徒が自由に科目を選択履修するたてまえ」を改め、「学校が定めるコースのいずれかを生徒が選択履修することをたてまえとする」という方針を打ち出した。翌年二月、同審議会はその方針に基づいて「高校職業課程の改訂について」答申。これを受けて京都府でも府教委が教育長の諮問機関として「高校教育課程審議会」を設置した。

こうした動きに対して、一九五五年七月、京都府立高等学校教職員組合・京都市立高等学校教職員組合（以下、「府・市高教組」と略す）は、府・市教委に対して「生徒から選択の自由を奪うコース制による教科目固定と履修単位の複線型組織は、戦前の甲種、乙種、あるいは一種、二種に類する制度の復活であり、男女共学の基本を破壊し、教育の機会均等の精神を抹殺するものである」から教育委員会も「重大決意をもって反対に立ち上られたい」(42)と申し入れた。さらに同年八月、府・市高教組は、「高校教育課程改訂に対する批判」を発表し、文部省の意向どおりに京都府が教育課程を改訂することに対して強く反対の意を表明した。

これを受けて同年一二月、府の高校教育課程審議会は「高校教育課程改訂に伴う京都府の実施方針」、いわゆる「京都府プラン」を決定した。そこには次のような「留意点」が書き込まれている。「類型」を学級として固定することなく、「類型を異にする生徒が共学できるように配慮すること」、特別教育活動は普通課程と職業課程とを「融合一体的に実施すること」、普通課程と職業課程の「共通学習」は「できるだけ実施すること」等々(43)。

ここに現れているように、この「京都府プラン」は教職員組合の意向をある程度汲み上げたものであった。にもかかわらず、翌年二月、京教組は、教育研究全国集会で次のように「京都府プラン」を厳しく批判している。「京都府プランは第一学年において、各科目の単位数をなるべく揃えることにより、各課程、各類型コース間の共通学習が可能であるかの印象を与えようとしているが、それは表面のことに止り、事実上共通学習は不可能である」。「教委側は、綜合制の長所は特別教育活動の面においていかしていくことが出来ると説明しているが、生徒の学校生活の中で、時間的にも内容的にも最大のウエイトをもつ教科の学習面において、共通学習ができないということは、もはや綜合制は実のない残骸以外の何物でもなくなることであろう」(44)。

実際に各学校現場でどの程度「共通学習」ができなくなったのかについては、資料的な制約が大きいためによくわからない。たとえば、府立鴨沂高校では「共通学習」が完全に不可能になったのは一九六三（昭和三八）年度の学習指導要領の改訂からであって、それ以前は「一年において、国甲、国乙、社会、保体、外国語の十七時間は普商共通履修は可能であった」(45)という。しかしながら、一般的な状況としては、一九五六年度以降、教科目を「学科別またはコース・類型による選択」にしている学校が二三校中一七校にのぼり、「講座」を「学科混合で編成する」学校が八校に減っている(46)ことからすると、やはりこのころから「共通学習」はきわめて困難になっていったと推測される。一九五八年に開かれた座談会で、片岡仁志が京都の高校の現状を「単独制の寄せ集めの小さい学校と同じではないかという感じがする」(47)と述べていることからしても、一九五六年度以降、総合制の実質は、いわゆる「多課程併置制」とほとんど変わらないものとなっていったと考えたほうがよいであろう。

そうして総合制が「実のない残骸」と言われるようになった一九五〇年代後半からは、各学校新聞にはホームルーム活動の形骸化を指摘する記事がいっそう増加し、単独制へ移行しようとする行政側の志向も強まってくる。

2　教育行政の動き

1　問題の先送り

商業課程が統廃合されたことによって、商業課程で学ぶ生徒がごく少人数しかいないという事態は解消したが、それでも「単独制の職業高校」を求める声は、依然として強かった。「とくに商工会議所等の実業界や工業界では、職業教育不振の原因は総合制にあり、総合制では職業的雰囲気の育成や職業教育施設の充実は困難であるとして、単独制商・工高校の設置を次第につよく要望するようになった」(48)という。そうした要望を受けて、ついに一九五四(昭和二九)年八月、京都市会の文教委員会では「単独商業高校の設置をはかるべきだ」という意見がまとまり、「懸案の単独商業高校を昭和三十年四月に設置せられたい」との付帯決議をつけて市立高校の授業料値上げ案を可決した。

これを受けて京都市会は、単独商業高校の開設を市教委に再三強く要望したが、市教委は難色を示したという。なぜなら「高校教育の三原則(総合、地域、共学)はこれを設置すると全面的にくずれることになり、通学区域の大幅な変更や、明春四月に開設するだけの学校設備、教材もなく現状ではとうてい出来ない相談だ」(49)との空気が、市教委に強かったからである。

府教委のほうでも、高校教育制度について関係者から意見を聞き始めた。一九五五年九月に公立高校長会代表一四人と第一回懇談会(非公開)を開いたのをはじめとして、一〇月四日には業界懇談会を開き、五日には府・市議会関係者、八日には学識経験者、九日にはPTA会長をそれぞれ招き、高校教育制度について意見を求めた。この時、校長会では「この赤字財政では総合制以外に道はない。かりに市内の商業コース生三千六百人のため単独商校を設けるには三校は必要で、何億円の予算がいる。単独校を設けるよりこのうち一億円でも各施設に回してもらえれば立派な教育ができる」(50)という意見を持っていたという。府理事者もまた、「赤字財政の折からそうした費用を考えずに校舎設備などに数億円の金がかゝる単独制など打ち出すのは現在不可能な話だ」(51)と語っていた。

その結果、各方面から話は聞いたものの、結局のところ府教委は、「教育の理想から見ても現行制度はまげたくない」という理由と「総合制をくずし単独高校を作るにも一億円以上かかる」などの実情から「取りあえず三十一年度は現行制度を引継ぐ」(52)こととなった。市会の理事者も「再三委員会を開いて検討したが、新設するには財源的に無理があり、また既設校の転用は三原則の立場から不可能である。さらに新設には府教委とも意見が一致しなければならず、現在のところ不可能だ」(53)と語ったという。

たしかに、京都府・市ともに一九五六年から財政再建団体の指定をうけるほど財政的に困窮していた。したがって、この時期「財政問題」が高校教育にも重くのしかかっていたことはまちがいない。しかしながら、このように「取りあえず現行制度を引継ぐ」という形で問題を先送りにし続ける限り、教育に必要な施設・設備の充実は「小出し」にする形でしか進まない。その一方で一九六〇年代に入って高度経済成長が本格化すると、とりわけ工業教育における施設・設備の劣悪さが問題となってくる。しかも一九六〇年代初頭には、戦後ベビーブームで生まれた子どもたちが高校入学期を迎え、高校増設は避けて通れない課題となっていた。こうした状況を受けて、いよいよ京都市立高校の単独制化と府立の単独制工業高校（石原《いさ》高校・田辺高校）新設に向けての動きが始まる。

2 単独制高校の設置へ

一九六〇年代前半における高校生急増問題に関して京都府会でどのような論議があったのかについては、すでに小山静子が分析している(54)。小山によれば、府会において高校生急増問題が初めて話題となったのは一九五九年一二月の定例会においてであった。このとき蜷川知事は、高校三原則は教育の理論としてはよいが、現実問題として職業教育をどのように行うのかは考えるべき問題だと発言。高校を増設する場合にも単独制にするのか総合制にするのかも検討課題であると述べていた。翌年三月の府会においても蜷川知事は、「教育における考え方としては高等学校の教育は三原則によるがいいと思います」と言いつつ、「私は三原則にこだわるものではございません」（一九六〇年三月八日）とあいまいな姿勢を示した。

一九六一年三月の府会において、松村政雄議員（自民）の「専門の工業高校を作って欲しい」との要望に、蜷川知事は「単独制の高校を二つくらい財政が許すのなら順次つくつていきたいというふうに考えております」(三月七日)と答弁。これを受けて府教育委員長の小林英生も、次のように発言している。「高校の三原則の問題につきましては、従来どおりこれを原則として守っていきたいと考えております。しかし、かねてこの府会でもお答え申し上げましたごとく地域に即しまして、特に都市的な地域におきましては単独高校を設けることもまたよいのではないか、かように考えておる次第でございます。従いまして高校が将来新設される場合にはこれを機会に社会的な要請にも応えまして、工業高校を設けることもまたよいのではないかと研究をただいま進めておる次第でございます」(同前)。

この後も知事や教育委員長は、「高校三原則は原則として守りながら単独制の工業高校を設置したい」という答弁を繰り返すのみで、なぜ新設高校が「総合制の高校」ではなく「単独制の工業高校」となるのか、そこでの職業教育がどのような内容となり、京都の高校教育の理念であった「全人教育」をどのようにして実現していくのかについて明確な説明をしなかった。

いっこうにはっきりしない当局に対して、一九六一年八月四日付け『京都新聞』(夕刊)は次のようなうがった見方をしている。「すでに嵯峨野高校、紫野高校という普通科単独の高校を実現させているあたり、はっきりいって府、市とも事実上単独制実施に踏み切っているとみてよい。ただ表面上、はっきりいえないのは、京教組などの反対はもちろん、単独制実施が制約なしにひろがっていくと財政問題という大きなカベにぶち当たり、余計不満をつのる結果になるのを恐れているかららしい。ともかく各種事情を総合してみると、制度としての切りかえに踏み切るにはよほどの勇気と覚悟が必要とあってまだ踏み切れないというのが実情らしい。だから単独制高校の実現は、制度としては触れることなく、いうなれば〝なしくずし的〟に実現されて行くとみた方がよいわけだ」。

実際、その後の展開を見ると、この記事の推測通りに府立高校は「なしくずし的」に単独制化していく。そのさきがけが、一九六三年四月に開校した府立石原高校・田辺高校（ともに工業科のみ）であった。石原高校の開校に際して府教委は、「総合制を堅持している」という姿勢を示すために、同校が単独制の工業高校であったにもかかわらず、学校名に「工業」という文字を入れたいという同校教師たちの希望を受け入れなかったという(55)。

これ以降、京都府は、一九七一年に八幡高校、七四年に東宇治高校、七五年に北嵯峨高校・向陽高校、七七年に西宇治高校・東稜高校と、普通科のみの単独制高校を次々と新設していく。にもかかわらず、一九七〇年代後半においても府教委は「京都府の教育は、あらゆる困難の中で、一貫して高校三原則を堅持してきた」(56)と言い続けた。高校三原則は「原則として守る」という表現は、「高校三原則」の看板を下ろさないまま「なしくずし的」に単独制高校の新設を可能にするレトリックとして機能したのである。

3 京都市の動向と京都府の対応

京都市のほうでは、すでに一九五二（昭和二七）年に市立紫野高校を普通科のみの単独制高校として誕生させていたが、一九六三（昭和三八）年度に新設が予定されている市立高校（塔南高校）を普通科のみの単独制高校とすることを契機にして、ほとんどの市立高校を単独制化する方向へ動き始めた。まず一九六二年二月、高山市長が「市立洛陽高校を三ケ年計画で単独工業高校にする」という方針を発表。同年一二月の定例市会本会議では、共産党を除く全会派が一致して単独制商業、工業高校を設置する請願を採択した。このため市教委も「高校生急増対策の一環として新年度から高校増設にとりかかるのを契機に、総合制をとってきた既設の高校も三十八年四月から単独制に切り替え、産業教育の振興をはかることにした」という。その理由を大橋京都市教育長は、次のように語っている。「市会や市民の要望にこたえて市立高校を三十八年度から単独制にしたい。総合制は、普通、商業、工業コースを一つにしてお互いの修練を目的としたものだが収容人員が千人を越える現状では不可能だ。それよりも単独制にした方が目標がはっきりするし、教育効果も高まると思う」(57)。

この動きに刺激されて、「府立でも単独制高校を！」という要求が高まってくる。一九六二年一一月、京都府高校商業教育研究会は府教育長へ次のように訴えた。「京都市内の商業課程は、現在、洛東、洛北、山城、鴨沂、朱雀、桃山の六府立高校に併設されているが、いずれも総合制の形で小規模なため、共通して設備、教材不足の悩みをもっている。商業課程の特別教室があるのは洛東、山城ていどで、朱雀がいまやっと新設にとりかかっているが、あとの三校は普通教室で商業教育をしている。京都市立高校が来年度から単独制に切り替わり、西京高校が商業高校になる折りから、府立高校にも単独制の商業高校を」(58)。

商業教育研究会によれば、この時期においても京都の商業教育は次のような状態にあった。「基準は産業教育振興法にもとづくものだが、施設面では山城の充足率六一パーセントが最高で、西京の五八パーセント、堀川の三四パーセントがこれについでおり、平均は二七パーセント。最近、洛東が少しよくなっているが、あとの学校はゼロに等しい。充足率の高い学校でも、法にもとづく台帳の上では現存しているはずの施設が、実は普通課程との共用であったり、普通教室に転用されていたりしているところもある。

（中略）商業科教員も不足している。八高校についてみると、西京の十三人がいちばん多く、あとは全部六、七人。これでは二十にのぼる商業科目を分担しきれない。ひどいのは一人で七科目を受け持っている教員もいる。十分な準備もできず、自信をもって生徒に授業することができないとこぼす教員もいる」(59)。

とりわけ問題とされたのは、単独制に移行することによって職業教育が充実していくであろうと予想される市立高校と総合制のまま残される府立高校との格差である。一九六二年一二月の府会で田中三松議員（自民）は、次のように発言している。「同じ京都市内の子供が、市立の商業コースに行つた場合、あらゆる面に充実されており、整備されておるがために、これは商業高校として立派である。しかし現在のような府立の高校に商業課程が分散のままにおいて商業を学んだ場合には、私はその差ができると思う」（一九六二年一二月一二日）。これに対して谷口教育長は、「格差がないようにいたしておるつもり」であるとしたうえで、次のように教育委員会の考え方を説明した。府教委では「京都市のような非常に大きな都市におきましては各々の学校を全部一つ一つ切らなくても、多数の中に単独もある、総合もあるというふうな制度も一つの方法ではないか」というように検討してきた。したがって「府立の四つを一緒にして単独の商業をつくるというふうには、現在のところ計画をいたしておりません」（同前）と。

しかし、田中議員の「差ができると思う」という予想は、一九六〇年代後半から現実のものとなったのである。とはいえ、それを見る前に、各学校現場における一九五〇年代後半以降の実態を確認しておきたい。

3　各学校現場の状況（一九五〇年代後半～一九六〇年代前半）

1　京都市立西京高等学校

『西京高校新聞』に最初にホームルーム活動を問題にする記事が掲載されたのは、一九五五年七月一八日付けの第四七号である。この号では「ホームルームの現状」が特集され、「伝達したり名簿をとるのが関の山」「ホームルーム活動　みじめな現状、活発なのは四、五クラス」などの見出しが付けられている。五六年六月一一日付けの第五四号によると、「ホームルーム活動が数年前より低調だつた」という。

そこで学校側もホームルームの改善に乗り出した。一九五六年四月に「学級部」という教員組織を創設し、この「学級部」が中心になって、ロング・ホームルームの時間を（連絡が終ってもすぐに帰校できないように）月曜六限から五限に繰り上げる、担任のロング・ホームルームの負担を減らすために「担任以外の先生をゲストとしてクラスに招き、話を聞く制度」を考案する、ロング・ホームルームの研究授業を開催する、『ホームルーム運営の計画と実際』『ホームルーム愛唱歌集』という小冊子を作って生徒に実費販売する（『ホームルーム愛唱歌集』は次年度からは全員に配布）……といった努力がなされた。そこには「ホーム・ルーム運営をしっかりやらねば高校教育はだめになるのではないか」というような危機意識があったという(60)。翌年には他校の教師たちと「京都市立高等学校ホーム・ルーム研究会」という組織を発足させ、月に一度定例研究会を開くようになる。一九五六年度から五九年度にかけては「西京高校にシュトルム・ウント・ドラングの時代が到来したと言えるほど、いろいろな改革や実践が試みられた」(61)時期であった。

とはいえ、西京高校の中にも「生活指導を重視する先生ばかりだったわけではなく、従来通り授業を重視する先生の反対も一部にあった」(62)ようである。また、せっかく生徒のために作られた『ホームルーム運営の計画と実際』『ホームルーム愛唱歌集』であったが、「当初考えていたほどは利用されず、前者はその後何回か改訂して新入生に配布したが、後者は、三八年度からは絶版になった」(63)という。「ホーム・ルームの充実ということは、制度や資料を整えるということだけで解決する問題ではなかった」(64)と、当時「学級部」に所属していた一人の教師が言うように、ホームルーム活動の活性化はどの教師にとってもきわめて困難な課題であった。

しかも、「京都市立高等学校ホーム・ルーム研究会」が発足してホームルーム指導のあり方が研究されはじめた一九五七年には、西京高校ではすでにホームルームは完全に普通科・商業科別に構成されるようになっていた。開校当初の『生徒指針』に掲げられていた「いろいろな生活経験や理想を持つている人と接触することができるという綜合制の長所を生かすためにホームルームを普通課程・職業課程の区別なしに綜合的に編成する」という精神は、この時期には西京高校から消失していたのである。

一九六二年には、『西京高校新聞』第九二号(二月二四日付け)で「くずれゆく三原則」という特集が組まれ、次のような主張が掲載されている。「西京高校においては普通課程と商業課程とがH・Rを異にしている。最も接触機会の多い場所、そして両課程が理解を深める最良の場であるH・Rをなぜ異にしているのか。またそれは生徒間にある種の障害をきたしているようだ。このような状態では綜合制が全うされていないのは明らかであり、現在の西京は単なる併合制といえるのではないだろうか」。そして、「一部の生徒によるアンケートの結果だが」とことわったうえで、商業科では総合制賛成が三六％であるのに対して単独制賛成が六四％にものぼることを伝えている。

そうした状況の中で、一九六三（昭和三八）年、京都市立の高校を原則として「単独制高校」に再編するという市教委の制度改革にともなって、西京高校も普通科に在籍していた新二年生・三年生を市立堀川高校へ移管し、堀川高校からは商業科の生徒を引き受けて「京都市立西京商業高等学校」として再出発したのである。

2 京都市立洛陽高等学校

『洛陽新聞』には、すでに一九五三年からホームルーム活動の形骸化を示す記事が相次いでいたが、五〇年代後半からもその傾向は変わらない。一九五六年度になって一年生に「ホームルームタイム」が時間割に正式に組み込まれることになったが、そうして設けられた「ホームルームタイム」も、一年生九クラスのうち五クラスが「先生からの伝達」のみに終始。残りの四クラスも、「バットやヤカンの購入などの相談」をしているだけで「この時間の目的である生徒相互間の親密さを増すことのために使用されていない」という（一九五六年五月二二日付け『洛陽新聞』第七九号）。同年一一月三一日付けの『洛陽新聞』第八四号でも、「ホームルームタイム」が設けられて数ヵ月後の状態で「意義あるものかないものか問うた所、意義あるとするもの二六％、それに対し意義なしとする者六五％と絶対多数にのぼっている」と報じられている。

象徴的なことに、洛陽高校の『生徒手帳』に毎年掲載されていた「綜合制、共学制、地域制の根本原則に基き、新しい教育理念の実現に向って創意工夫を積むべきである。各課程生徒は相互間に理解を深め、協力し、男女生徒は交際に礼節を守り、人格を重んじ、全校生徒は地域社会の有用な存在として感謝されるように努めよ」という「生徒心得」が、一九五七年度から姿を消している。

総合制か単独制かという問題についても、一九五九年に生徒会が実施したアンケートでは次のような結果が出ている。「単独制工業高校」について、一年生の普通科は、賛成九八人、反対三四人、わからない九七人。一年生の工業科では賛成一一三人、反対八人、わからない三四人。二年生では普通科の賛成が一二六人、反対一七人、わからない八六人。工業科では賛成八八人、反対二七人、わからない一七人（一九五九年三月七日付け『洛陽新聞』第一一六号）。単独制に賛成の声が圧倒的に多いが、普通科ではそれと同じくらい「わからない」と答えた生徒が多く、同紙が指摘しているように「単独制についての関心の薄さをはっきり現わしている」と言わざるをえない状況にあった。

一九六二年には市立高校の総合制から単独制への再編が話題にのぼる中、『洛陽新聞』は「崩れ去る総合制　積極的に取りくもう！単独制移行問題」（一九六二年二月七日付け第一四一号）と呼びかけ、生徒会も「H・Rの時間に、単独制移行に関して各クラスの態度を討議してほしい」と要請するといった動きをみせる。ところが、「生徒会側が単独制についての、説明会や資料を配らなかったりするなど、やるべきことをしなかったため、生徒はまったくの無関心で、何もそれについては知らなかった。クラスで一人か二人でも単独制についての内訳を知っている者があれば上の部だという状態」（一九六三年二月一日付け『洛陽新聞』第一四九号）にあったという。

そうして生徒の関心が盛り上がらないまま、一九六三年、洛陽高校は普通科の生徒を新設の塔南高校へ移して「洛陽工業高等学校」という単独制の工業高校となったのである。

3　京都府立洛北高等学校

洛北高校では、一九五四年度・五五年度は「二、三年生では課程別に編成し、ホーム・ルームを固定する」という方針でホームルームが編成されていたが、五六年度には「五〇人を原則とする学年別制にして課程別の区別は設けない」(65)という方針に変更されている。しかしながら、このように編成方針を変えても、ホームルームの実質はそれほど変わらなかったようである。学校新聞には開校当初からホームルーム活動の形骸化を指摘する記事が登場していたが、一九五〇年代後半からもその傾向は変わらず、次のような記事が散見される。「校内三十四クラスのうち、H・Rを有意義に使っていると思われるのは、ごく少数で、大部分のクラスは出席点検と伝達だけですんでいる。中には出欠点検でさえもしないクラスが二、三ある」(一九五六年二月二九日付け『洛北高校新聞』第三五号)。「H・Rは、すべての生徒会活動の基礎であるにもかかわらず、ほとんど話し合いが行なわれず、たとえ行なわれたとしても、大部分が沈黙なのである」(一九六〇年七月四日付け『洛北高校新聞』第五八号)。一九六一年三月一日付け『洛北高校新聞』第六一号にも、次のような「アンケート結果」が報告されている。「『あなたのホームルームは活発だと思うか』の問に、『思う』と答えた人はわずかに一二%にすぎなかった。そして、『活発だと思わない』と答えた人は八八%もあった」。

こうしたなか、「商業課と普通課にHRを分離しよう」という動きが商業課の教師の間から出てくる

（一九六一年一二月五日付け『洛北高校新聞』第六五号）。これに対して、洛北高校新聞部は「総合制の理念」を正面に掲げて、次のように全面的に「反対」を表明した。

商業課と普通課とを別々のクラスにすることは、洛北高校に商業高校と普通高校の二つが存在することである。健全な高校教育のトリデである三原則のうち〝総合制〟を破るものであり、このことは〝商業高校さえ建ててくれたら〟という商業課の先生の意見でもよくわかることである。（中略）いかなる人もいかなる権力も友情のキズナ、友情を深めるただ一つの場をうばうことはできないのであり、してはならないのである。人間は将来の目的（めあて）が違うからといっていっしょに生活できないものではない。むしろ目的（めあて）の違う人間が雑居してこそお互いに学び合い、考えの幅を広くし視野を広くすることができるのである（一九六一年一二月五日付け『洛北高校新聞』第六五号）。

そうして、「職員会議で決議するのを待って下さい」という約一〇〇〇名の生徒の署名が出された結果、ホームルームの分離は一九六二年度は「みあわせる」ことに職員会議で決定した（一九六二年一月二六日付け『洛北高校新聞』号外）。

ところが、翌六三年度からは、この年から実施された新しい学習指導要領によって教科における「共通学習」がいっそう困難になったためか、新一年生からホームルームは分離され、アセンブリー（生徒集会）の時間も一年生は別の時間帯に設定されて事実上の廃止となった。『洛北高校新聞』の言う「友情を深めるただ一つの場」は、(開校当初からあまり機能しているとはいえない状態にあったが)この時からは制度的にも狭められていったのである。

4　京都府立鴨沂高等学校

鴨沂高校は、戦前からの府立第一高等女学校を前身とする。一九四八(昭和二三)年一〇月に普通科・商業科からなる総合制の新制高校として発足した当初数年間は、「普通科・商業科の定員の枠もなく、転科も自由であり、普商男女共通学習、全学年完全ミックスHRの形態をとっていた」(66)という。その後、一・二年生は普商ミックスHR編成、三年生は普通科で簿記を選択した生徒と商業科生徒を混合編成にし、他は普通科単独HRとなったが、ホームルーム活動そのものは一九六二(昭和三七)年度までは「非常にうまくいっていた」と言われる。鴨沂高校教諭の編集した『高校生は発言する』(一九六九年)には、次のような記述がある。

鴨沂高校も数年前は一年のホームルームでは普・商混合で、一八時間も共通学習できていたといわれている。だからホームルームも普・商の混合でも非常にうまくいったそうだ。普・商の対立意識なんて発生する余地もないし、普・商の対話も進むしね。商業の少数者の悲哀感というものもなかったんよ。しかし三十八年改定が一大問題をもちこんできた。共通学習が完全に不可能となってきた。すると、普・商の接触時間が、毎日のショート・ホームルームの一〇分間と、一週一度のロング・ホームルームの一時間しかなくなり、あとの三〇時間が別生活となってしまった(67)。

ただし、ここで言われているように、一九六二年度以前は「ホームルームも普・商の混合でも非常にうまくいった」「普・商の対話も進む」という状態にあったかどうかについては疑問の余地がある。というのも、早くも一九五五年から「ホームルームの形骸化」を訴える記事が『鴨沂新聞』に頻出するからである。一九五五年七月四日付けの『鴨沂新聞』第三四号には、「生徒はホームルームが何であるか知らないようだ。出席さえとってもらえばそれで良いと思っているようであるが協力して活発にやってほしい」という生徒会書記局長の話が載せられている。五七年五月二〇日付け『鴨沂新聞』第四九号も次のようにホームルームの現状を伝えている。「本校のH・R活動をみてみると、先生がH・Rの出席をとり、PTAや校内行事の伝達終了と同時に、みんなちりじりばらばら、くもの子をちらすように、教室を出て行くありさまである」。一九六〇年一二月一四日付け『鴨沂新聞』第七一号でも、「文化祭当日になってもH・Rでの出席点検が終わるとすぐに帰る生徒が全体の過半数にも達している」と報じられている。このように、形のうえでは普通科と商業科が「ミックス」されたホームルームが編成されていたとはいえ、一九六二年度以前においても、その実質は「非常にうまくいった」「対話も進む」とは言えない状態にあったと思われる。

とはいえ、それでも一九六二年度までは、まだしも「総合制の特徴」の一つである「教科の共通履修」がある程度可能であった。それが大きく変わったのが、ここでもやはり一九六三年度であった。

3　問題の噴出と「真の総合制」模索（一九六〇年代後半〜）

1　問題の噴出

1　市立高校と府立高校の格差

一九六三（昭和三八）年、京都市立の高校は堀川高校（普通科・音楽科）と日吉ケ丘高校（普通科・美術工芸科）以外はすべて単独制へ移行した。市立西京高校が単独制の商業高校となって二年半後の一九六五年一〇月。『京都新聞』は、次のようにその変化を伝えている。

「どうです。生徒も先生も生き生きとしているでしょう」と西京商の桐田鉄郎校長は単独制の成果を強調する。同高の商業の生徒は総合制当時は一学年二百人（四クラス）だった。いまは一年五百八十人（十一クラス）二年六百三十三人（十二クラス）三年六百八十四人（十三クラス）計千八百九十七人の大商業単独高校だ。これだけの生徒をかかえれば、それだけ施設、設備も充実させねばならぬ。ちょっとリストをのぞくと、カナタイプ三十八台、電動加算機十一台、同計算機八台、実践用室内電話機二十四台、卓上会計機五台……そして、高校としては全国でもあまり例がないというエアシューターも五十万円を投じて設備ずみだ。特別教室もスチール事務机の整備された実践室、タイプ教室など四つ。商業科二百人定員の府立高を三つ合わせたその設備でもとてもつり合わないだろう(68)。

問題は、京都市内の商業課程は「総合選抜制」（市全体で公立高校商業課程の合格者を決めてから居住地によって各学校へ振り分ける制度）であったため、入学試験に合格しても施設・設備が充実してきた市立西京商業高校に行くことができるとは限らない（施設・設備に劣る府立高校へ行くことになる可能性もある）ことにあった。そのため、「同じ商業なら西京へいかせたい。居住地で差別を押しつけられるのはごめんだ」(69)と高校に苦情をもちこむ保護者や、「むすこが朱雀の商業にお世話になっているが、施設、設備、内容が貧弱だと、ヤル気をなくしている。学区の関係で、市立西京商業に通学するとばかり思って期待していたところが、朱雀にふりわけられた。単独高に負けない内容を盛りこんでほしい」(70)と府教委に注文をつける親がいたという。

総合制を維持する府立高校で商業課程を担当する教師は、一九六九年二月に開かれた府商業教育研究会の席上で「中途半端な商業教育」を次のように嘆いている。「第一に職業教育には欠かせない実習実技が施設、設備の不備で立ち遅れ、教科書とノートの〝教養商業〟に甘んじている。（中略）普商交流はホーム・ルーム、アッセンブリーなどで人為的に行なわれているが実質上、校内に異質のものが同居しているに過ぎない」(71)。

単独制になった市立高校と総合制を維持する府立高校との間で、施設・設備の充実ぶりに格差が開いていくのは商業課程ばかりではなかった。『京都新聞』によれば、「府教委は商業、農業、工業、水産、園芸、家政などの産業教育振興に、毎年総計七千万円を投入しているが、小規模分散のため、施設・設備の充実は遅れがち。これに対して、京都市教委は、単独制の西京商、伏見工、洛陽工などに、毎年一億円ていどを投入、近く洛陽工に一億円、西京商に数億円を投入して近代化を急ぐという」(72)。

その結果、一九八〇（昭和五五）年度末には格差は次のように開いている。産業教育設備充実状況（設置基準に対する充足度）を見ると、商業科では総合制（府立一六校）は二四・四％の充足度であるのに対して単独制（市立一校）は五〇・一％。工業科では総合制（府立三校）が三九・一％、単独制（府立一校・市立二校）は五一・〇％であった[73]。全国平均は、商業三八・二％、工業三五・〇％～四八・五％（各科別）の充足度であったから、総合制をとる府立高校の施設・設備の貧弱さは顕著であったと言わざるをえない。

しかし、こうして施設・設備が充実し始めた市立高校も、施設・設備の整備がままならなかった府立高校も、ともに一九六〇年代後半から深刻な問題を抱え込むことになる。

2　単独制高校の「荒れ」

「普通科志向の高まりで、職業科へ入ってくる生徒が大きく変わったのは四十年代の後半から」[74]と京都市教委の中城忠治首席指導主事が言うように、たしかに昭和四〇年代（一九六〇年代後半）に入ると、「職業科へ入ってくる生徒が大きく変わった」。その背景にあるのは、高度経済成長によって可能となり、必要となった「高学歴化」への動きである。たとえば、一九六九年の『京都新聞』は、次のように報じている。「全国的に大学進学率が高まり、高校も、それに有利な普通科に集中する。ところが、一定の〝定員〟があるため、職業課程にふりわけられる。『先生、どこでもよいからとにかく公立高へ行かせたい。私立は高くて、とてもやれません』。三年の二学期末から三学期ごろになると、父兄が学校を訪れて泣きつく」[75]。一九六〇年代後半になると職業科へは「適性」よりも「学力」で振り分けられるようになっていたのである。

その結果、発生するのは大量の「不本意入学者」である。一九六七年に市教育研究所が市立洛陽工業高校一年生全員に対して行った「進路選択に関する調査」によれば、「現在の進路に満足しているか」のアンケートに、「よかった」「だいたいよかった」と答えた満足組は、色染科で一六人(全クラス四二人)、紡織科二一人(四一人)、工業化学七人(二九人)だけであった。全校で見ても三七二人中、満足組は半分以下の一八一人。残りは「進路の選択を誤った」「満足ではないが、やむをえない」といったものであった。伏見工業高校での調査もほぼ同じ傾向を示し、西京商業高校でも満足組は四六・五%しかいなかった(76)。

一九六三年に工業科のみで開校した府立田辺高校も、開校からわずか数年後には「目的意識もなく学習意欲も少ない生徒が入学してくるようになった」(77)と言われる。

「不本意入学者」が多いと、当然のことながらその教育は困難をきわめることになる。田辺高校でも一九七三年ごろは「手ぶらで登校する生徒、教室では教科書、ノートを出さず、立ち歩く、ガムをかむ、マンガを読む、などとても授業のできる状態ではなかった」(78)という。こうした事態を立て直すために田辺高校の打ち出した方針が、「〝真の総合制〟実現」であった。そうして関係者が府教委に働きかけた結果、一九七七年度から田辺高校は普通科も設置した「総合制高校」として新たなスタートを切ることになった。

ただしこの時、「何が〝真の総合制〟か?」については、必ずしも関係者の間に共通の認識があったのではなく、また普通科を設置したことによって「全人教育」が実現したわけでもないようである。田辺高校の元教諭は、当時の様子を次のように回想している。「当初〝真の〟に重点がおかれた活動も、普通教科の消極的（学習指導については保守的ともいえる）な姿勢や、良き理解者であった校長の転出、鋭い洞察力をもって情熱的に改革に取組んで頂いた畏友の府外転出もあって、質的なものから形式的なものに変化し、普通科設置が決まった五一年教科主任会が〝他高なみの教育課程〟を前面に出し、小教科や選択教科の単位数の配列を議論の中心とするに及んで、〝止んぬるかな〟の感を深めたものである。昭和五二年四月普通科を併置して田辺高校は新しくスタートしたが、私は失意の内に学校を後にした」(79)と。

普通科と職業科を校内に併置して「総合制高校」となるだけで問題が解決するわけではないことは、次項で述べるように総合制を維持している府立高校でも「荒れる」生徒がいたという事実がよく物語っている。

3　総合制高校の「荒れ」

生徒が「荒れる」のは、単独制の高校ばかりではなかった。普通科と農業科をもつ府立桂高校でも、一九六八（昭和四三）年度には農業科三年生の十数名がほとんど年間を通して騒動を起したという(80)。当時、副校長であった但馬卓の回想によれば、「騒動」の概要は次のようなものである。一学期も半ばにさしかかったころ、農業科三年生がホームルーム教室の入口付近に机や椅子でバリケードを作り、授業をボイコットするという事件が二回続いた。しばらくすると教室の窓硝子が大量に破壊された。修理してもまた破壊された。そこで話し合いの場を持ち生徒の言い分を聞くと、生徒たちの「不満」とは一人の教師が「俺達のクラスを動物園と言った」「授業で草取りをさせたり労働をさせて、学校は俺達から搾取している」といったものであった。前者は「隣の教室で授業をしていたその教諭が、農業科の生徒の授業中の喚声や奇声に、不用意に洩らした言葉が彼らの耳に入った」ものであり、後者は農業実習における草取りや農業科の生産物を販売することを「搾取されている」と誤解したものであった(81)。いづれも（農家出身でないにもかかわらず）農業科で学んでいる生徒の「自分たちは差別されている」という思いが背景にあったようである。

このように職業課程で学ぶ生徒たちが「荒れる」状況は、一九六〇年代後半から全国的に広まっていたが、京都の高校も例外ではなかったのである。しかもそれに加えて、総合制を採り続ける府立高校では、一つの学校内に同居している普通科生徒と職業科生徒が対立・反目しあい、ついには両者の間で暴行事件が起るという事態が生じ始める。一九六六年度、府立山城高校ではホームルーム対抗の球技大会で「商業課程の一部男子生徒のなかで、いままで普通課程のクラスを快く思っていなかった者が一団となって、競技のルールを無視し相手の選手を足蹴りしたり、体当たりする」(82)という暴行事件が起った。一九六九年度には府立洛北高校でも同様の暴行事件が起り、一九七三年度には府立桂高校でも暴行事件が起った。そうした対立状況を受けて、「真の総合制」実現への動きが始まる。

2 「真の総合制」の模索

1 府立洛北高等学校

一九六三（昭和三八）年度、洛北高校では新一年生から普通科と商業科のホームルームを分離。アセンブリー（生徒集会）の時間も、一年生のみ二・三年生とは別の時間となり、出席もとらないために事実上の廃止状態となった。その結果、校内は次のような状態になったという。「交流の場はクラブぐらいに限られて、クラブに入っていない人は全然接する機会がないという。また『普通科の人は商業科の人を見さげている』『先生までもが差別する』など対立しているような状態にある。そうでない人はお互いに知らんふりで無関心といったぐあいである」（一九六六年三月一日付け『洛北高校新聞』第八一号）。

一九六九年度には生徒間で暴行事件が起り、普通科と商業科の対立が目立ってきた。こうした状況に対して、このころから学校内部で総合制の意味を見直そうという動きが出てくる。一九七〇年三月一日付け『洛北高校新聞』第九八号は、「真の高校教育とは　必要性を考えよう　重要な総合制」という記事を掲載。同年一二月一日付け『洛北高校新聞』第一〇〇号も、「普通科・商業科、同単位の教科は勿論、H・Rも分離されている現在、全く総合制は無視されているのではないだろうか」と洛北高校の現状を批判している。

学校側も、このころから「普商間の交流」をはかる方向をめざしはじめたようである。一九七二年六月三〇日付け『洛北高校新聞』第一〇五号は、「日頃から普商間の交流がうまくいっていないので、スポーツ面においてなら、比較的スムーズに交流がおこなわれるのではないか」と考えた学校側から、「スポーツデーのチーム編成を普商混合に」という提案のあったことを報じている。ところが、そうした「普商間の交流」に反対したのは、生徒の側だった。同紙によれば、「始めから大多数のクラスは反対であり、それらのクラスの中では討論もおこなわず反対したものもあった。そこで、生徒部から、一種目だけでも混合チームを作れないかという妥協案が出された。しかし、その後も大多数のクラスが反対したために結果的には否決された」という。

そこで学校側は、一九七三年度の新入生から普通科・商業科の「混合クラス」に編成することにした。ところが、「混合クラス」にしてみると、また新たな問題が発生することを七四年四月一〇日付け『洛北高校新聞』第一一三号は次のように伝えている。「○組というクラスにいても講座はバラバラ。HR単位で受ける授業は少ない。そうなると、せっかく同じクラスでもなかなかなじめない。いろいろな学校から寄り集まって、知らない人だらけの上、まとまって受ける授業が少ないのだから同じクラスの友達とうちとけられるようになるまで時間のかかるのは、当然だと言えよう」。一九七六年に新聞局が行った「普通科・商業科混合のホームルームについて」のアンケートでは、「賛成」という生徒のほうが多いが、「反対」の生徒の中には「商業科の生徒に対して『勉強が出来ない』とか『ガラが悪い』或いは『普通科の質が落ちる』などとバカ呼ばわりする者」がいたという（一九七六年六月九日付け『洛北高校新聞』第一二五号）。クラスを「混合」にしても、「職業教育に対する蔑視観念の是正」は容易ではなかったのである。

2　京都府立鴨沂高等学校

一九六三（昭和三八）年四月、学習指導要領の改訂によって府立鴨沂高校でも普通科・商業科の「共通学習」が事実上不可能となり、生徒の「接触」は毎日のショート・ホームルームの一〇分間と、一週一度のロング・ホームルームの一時間しかなくなった。しかも三年生には普通科単独のホームルームも編成されていた。そうした状況を打開しようとする動きが、一九六八（昭和四三）年から活性化してくる。

この年、鴨沂高校の内部で次のような動きがあったという。「HRの運営指導が教師にとって困難だというだけでミックスHRを避け、課程別のHRを設けて総合制高校としての存在意義があるのか、普商の対立感情を克服し、相互理解を深めるためにも、総合制の理念に一歩でも接近する方法を模索する教育運動が必要ではないかなどの問いかけから、教職員集団の討議がくり返され、三年生を含めて全学年ミックスHR編成に踏み切ることを決定した」(83)。ところが、予想に反して商業科の生徒から強い反対の声があがったため、「ミックスHR」の実施に至るまでは、同校の教諭によれば次のような経過をたどらなければならなかったという。

三月末職員会議で決定されたころから三年商業科生徒の反対が急激に増加し、連日会議をひらいて運動に乗り出した。日常おとなしい、発言もしない無関心、無気力の生徒が、この反対運動に乗り出し、教員と話し合いをはじめ、その中で日常どれくらい商業科生徒が学校、教員、普通科生徒から差別されているか、押さえつけられているかについて事実にもとづいた発言や、抗議がなされた。混合編成は一見民主的であるが、それがいかに見せかけの民主主義であるか、教員はいかに商業科生徒を軽視しているか。混合編成が完全に行なわれるためには、格付けされて入学して来た商業科生徒をいかに三年間、教育しなければならないかなど。しかも一人一人の実態を把握して、進路を保障し、生きがいをもつ人間に、自由に発言発表できる人間に育てない限り、混合編成の中ではみじめな日かげ者になってしまう。このことを徹底的に生徒の感情的発言から教員がくみとったのが四月始業日および翌日の六時間にわたるアセンブリーにおいてであった(84)。

この二日間（一九六八年四月の始業日および翌日）にわたるアセンブリーこそ、普通科の生徒と職業科の生徒が、はじめて正面から向き合い、〈出会った〉瞬間であった。ある意味では、総合制がその「総合制の特徴」をもっとも発揮した場面であるとも言えるので、もう少し詳しくその時「何があったのか」を確かめておこう。同校教諭の著した『高校生は発言する』（一九六九年）の中で、鴨沂高校の生徒は次のようにその時の様子を「回想」している。

Ｅ　四月の討論のとき、わたくしは混合編成反対の意見を強くだしたのだが、普通科の生徒のなかにも混合編成を熱心に、しかも真心こめて支持する人があるのをしって、考えが変わってきたんやね。

Ｊ　そう。商業科の者ははじめのうちは感情をむきだしに発言していたよね。そのため普通科の生徒のなかから、「おれらは、いっしょうけんめいにおまえら（商業科の生徒）のことを考えていってんのや。そやのにおまえらの発言を聞いていると、少し勝手すぎるやないか」というような意見もあったと思う。すると普通科のなかから、「商業科は、みんなに感情的にならなきゃならないほど、せっぱつまった気持ちに追い込まれているのやないか。そういうように追い込んでいくものが、学校内になにかあるのなら責任の一半はわれわれにもある」。たしかこういう答えもでたし、「商業の生徒は卒業して就職した場合、企業内では永久的に下士官的地位にしかつけない。大学を卒業した者は、実力がなくても地位が保障されている。そういう社会的ひずみを考えて、商業科の生徒が、ちっとばかし勝手な発言をしたからといって、わがままだなんていうほうがまちがっている。かれらの発言は悲壮な叫びではないか」とかいうような意見もでたね。そのときはやっぱりすばらしい討論だと思った。

D　商業科の人の意見は真剣そのもので、せっぱつまったものがあったから、なにかひきつけるものをもっていた。六時間ばかり討論をつづけたものね。

A　商業科がどんなに疎外感をもっていたかということが、こんどほんとうによくわかった。わたくしも責任を感じた。個々の商業科の人を軽蔑《けいべつ》したこともないし、対等につきあっていたつもりだったけれど、そんなことでは平等になるものやないんだということがやっとわかった。

B　ぼくもいまの意見とだいたい同じなんだが、討論のなかでなんだかいままでとちがった考えかたができるようになったと思った。それまでは内在している根本問題に目をむけていなかったと思ったんです。

N　商業の人は形式的平等のなかでは、ちっとも平等だと思っていないんだとはじめてしったのは、四月の討論のときであり、このことに気がついたときは、ほんとうに一大発見だった。

L　普通科の一生徒が涙を流して、「たとえ進路がちがってもいいやないか。クラブを考えてみいや。普・商仲よう練習をし、ともに汗を流し、ともに飯をくったりして、友だちになっているやないか。われわれは普・商いっしょになって仲ようやっていこうやないか」と叫んだとき、わたくしもじーんとなって涙がでてきてね。

J　そうそう。あれはクライマックスだったな。女性は大半泣いとったからね。あれで賛成が多うなったのとちがうやろか(85)。

教科の学習においても、一九六九年度からは「鴨沂方式」と呼ばれた独自の教育課程が実施される。「鴨沂方式」とは、⑴普通科と商業科の共通学習（ミックス授業）の場を広げ、⑵商業科の専門必修三五単位に英語一〇単位を含めて二五単位履修でよいとし、⑶選択科目を増加させ、⑷三〇人以下の少人数講座を保障し、⑸調整可能な教科・科目はできるだけ普商共通単位として、共通学習への道を開いたことである。鴨沂高校がそうした「方式」に踏み切ったのは、新聞局によれば「真の総合制に帰る」（一九六九年三月一日付け『鴨沂新聞』一〇五号）ためであり、「全人的教育」（同年四月二五日付け『鴨沂新聞』第一〇六号）を実現するためであった。

こうして始まった「真の総合制」を模索する動きがいつまで続いたか、実際にどれだけ「真の総合制に帰る」ことができ、「全人教育」が実現したのかは、今のところよくわからない。「涙のアセンブリー」によってスタートした一九六八年度も、同校の教諭によれば次のような経過をたどったという。「問題は二学期からはじまる。就職が内定し、進学の重圧が重くなりはじめる中で、商業科生徒の不満が大きくなる。ホームルーム活動を活発にしようとしても、ついてこない普通科生徒が一部出はじめ、無気力、無関心ムードとなる。一方一年以来、発言、指導力の面で育てられていない商業科生徒が自己の能力の低さをまざまざと見せつけられる」(86)。

ただ、そうして「真の総合制」を模索する動きは、鴨沂高校だけにとどまらず、一九六〇年代後半からいくつかの高校や府レベルでも始まっている。最後に、そうした動向も含めて、京都府下の全体的な状況を俯瞰してみる。

3 「真の総合制」の模索

一九六七年度、府立山城高校では前年度におきた暴行事件を契機に、全学年のホームルームを「ミックス編成」に変更した(87)。桂高校でも球技大会で起きた暴行事件がきっかけとなって二年生有志による「合同HRを実行する会」が一九七四年二月に結成され、同年三月より約一カ月半の間、全校を挙げて集中的に討議した結果、全学年一〇クラスとも普通科・農業科・園芸科・家政科の生徒を均等に分けた「完全ミックスホームルーム」に踏み切った(88)。各学校レベルで総合制の理念と実践の問い直しが始まったのである。

府レベルでも、一九六九年四月から京都府教育研究所では「総合制の高校教育課程――職業科と普通科の教育内容と方法について――」というテーマで研究が開始される。一九七二年一月に出された府教委の改訂高校教育課程審議委員会の答申(89)は、最初に総合制の理念を次のように確認している。すなわち、総合制とは「進路のいかんを問わず学習を共にすることにより、生徒相互に理解と尊重の念を抱かせ、集団の中で自らを高めることによって、より豊かな人間形成」をめざすものであると。そのうえで同答申は、「事実上併置制になっている現在の状態を改め、真の総合制を回復し、これを拡充することは非常に重要な課題である」として、「入学時には学科を固定せず、在学中に修得した単位によって、卒業認定のさい卒業学科を決定するという制度の方向で、法律・財政上の問題を含めて検討」することを求めている。当面は、現在の学科間においても「共通科目を共通単位で共通履修させることを、共通のH・R編成とともに可能なかぎり確保する。また、生徒の転科の自由を可能なかぎり保障する」ことが必要であり、また、普通科の生徒にも「職業人として立っていくための自覚を与え、労働観・職業観が正しく具体的にとらえられる教育が必要である」から「普通科においても、地域社会に応じた生産のしくみと、実際の労働に直結した職業教科・科目を履修できるようにすべきである」と答申している。この答申に基づく府市両教委の「編成要領」によって、「学科間の共通履修（共通学習）の可能性がひろがり、府下のほとんどすべての学校で、何らかの形でミックス授業が行われるようになった」(90)という。

一九七五年三月に発表された京都府産業教育審議会答申「京都府における高校の職業教育の改善について」(91)でも、次のように述べられている。「学校教育法第四一条の『高等学校の目的』に『高等普通教育及び専門教育を施すこと』とあるように高校教育は、普通教育と職業教育を合わせた一つの教育、つまり基礎的な教科とそれに若干の専門教科を配した一本の教育であり、これを達成するためにも総合制のあるべき姿を求めていくべきである」。そのうえで、この答申も「共通履修を可能なかぎりとり入れていくことが必要である」としたうえで、「高校教育における職業観・労働観の育成」の項目に「特に、現在の普通科には、実地について具体的、実践的に学ぶ職業教育が不足していると考える」と記し、「普通科における職業教育のあり方」を問題にし始めている。教職員組合も、同年一〇月、第二五次京都高校教研集会において「すべての生徒に学ばせる職業に関するあらたな教科の内容についての一試案」を発表し、具体的に「普通科における職業教育内容例」を「工業」「商業」「農業」にわたって示した(92)。

ところが、こうした「真の総合制」への模索が実を結ぶ前の一九七八（昭和五三）年、第一章でもふれられているように蜷川府政が林田府政に変わったころから「高校三原則」の見直しが始まり、「小学区制」の問題に議論が集中するようになる。一九八一年五月に府教委が設置した高等学校教育懇談会は、一九八三年一月「三原則」についての賛否を網羅した「座長まとめ」を発表。そうして一九八五年四月、総合制についてはあまり議論がなされないまま「三原則」は廃止され、新たに単独制の「京都府立商業高等学校」も誕生して、一つの学校の中に複数の課程を併置する高校はいくつか残るものの、総合制は「原則として」終焉を迎えたのである。

おわりに

一九六八（昭和四三）年四月から地元紙の『京都新聞』は、「これでよいのか　京の高校教育」という連載記事を十回にわたって掲載した。それは、一九六〇年代後半に入ってから「職業科における荒れ」と「普通科における受験教育の過熱化」が全国的に問題となる中で、「理想的教育制度を自負する京都」に対して全国の関心が集まり、「京都の教育が見直されよう」としていたまさにその時点で、「京都の教育が二十年間のヒズミに苦しんでいる」(93)という認識が『京都新聞』にあったからである。実際この時期、対外的には「高校三原則を守りぬいている民主主義教育の地」というイメージが形作られる一方で、京都の内部では本論で述べたような問題が噴出していた。

その問題の芽は、すでに一九五〇年代にあった。一九五四（昭和二九）年度から普通科・商業科に定員制が実施されたことは、「全人教育」を実現するという「総合制の理念」からすれば大きな改変であった。なぜなら、各課程別に定員制が敷かれたことによって、それまで自由であった「進級の際の転科」が難しくなり、「同一の入学試験を受けて入って来た生徒が、自分の能力なり将来の希望なりにしたがって、それぞれの教科課程を選択することが出来る」という条件が満たされなくなったからである。

にもかかわらず、定員制の実施については、どこからも反対の声があがっていない。この時、定員制が実施された理由は、全国高等学校長協会綜合部会によれば、次の二点にあった。「一、従来入学後の取得単位によつて普商を決定していたため普商別の定員不確定による職員組織及び施設上の見込みがたたない。二、産振法の適用がむつかしい」(94)。

たしかに、定員が決まっておらず、転科も自由にできるのであれば、年度ごとに各課程の生徒数が変わることになる。そのために、「職員組織及び施設上の見込みがたたない」ことは学校にとっては深刻な問題であった。裏から言えば、「同一の入学試験を受けて入って来た生徒が、自分の能力なり将来の希望なりにしたがって、それぞれの教科課程を選択することが出来る」という条件を保障するためには、生徒数の増減を吸収できるだけの余裕を持った「職員組織」と「施設・設備」が必要だということである。そうした余裕を持たずぎりぎりのところで職員配置をしていたためか、定員制に反対する声は「総合制堅持」の姿勢をとっていた校長会や教職員組合からもあがらず、定員制は何の議論もないまま実施されたのである。

「議論なしに実施された」といえば、一九五二年度に市立紫野高校が普通科のみの単独制高校として発足した時、市会においても府会においても何の議論もなされなかった。府立嵯峨野高校が一九五四年度から商業科の募集を停止して普通科のみの単独制高校となることに対しても、どこからも異論は出なかった。しかし、これらの単独制高校の誕生は、「総合制による全人教育」という観点からは大きな問題をはらんだ変化であったように思われる。なぜなら、一九四八年一〇月、発足してまだ半年の新制高校のほとんどを「総合制高校」とするべく強引な統廃合を行った時、その積極的な理由とされたのは、戦前の複線型教育に対する反省に基づいて、普通課程の生徒と職業課程の生徒がともに学ぶ総合制であってこそ「職業教育に対する蔑視観念の是正」「広汎な視野と豊潤な人生観の形成」ができるというものであったからである。

総合制に対するこのような意味付けは、本論で明らかにしたように、この時の統廃合に積極的に協力した校長会のメンバーだけでなく、当時の教育長・教育委員長の口からも明言されていた。とすれば、普通科のみの単独制高校が誕生しようとしている時には、職業科で学ぶ生徒のいない学校、すなわち「目的と環境を異にする種々様々の生徒」が「常に接触し刺激しあい、学習に幅が出来、視野が広くなる」ことが期待できない状況でどのようにして「全人教育」を行うのかが問題となるはずである。にもかかわらず、市立紫野高校や府立嵯峨野高校が普通科のみの単独制高校として発足することに対して、「普通科のみの単独制高校では全人教育が難しい」という声はどこからもあがらなかった。戦後の京都の高校教育が「全人教育」を理念とすることについては多くの関係者の間で一致していたが、ではその「全人教育」とは何か？　総合制によってどのように「全人教育」を実現していくのか？　について議論を煮詰めることは一度もなかったのである(95)。

一九五〇年から一九七八年まで七期知事をつとめた蜷川虎三には、当初から「全人教育のためには総合制でなければならない！」という強い姿勢はなかった。すでに一九五〇年の府会で、蜷川知事は次のように発言している。「私の個人的考えを申しますと、古い考えかも知れませんが、やはり農業は農業、工業は工業、商業は商業、そういう職業教育をする機関が欲しいように思うのです」（一九五〇年八月三一日）。一九五二年の府会でも知事は、「綜合制という舶来の文化教養の教育よりも、一芸を通じて人間を完成してゆくというような教育の方が（拍手）私はいいのじゃないか、そういう点を個人としては考えておりま す」（一九五二年三月一一日）と答弁している。一九六〇年前後の高校増設をめぐる議論でも、知事が一貫して「私は三原則にこだわるものではございません」と述べていたことは本論で見た通りである。小山静子がすでに指摘しているように、蜷川知事は「総合制教育を何としても守るべき価値とは考えていなかった」(96)のである。

府教委にも「どうしても総合制でなければならない！」という強固な意志がなかったことは、一九五三（昭和二八）年一二月に商業課程を統廃合して「鴨沂・洛北・嵯峨野・紫野の四校は普通コース単独校とする」というプランを府教委自身が発表したことから明らかである。この時、「鴨沂・洛北」の二校は総合制のまま存続することになったが、府立嵯峨野高校は一九五四年度から府教委の計画通りに普通科のみの単独制高校へ移行している。その後も府教委が、「なしくずし的」に次々と単独制高校を設立していったことは本論で見た通りである。

おそらく、総合制に対してもっとも強硬に「堅持」の姿勢を貫いていたのは教職員組合であったと思われるが、その教職員組合も「総合制による全人教育」について具体的・実践的な教育論を持っていたわけではないようである。一九五六年二月、教育研究全国集会で京教組は、「京都府プラン」の実施を許したことに対して次のように自己批判している。

何と言っても、今迄の組合運動の進め方が一面において経済主義、一面において政治主義に陥り、子供の教育の問題を本当に大切に考えなかったのではないかという問題がある。とかく組合の窓を通して上ってくる生活と権利についての斗いさえやっていればいいとし、教育の問題は社会がよくならない限り駄目だとして、子供の幸福と教育に絶対責任を負う体制をつくる努力を具体的に一つ一つ積み上げるということを怠る傾向はなかっただろうか。（中略）このことが、安易な便宜主義から自らの手でコース的なものを現場に作りあげてしまったり、また今度の教育課程という問題に対して、カリキュラムのことは分らないからと言うので一部の教務係の教師に委せてしまったり、たゞ形式的観念的にコース制反対、三原則堅持を叫ぶだけで、「それなら現在のこの矛盾をどうしたらいいのだ」という疑問に実践的に答えられないという傾向などに現れている。また教育課程は現場教師の手によって作られるべきものだと言いながら、文部省案には反対だと言うだけで、現行の欠陥を具体的にこう変えていったらいいのだという代案を、主体的に作りあげるところまでも発展しないという弱さにも現れている(97)。

実態としても、本論で見たように「学科の別なく自由に教科目が選択できる」「同じホームルームで三年間一緒に生活する」という条件を満たす高校は、すでに一九五〇年代には京都府下でもわずかしか存在しなくなっていた。「高校三原則を最後まで守りぬいた民主主義教育の地＝京都」というイメージが創られていった一九六〇年代後半には、京都市立の高校はほとんどが単独制に移行しており、府立の中にも単独制高校が誕生していた。総合制を「堅持」している高校も、実質的には「多課程併置制」(「単独制の寄せ集め」)にほかならなかった。とすれば、「高校三原則は京都だけに生きている」と言うのは、かなり無理がある(98)。

いうまでもないことであるが、単に一つの学校の中にいくつかの課程が同居しているだけであったとしても(教科の学習においてもホームルームにおいても各課程の生徒が完全に別々であったとしても)、クラブ活動や学校行事などをともにすることによって、多様な課程の生徒が〈出会い〉、「職業教育に対する蔑視観念の是正」や「広汎な視野と人間性の涵養」がなされることもありえる。しかし、それは〈生徒がたまたまそのような機会にめぐまれた場合にそうなることもある〉という話にすぎない。単なる「多課程併置制」は、「職業教育に対する理解と尊重の念」を育てるどころか、かえって普通科と職業科の対立と葛藤を生み出し、暴行事件に発展することさえあったのである。

たとえ教科の講座やホームルームが「一緒」であったとしても、そのことがただちに「民主的な教育」を実現するわけではないことは、本論で見たように市内四校の学校新聞が痛いほど伝えている。すでに京都高校教育問題研究会が指摘しているように、「なぜミックスにするのかという問いかけを絶えずくり返し、普商の矛盾をHRの発展の原動力とするとりくみによって、問題意識を風化させない努力が要求されている」(99)のが、総合制による「全人教育」であった。

ところが、そのような「努力」が積極的になされたのは、戦後の数年間を除けば、総合制が実態としては単なる「多課程併置制」にほかならないものとなり、問題が噴出し始めた一九六〇年代後半になってからのことである。しかも、確認できる限りではいくつかの学校現場でそうした「努力」が全校的になされたにすぎず、その成果も明らかでない。こうした総合制の実態からすれば、「人間教育というカンバンはあったが、内容の充実がなかった」という卒業生の発言は、正鵠を射たものであると言わざるをえない。もっとも深刻な問題は、そのカンバンの陰に「職業教育に対する蔑視観念」が是正されないまま卒業していった普通課程生徒や、十分な教育環境を保障されずに置かれた職業課程生徒がいたことである。「全人教育」という教育理念は、それを許すほどに抽象的であいまいな理念であったのだ(100)。

最後に、このような京都の総合制の歴史が、一九九四(平成六)年度から全国の高校に開設され始めた「総合学科」に示唆するものを二つあげておく。

第一の示唆は、総合制のよさを発揮するためには十分な財政的裏付けが必要であったということである。

生徒の自由で多様な選択を可能にするためには多くの教科目を設置しなければならず、どの教科目についても生徒が十分に学習できるだけの施設・設備・教員を準備しなければならない。総合制は、その特色を生かした教育を実現しようとすればするほど、「普通科」のみの、あるいは一つの「専門学科」のみの単独制に比べて、はるかに「お金がかかる」のである。ところが、本論で明らかにしたように戦後の京都で総合制が実施され、「堅持」され続けた理由の一つは、「単独制の高校をつくるよりも総合制のほうが経済的だ」というものであった。たしかに、十分な施設・設備を設けず、必要な教員も配置しないまま、形式的に多様な課程を設けて総合制を実施するならば、「安上がり」になることはまちがいない。しかし、そのために本格的に「専門学科」(職業課程)を学びたい生徒が犠牲になっていたことは、本論で見た通りである。一九五一年に京都府立朱雀高校の商業科を卒業して銀行員となった一人の生徒も、次のように証言している。「前身が旧高等女学校であった朱雀高校では主に旧第二商業の先生が商業科を担当されたが、授業の教材や設備は皆無に等しく、商業実習などは出来ず、卒業後は商業高校が単独で存続していた大阪の生徒と比べて大きなハンディキャップを負うこととなった。総合制という理念とその現実との間のギャップを痛感した」(101)。お金をかけずに総合制を実施することは、生徒に大きな犠牲を強いることになるのである。

第二の示唆は、総合制のよさを実現するためには教育理念を具体化・現実化していこうとする努力が不断に必要であったということである。教育理念の抽象性・不明確性が制度の形骸化をもたらしていったことは、本論で見た通りである。「総合制による全人教育」は、まさに「総合制による全人教育とは何か？」を具体的に追究し、実際に「総合制ならではの全人教育」を実現していこうとする努力がある限りにおいて実現する（可能性がある）にすぎない。

現在、文部科学省によって積極的に設置が推進されている「総合学科」は、もっぱら「個性の伸長」や「生きる力の育成」が理念とされている。しかし、そこに言う「個性」や「生きる力」とは何か？　これらの教育理念をあいまいなままにしておいて制度改革が進んでいくとすれば、日本の高校教育はまた大きな問題を抱え込むことになるであろう。歴史は、そのことをわれわれに教えているように思われる。

◆3 男女共学制

小山静子

はじめに

今日、男女別学の学校が存在し、それを選択する人々がいるものの、男女共学それ自体に異議を唱える主張はほとんど存在せず、わたしたちは男女共学をごく当たり前のものとして受け止めている。しかしながら戦前にあっては、きわめて少数の例外はあったものの、中等教育段階以降は男女別学体制が維持されており、このことは、制度として、女性の教育機会が制限され、男女が異なる教育世界を生きていたということを意味していた。しかも初等教育機関においても、多くの場合、高学年になると男女別学級編成が当然のごとくなされ、男女がともに同じ教室で学ぶという経験は小学校低学年に限られていた。そういう意味では、戦後教育改革において教育機会の男女平等や男女共学が制度的に実現したことは、歴史的にみれば実に画期的なことであったといわねばならない。それはまた、二〇世紀初頭以来の女性運動、すなわち、男女の教育機会や教育内容の均等、男子の教育機関の開放を求めてきた女性運動の悲願の実現であったともいえるだろう。

中でも中等教育機関において男女共学が実施されたことは、画期的な意味をもっていた。というのは、中等教育段階以降で男女別学体制をとる戦前においても、高等教育機関では少数ながらも男性とともに学ぶ女性の姿があったのに対して、中等教育機関においては、明治初期の中学校や一部の実業学校、文化学院などの例外的な私立学校を除いては、男女がともに学ぶということはまったくありえなかったからである。また、第一次世界大戦後から本格的に登場する男女共学論においても、とりあえずは高等教育機関の共学を求める意見がほとんどであり、中等教育機関の共学要求は一部にとどまっていた。それが、戦後、中等教育機関でも一挙に男女共学が実現したのである。これは従来の男女観・教育観に大きな転換を迫るものであった。

しかも戦後実施された高等学校における小学区制や総合制が、一九五〇年代には徐々に姿を消していったのに対して、男女共学は今日でも存在しており、京都でも、一九八五（昭和六〇）年以降は男女共学が残るのみである。とするならば、高校三原則の中で、結果的には男女共学のみが人々に受容されたということになる。いったい人々は、戦前の男女別学体制を転換させた男女共学をどのようにして受け入れていったのだろうか。いやそもそも、男女共学の高等学校はどのような経緯をたどりながら設立され、実施にあたってどのような課題があると考えられていたのだろうか。これらの問題を京都市内の高等学校に焦点をあてて考察していくのが、本論の課題である。

1　新制高等学校の成立と男女共学

まず京都市における男女共学の実施経緯を検討する前に、文部省が、高等学校への男女共学の導入をどのように考えていたのか、簡単に考察しておきたい。

一九四七（昭和二二）年三月三一日に公布された教育基本法は、その第五条に男女共学規定を設けている。また同じ日に学校教育法も公布され、六・三・三・四制が成立した。そして新制中学校は一九四七年四月一日より、新制高等学校は一九四八（昭和二三）年四月一日より発足することになった。新学制の実施に先だって文部省はいくつかの文書を出しているが、男女共学問題にふれた最初の文書が、一九四七年二月六日の発学第五〇号「新学校制度の実施について」である。そこにおいては新制中学校について、「なるべく男女共学とするが地方において適宜決定する」(1)と述べられていた。二月一七日になると、発学第六三号「新学校制度実施準備に関する件」が出され、その中の「新学校制度実施準備の案内」において、男女共学に対する文部省の考えがもう少し詳細に表明されている。ここから文部省の基本的な方針を読みとることができるが、それは次のようなものであった。

官公立の中学校においてはなるべく男女共学とする。男女共学は、男女間の社会的関係を正常にし、両性の平等を促す上からも、また、経済的見地からも推奨されるからである。しかし、この原則を採用するかどうかを決定するには、その学校への就学範囲内にある市町村民の意見を尊重すべきである。私立学校においての男女共学に関しては、学校自身で自由に決定する。……高等学校においては、必ずしも男女共学でなくてもよい。男子も女子も教育上は機会均等であるという新制度の根本原則と、地方の実情、なかんずく地方の教育的意見を尊重して、高等学校における男女共学の問題を決すべきである。即ち、男女共学については、教員の問題、財政の問題、設備の問題、あるいはまたその学校の所在する地方の意見等あらゆる事項を考慮の中に入れて取り計ろう必要があるとともに、男女共学とは、単に男子と女子とを同一の学校や同一の教室へ入れるだけでなく、更に進んで日常生活並びに交際において男子と女子とが互に人格として尊重し合うようにしなければならない(2)。

この文書から見る限りでは、文部省は男女共学を導入するにあたって、官公立の中学校は男女共学が原則であること、私立中学校は学校の判断にゆだねられること、高等学校で男女共学を実施するかどうかは、教育の機会均等原則に基づきながら、各学校がおかれた様々な社会的状況を考慮しつつ判断されるべきであり、必ずしも共学でなくてもよいこと、という三点を基本方針としていたことがわかる。そしてこの考え方は、その後も踏襲されていく。

新制高等学校の成立を三カ月後にひかえた、一九四七年一二月二七日、文部省は発学第五三四号「新制高等学校実施準備に関する件」を出し、そこに学校教育局による「新制高等学校実施の手引」を載せている。そこには、男女の教育機会の均等及び教育内容の同水準という原則が示されたうえで、旧制の中学校と高等女学校が同じ地域にある場合と、旧制の中等学校が地域に一校しかない場合とに分けて、共学をめぐる方針が示されている。すなわち、前者においては、「その地方の人々が希望するならば、これまで通り、男女を別々の学校に収容して教育することは差支えない」、後者においては、「なるべく男子のためにも、女子のためにも教育が行われ得るような学校とする方が、通学その他の見地よりしても望ましい。しかし特に男女共学にしなければならないというのではない。男子部と女子部を設けてもよいのである。その学校の進み方は、その地方の要望に合致するように取り運ばれなければならない」とある(3)。男女共学の実現を積極的に求めるのではなく、別学でも構わないということが強調された表現となっていることが、大きな特徴といえるだろう。

また、新制高等学校成立直前の一九四八年三月二七日に出された、発学第一一七号「新制高等学校の実施について」においてもまた、次のように述べられていた。「新制高等学校において男女共学制を採用するかどうかは、監督庁が強制的に決定すべきことでなく、学校所在地の多数の民意を尊重して定めるべきであるが、男女に対する教育の機会均等が保証されることの必要は十分に考慮されなければならない。各都道府県において男女共学を実験的にどこかの学校で実施することは教育の将来に役立つであろう」(4)。この文章を読む限りでは、文部省は高等学校における男女共学の実施を「実験的なもの」とみなしていたようであり、共学を高校教育の基本的な姿だとは考えていなかったことがわかる。

事実、文部省学校教育局の大照完は、教育基本法第五条の「男女の共学は認められなければならない」

の解釈を次のように述べていた。「学校を男女共学にすることを地元民の意志によつて決定した場合にこれを監督庁が禁止してはならないということであり、男女共学を強制するのではない」(5)。

これらの文書を読んでいくと、高等学校における共学の採用にあたっては、「民意」の尊重が最大の優先原則になっていたことがわかる。このことは、文部省には、これまでの中等教育における男女別学体制を大きく政策転換し、高等学校の男女共学を積極的に実施していく意思があまりなかったことを意味しているのではないだろうか。なぜなら、共学を実施するためには、別学になじんでいた人々の意識を大きく変える必要があるが、後述するように、共学の実施に対して人々は大きな抵抗感を抱いており、監督庁が「民意」を尊重する限りでは、共学の採用はなかなかむずかしいからである。

ともあれ、共学を否定はしないが積極的にも支持しない、共学の採否は自由裁量、という文部省の方針の下で新制高等学校は発足したのである。そして一般的には、「アメリカ占領軍の担当軍政部が寛大な対応をした東日本では、男女共学実施は漸進的に行なわれたのに対し、京阪神を中心とする西日本では軍政部の強硬な指示によって半強制的に共学を完全実施したところが多い」(6)といわれる状況が生み出された。特に京都では、民主化のモデル地区にしたいという軍政部の意向もあり(7)、男女共学は全面実施された。

2 京都における男女共学の実施

新制高等学校の発足を来春にひかえた、一九四七（昭和二二）年一一月二日の『京都新聞』は、「府立は全部昇格」という記事を掲載している。そこには、旧制中等学校をそのまま新制高等学校へ昇格させ、新制中学校一期生が高校生となる一九五〇（昭和二五）年四月までは共学を行わない、という京都府学務課の発表が載せられていた。また、一九四八（昭和二三）年二月二七日に決まった、京都府教育委員会（知事の諮問機関、教育委員会法に基づいた組織ではない）による「新制高等学校設置の構想に関する意見」答申も、共学について「即時実施が最も好ましいが、実際問題として（昭和―引用者）二五年度から移行して行く場合が最も多い」(8)と述べていた。しかし、この計画が実現することはなかった。

というのは、すでに第一章で述べたように、一九四八年四月に男女別学の単独制高校として、しかも一つの学校に二つ、三つの学校が同居するという形でスタートした京都の新制高校は、同年一〇月に再編成され、男女共学が実現したからである。したがって京都では新制高校発足後の半年間だけが男女別学だったことになるが、この半年の別学の期間中に、女子校である鴨沂高校の校舎に男子校である洛北高校が同居し、一つの校舎を共有していたことは、興味深い事実であった。二部授業が行われていたから、男女がともに学ぶ機会はなかったものの、自治会活動やクラブ活動などは一緒に行われ、和気あいあいとした雰囲気であったという(9)。そしてこのような同居生活が開始されて一カ月ほどがたった五月八日の『京都新聞』の「京に共学の高校――〝看板〟は二つだが」という記事は、クラブ活動などの「好成績」を見た鴨沂・洛北の両校長が、男女共学授業の実施を了解したことを伝えている。両校長が語ったような共学の授業は実施されなかったものの、これは共学の実施へむけた明るい材料であった。

さて、第一章で述べたように、変則的な形でスタートした京都の新制高校は、開校から二カ月ほどがった時点で高校再編成の問題が議論されはじめ、九月二日に部長会議決定案「新制高等学校整備について」が決定されている。この「新制高等学校整備について」は、新制高等学校の整備に対する原則として、男女共学、地域制、綜合課程の三点を掲げているが、その中で男女共学は次のように述べられていた。

(イ) 文部省の諸手引、発学第六三号、同第五三四号により男女共学は全公立学校における教育の基本課題である。

(ロ)「教育の機会均等」並に「教職員、財政、校舎の節約」は男女共学によって始《ママ》めて実現が出来る。

(ハ) 同じ校舎の中で男女生徒を別別の教室に収容するというだけでは、男女共学は成功しない。「男女共学」は学校の凡ての活動において、男女生徒が共同で計画し作業することを意味する(10)。

文部省が男女共学を全公立学校における教育の基本課題として位置づけていたとは思えないが、ともあれ、京都では、教育の機会均等、教職員・財政・校舎の節約という観点から、男女共学が高校で実現することになったのである。これまで男女別学であった学校が、共学となるのであるから、家庭科室や便所といった設備が不十分であり、共学化にあたっては、とりあえずは女子用便所の建設費として、府三〇〇万円、市四五万円の予算が計上されている。そしてその完成をまって一〇月一五日、高校三原則に基づいた新制高等学校の再編成が実施された。(男子用便所の建設は後回しとされ、旧制高等女学校を母体とする高校に通学する男子生徒は不便な生活を強いられている。)

ところで、このような高校の再編成について、「三原則実施の起動力は二部制の解消、すなわち男女共学制の実現にあった」(11)とする見解がある。しかし、二部制の解消と男女共学制の実現とは別の次元の問題であるし、男女共学の実施にむけた積極的な動きが当時存在していたわけでもなかった。

たとえば、まだ新制中学校の共学も成立していない一九四七(昭和二二)年一月の京都府会では、中川源一郎が男女共学は時期尚早だという次のような意見を開陳している。「米国のやうに宗教心の進んでゐる所ならば存じませんが、日本のやうに貞操観念の低い、ことに処女における貞操観念はアメリカの処女の貞操観念とは非常に低い。……日本の女くらゐ何だ、一時間口説いたらしまひだと言ふ人が居る。……日本の習慣といふものは男女七歳にして席を同じうせずといふので今日まで来た。私は急速に男女共学をするといふことは大いに考へなければならぬ」(『京都府会会議録』一九四七年一月一五日。以下、議事録からの引用に際しては年月日のみを記す)。さすがにこの発言に対しては穏当を欠くというクレームがついて取り消しとなり、府会の外でも女性蔑視であるとして問題となった(12)。しかし、ここまで露骨に発言しなくとも、男女の風紀という観点から共学を「問題」あるものとし、それを女性の「問題」であると論じる視点は、珍しいものではなかった(13)。

また、新制高校が成立する直前の一九四八年二月四日の『京都新聞』は、堀川高等女学校を男女共学の新制高校のモデル・スクールとする案があり、それに対して一月三一日堀川高等女学校保護者会が、「一人の女性が男女共学に賛成した以外全員は反対を表明した」ことを報じている。その理由は、「男女学力の相違などをあげているが本当は風紀問題の心配」であり、「女の子を安心して学校にもやれないこれはここだけではなく女学生をもつ全京都市民の世論でないか」という声があがったという(14)。そしてその後、共学反対の署名活動や親たちの陳情が行われている。

男女共学に最も積極的だったのは軍政部であった。京都軍政部は一九四七年八月と一九四八年二月との二度にわたって、「男女共学こそ自然」とする見解を『京都新聞』に発表している。そこにおいては次のように述べられていた。「米人にとつては何故男女共学でないかと考える方が難しい、……教室こそ常に一緒である男女が協力、同等、民主的等について学ぶ絶好安全な場所である……共学はまた費用も僅少であり経済的に見ても健実《ママ》である」(15)。つまり、男女共学は経済的であるにとどまらず、男女がともに生活し、学ぶことが、民主的な男女関係を作っていくことにつながるというのである。アメリカ人にとって男女共学はごく当たり前のことであり、日本を民主化するうえで、男女がともに学ぶことは不可欠のことであると考えられていたことがわかる。

このような民主化と共学とを結びつけてとらえる視点が日本人にもなかったわけではない。木村作次郎(府教育委員長)は、「一日も早く男女共学を実施すべきで女性の向上自覚がなければ民主日本の建設は覚束ない」(16)と述べていた。しかしこれはまったくの少数意見にとどまっている。当時は「男女共学に対しては一般父兄が消極的なばかりでなく、京都府市の教育当局者も積極的でない」(17)といわれるような状況であり、三原則の中で「男女共学だけはなかなかふみ切りがつかなかった」(18)という、片岡仁志(当時の府立鴨沂高等学校長)の回顧談もある。人々の間には男女共学に対する躊躇や根強い抵抗感が存在していたのである。

当時の人々が男女共学のどこに「問題」を感じていたのかは、次節で詳しく検討したいと思うが、日本人の間には男女共学を積極的に意義づけ、それを推進していこうとする主張がさほど存在してはいなかった。それに第一章で述べたように、府会議員たちも理事者たちも、三原則の実施を軍政部からの圧力としてとらえていたし、それは他の人々にも共有されていた。たとえば、次に引用する文章は当時の高校生の四〇数年後の回顧談であり、その時間的経過を割り引いて考えなければならないが、それでも当時の雰囲気をよく伝えていると思う。「改革されねばならない点が多数あったとはいえ、長い歴史と伝統をもつ各々の公立中学校、女学校がすべてなくなってしまう驚きと口惜しさ。学期半ばに進駐軍CIEによって強引に行われた改革に、京都の教育関係者は何の抵抗もせず、唯々諾々と従ってしまったのだろうかという疑問。……学校でも家庭でもこの改革に大反対だったのを思い出す」(19)。共学の是非を十分に議論し、男女共学にすることの教育的意義を論じるいとまもなく、共学は断行されたというのが実情であった。

そして人々は徐々に男女共学を受け入れていくが、比較的スムーズに受け入れられていった背景には、京都市においては、多数の男女別学の私学が存在していたことがあげられるのではないだろうか。というのも、「府一(旧制府立第一高等女学校—引用者)の父兄の中には『共学になったら娘は辞めさせる』という人もかなりあり……」[20]という証言や、「この共学制度をとても不安に思ったあるお母さんから、この際、私学の女子高に一緒に転校させないかとの誘いを受けたこともありました」[21]といった証言が、残されているからである。共学の公立高校がいやなら、別学の私学があるという選択肢が存在していることが、現実に私学に進学させるかどうかはともかくとして、意味をもっていたのではないかと思う。

事実、京都市内の全日制高等学校生徒数に占める私学の割合は、かなりの高率であった。表1は、京都

表1　京都市内の全日制高校の生徒数

年	男子			女子		
	公立(人)	私立(人)	私学率(%)	公立(人)	私立(人)	私学率(%)
1949	9,718	4,365	31.0	5,014	4,642	48.1
1950	10,810	4,797	30.7	6,199	5,859	48.6
1951	11,578	5,343	31.6	6,623	7,156	51.9
1952	11,759	6,004	33.8	6,936	8,396	54.8
1953	12,127	6,743	35.7	6,912	9,732	58.5
1954	12,257	6,240	33.7	6,923	9,605	58.1
1955	12,428	6,341	33.8	7,015	9,786	58.2
1956	12,455	7,071	36.2	7,076	11,127	61.1
1957	12,774	9,279	42.1	7,026	14,386	67.2
1958	12,927	10,859	45.7	7,023	16,863	70.6
1959	13,060	11,951	47.8	6,939	18,597	72.8
1960	12,835	11,099	46.4	7,119	17,646	71.3
1961	12,409	9,810	44.2	7,470	15,622	67.7
1962	12,720	10,440	45.1	8,054	15,938	66.4
1963	15,006	13,191	46.8	8,857	20,557	69.9
1964	16,686	16,453	49.6	9,845	25,520	72.2

注　1951年までは４月30日現在、それ以降は５月１日現在の数字である（1962年までは各年度の『京都市勢統計年鑑』、それ以降は各年度の『京都市統計書』より作成）。

市内における全日制の公立高校と私立高校との男女別生徒数と、生徒総数に占める私学の割合を示したものである。（ただしあくまでも、京都市内にある高校に在籍する生徒数であり、必ずしも京都市内に居住する高校生の数を示しているわけではない。）全国の高校生に占める私立高校生の割合は、表2のようになるから、京都市は私学率がとりわけ高かったことがわかる。京都市では公立高校の生徒数が一九五〇（昭和二五）年から一九六〇（昭和三五）年にかけて約一・二倍にしかなっていないのに対して、私立高校の生徒数は約二・七倍となっており、高校進学率の上昇に伴う生徒数の増加を私立が受け入れていた。

それにもまして興味深いのは、私立高校に通う女生徒の多さである。一九五〇年には、京都市内に私立の全日制高校は二四校あったが（ちなみに公立の全日制高校は、府立七校、市立五校である）、その内訳は、男子校九校、女子校一二校、共学校三校（同志社高校、京都商業高校、烏丸高校、なお、同志社高校は一九五〇年の新入生から共学化した）となっている。また一九五一（昭和二六）年になると、共学校は二校（同志社高校、京都商業高校）となり、一九五四（昭和二九）年四月には、京都商業高校も女生徒の募集を停止した。その後、男女共学の私立高校は同志社高校のみという状態が続いていく(22)。つまり、私立高校に通う女生徒の大半は女子高に通っていたのである。しかも女生徒の私学率は一九五〇年代は五〇—七〇％にも上るのであるから、京都市内の全日制高校に通う女子高校生の約半分から三分の二は、男女共学を経験していなかったこと

表2　全国の全日制高校生徒数にしめる私立学校生徒の割合

年	男子	女子
1948	15.0%	26.7%
1949	14.2	24.0
1950	13.0	23.2
1951	13.5	25.1
1952	14.7	27.4
1953	16.2	29.5
1954	16.3	29.3
1955	17.0	30.1

（『日本近代教育史事典』平凡社、1971年、685ページより作成）

になる。

確かに、公立高校には男女共学が導入されたのだが、公立・私立を含めて考えると、京都市内の高校生の共学経験率は予想外に低いといわざるをえないのである。もちろんそれは、京都には戦前の中学校や高等女学校から続く、伝統ある私学が多く存在していたという歴史のゆえでもあるのだが、人々に男女別学を選択させる何かがあったことも事実である。そこで次節では、男女共学を実施するにあたって、どのような課題が存在していると考えられていたのか、検討していくこととしたい。

3　共学を実施するにあたっての課題

1　男女の学力差

戦前にあって中等教育機関は男女別学であったが、それは単に別々の学校に通うというだけではなく、女子が男子に比べて低レベルの教育に甘んじているということを意味していた。というのも、そもそも中学校の修業年限が五年なのに対し、高等女学校は四年ないし五年であり、カリキュラムも両者は大きく異なっていたからである。そのため、たとえ同じ五年制の学校であっても、一般には、中学校に比べて高等女学校は普通教育のレベルが一年分ほど低いといわれていた。

このような戦前の中等教育の実態に対して、新制高校は男女同じ教育課程・教育水準で臨み、しかもそれを共学の授業で行おうというのである。それが可能なのか、共学にすると男子の学力が低下するのではないかという声がおこるのも、ある意味では当然であった。このような声は広範に存在していたようで、天野利武教育部長は共学を導入することが明らかになった後の府会で、次のように発言している。

男女共学になるために生徒の素質が低下するのではないかという御心配につきましては……大阪の高等学校の例、本府においては宮津の高等学校が男女共学高等学校を実施しておりますが、それらの例を見ますと、男子のものも、女子のものも従来よりも成績がむしろ上つておる。全部がそうであるかどうかは今後の実験に俟たなければなりませんが、今日まで我々が心配しておりましたのとは反対に、男子は女子を迎えることによつて勉強家になり、女子は男子を迎えることによつて励むということで明朗な結果が出ております。一時的な低下ということはありましようが、長期にわたるものの成績の低下ということについては、今のところ私は悲観をしておらないのであります（一九四八年九月六日）。

天野は共学を実施しようとする側の人間であるから、心配ないと言うのは当たり前であるが、彼は共学を先に実施した学校（ちなみに、宮津高校は一九四八年五月二七日に、京都府で最初の共学高校として開校している）の経験に照らし合わせて、共学の妥当性を主張したのであった。

では、天野以上に共学を推進する側であった京都軍政部は、この問題をどのように考えていたのだろうか。軍政部では、天野のような経験主義的な主張ではなく、もっと原理論的に、共学を実施するにあたって男女の学力差は問題にならないという主張を展開している。すなわち、軍政部によれば、「いまでは科学的実験の結果、男の子も女の子も知能にちがいがなくまた日常生活の重要問題を解決する能力にも優劣のないことがわかつて」(23)おり、男女共学の実施は何の問題もないというのである。

確かに、学力に性差はないという軍政部の主張は原理論的には正当なものと思えるが、当時の人々がこの論理で納得し、共学を妥当なものと判断したかと考えてみると、疑問なしとしない。というのも、当時の議論を見ていくと、男子の学力が女子よりもすぐれているという「事実」は、ある程度共有されていたように思われるからである。

たとえば共学実施から一年ほどが経過した一九四九（昭和二四）年一一月、『京都新聞』は鴨沂高校生に対する調査を掲載しているが、学力について次のように述べている。「各学年とも約半数（男四七％女四四％）が男子の学力がすぐれていることを肯定している、これは本年二月共学実施三ヵ月後の調査において学力差ありとした者は二六・八㌫であつたのと比べると過去一年の経験を通じて明確にこれを認めた者が増えている、科目では数学において劣ると記入した者が女子の半数以上をしめ外国語、国語はさしてひけをとらないといつている」(24)。

もちろん、その「事実」のよってきたるゆえんを、男女の本質的な差として考える人もいれば、男女がこれまで受けてきた教育の結果としてとらえる人もいるのだが、ともかく男女の学力差の存在は既成「事実」としてある程度認識されていた。次に引用するのは、洛陽高校の教員の発言であるが、これは当時の男女の学力差をめぐる認識をよく表しているように思える。「ある人は『共学により、女子の学力は確かに上るが、男子の方は、むしろ女子にひかれてレベルが下る傾向がある』という。然しこれはあくまで現在における傾向であつて、何等本質的な根拠はない。女子の学力は確かに男子に比べて劣つている。だが、これは過去の……女子けい視の封建的教育がその責任を負うべきである。……確かに学力の差があるという現実の前諸に《(ママ)》君は眼を覆うてはならない。即ち男子学生諸君は自ら学力の低下を来す事のないように又、女子学生諸君は、特別にその学力補充に、十分の研究と努力をなさねばならない」(25)。

そしてこのような学力差の存在を前提とした視点から男女共学をとらえてみると、共学は女子教育のレベル・アップのために必要なものであったことがわかる。事実、共学実施後数年たった一九五二(昭和二七)年七月に、高等学校校長会は「京都府における綜合制、地域制、共学制について」を発表しているが、そこにおいては、共学化によって「女子の知的向上と自信の回復は実に共学制が女性にもたらした一大幸福と言わねばならない」(26)と述べられている。また、同年七月に発表された府教育委員会の調査統計課による世論調査でも、共学の賛成理由の一つとして女子教育の向上があげられていた(27)。さらに後述するように、一九五〇年代後半になると、共学の可否が社会的に論じられていくが、その際に、「共学でないと女子のレベルが落ちると思う」(28)という発言も行われている。

つまり、戦前において男女は別学であり、女子教育は低レベルに抑えられていたがゆえに、共学の登場は女子教育のレベル・アップと結びつけてとらえられたといえるだろう。そしてこのような発想はきわめて当然のものであった。なぜなら、第一節において述べたように、そもそも男女共学は男女の教育機会の均等を実現するために、正確にいえば、これまで制限されたきた女子の教育機会を男子と均等にするために実施されたものであり、そこには男女共学の問題を女子教育政策の一環として語るという認識枠組みが存在していたからである(29)。そういう意味では、学力に性差がないから共学を実施するのではなく、女子教育を男子教育のレベルに到達させ、男女の学力差を埋めるために共学を実施するというのが、実情であったといえるだろう。

ところで、学力差の問題は、共学実施前後にはかなり議論されたものの、時間的経過とともにさほど論じられなくなっていった。一九五二年に行われた、教員・保護者・有識者を対象とした高等学校制度に関する世論調査では、男女共学について賛成五〇〇名、反対一七一名であったが、そこでは、「学力差を(共学反対の―引用者)理由にしたものが極めて少ない」(30)という結果が出ている。天野の発言ではないが、経験することによって、男女がともに学習するのに支障がないことが明白になったためであろう。そして、一九五〇年代後半に共学の問題を再検討していこうとする議論がおこった時にも、学力差の問題は顧みられることはなかったのである。

2　男女の交際

それに対して、男女共学を実施するにあたってもっとも根強い反対理由であった、思春期の男女がともに学ぶことへの不安や風紀問題への危惧は、なかなか時間が経過しても解消しはしなかった。

そもそも戦前においては共学を経験したことがないのみならず、若い未婚の男女が親しく交際することを許容する雰囲気も社会には存在していなかった。しかし逆に戦後においては、敗戦後の社会的混乱や解放的空気の中で、性道徳の「混乱」や街娼の増加が起きていた。こういう状況の中で、男女の関係性をいかに作っていくかは、高校生ならずとも重大な関心事であり、文部省は一九四七（昭和二二）年一月に、男女間の「正しい」道徳秩序の樹立をめざして純潔教育委員会を設置し、性教育運動を展開していった。

　京都においても、男女交際のあり方は論ずべき課題であると認識されており、早くも一九四七年二月、男女交際の可否、交際の場所などについての討論会が、京都市内の中等学校四六校の男女生徒九二名によって開催されている。この時期には中等教育機関はまだ別学であり、新制高等学校が共学化することもまったく考えられていなかったが、このような討論会が開かれたことは、男女交際問題への関心の高さを示すものであろう。そしてそこでは、男女交際は可であること、性教育が必要であること、男女の私的な交際は家庭においてすべきことなどの結論が出されたという(31)。

　これ以後、男女交際のあるべきあり方が語られていくが、次の文章は、ある高校教員が共学実施から二カ月が経過した時点で、『洛陽新聞』に執筆した記事である。「共学ともなれば、そこに必然的に異性との交際が始まる。もち論交際は自由である。然しながら自由の裏には必ず責件《ママ》の伴うことを忘れてはならぬ。交際はすべからく公明正大にやるべきだ……豊かな教養に根ざした透徹した理性の眼によつて身を処する事が必要である」(32)。

　このように、共学になれば男女交際が行われるのは当然であるという前提にたって、いかに高校生らしい節度ある交際を行っていくかを求める主張が、共学の下での男女交際のあり方に言及した代表的な意見であった。また『洛陽新聞』の同じ号には、高校生自らが書いた次の文章も掲載されている。「若い男女間の交際に対する世間の目はまだまだ冷たい……男女学生の交際は将来ますます一般化普及化されるであろう今や共学という一つの機会を得たのだ、今後は学生の合法的な行き方と教育の任にあたる人々の深い思いやりが必要であろう……われわれはわれわれの実生活に即応したエチケットを創造していかねばならない」(33)。

このような基本姿勢にたった記事は、一九五一(昭和二六)年になっても見ることができ、一月一六日の『洛北高校新聞』には、「男女交際とエチケット」と題して、心構え、ことばづかい、服装、戸外でのたしなみ、文通などの具体的に注意すべき事柄が掲載されている。高校生も教員も、男女交際のあるべきあり方を模索していたことがわかる。

またこのような交際の心構え・あり方を説くだけでなく、「予期せぬ結果」が起こらないように、性教育の必要性を説いた主張も『洛陽新聞』には掲載されていた(34)。共学という未知の経験を前にして、いかにして男女間で「問題」が起こらないようにするか、男女の交際はいかにあるべきか、高校生も教員もかなり意識していたことがわかる。しかしそれでも、思春期の男女がともに学ぶことへの不安感は消えなかったようである。

もちろん、それは杞憂であり、たとえ男女生徒の間で何か「問題」が起こってもそれは共学とは関係ないとする、次のような意見もあった。「(男女風紀の―引用者)問題が絶無であるとは言えないにしても、こうした問題はかつて男女別学の時代に於いて、而も社会は今日より遙かに平静な時代に在つても尚存したのであつて、その罪を共学にのみ帰することは独断のそしりを免れないものと言わねばならない。また男女高校生の性的スキャンダルもその大部分が男女別学の学校生徒であることは何を物語るであろうか」(35)。

しかしながら、このような意見ばかりではなかった。先にふれた一九五二年の世論調査では、共学への反対理由として、思春期における共同学習の困難性や共学は教育本来の姿ではないこと、性的な行き過ぎが存在することが指摘されている。共学が教育本来の姿ではないということが、どういう意味なのかわからないが、風紀問題への不安感がまだまだ存在していたことは確かである。ただ興味深いのは、この調査で、「『性的な行き過ぎ』を理由にしたものが、一般有識者に多く、その他には少ないのは、直接、それに関係しているものと、然らざるものとの差であつて、一般報導《ママ》による影響が大きの《ママ》ではなからうか」(36)とまとめられていることである。この世論調査は、教員・保護者・有識者を対象としたものであったが、ここでも述べられているように、高校生の現実の姿を知っているものからすれば、性的な問題は共学反対の理由たりえなかったのであろう。

また、一九五五(昭和三〇)年三月七日の京都府会でも、青少年犯罪の増加と共学との関連性を問い、別学がいいのではないかという意見が、汐瀬吉蔵(公友会)によって出されている。理事者側は共学を廃止する考えのないことを明言しているが、共学を見る社会のまなざしは、今日から想像できないほど厳しかったことがわかる。

では、現実の高校生たちの男女交際は、どのように行われていたのだろうか。当時の新聞を検討していくと、当たり前のことだが、受け止め方に随分違いがあったことがわかる。

たとえば、鴨沂高校の調査では、学年が進むにつれて、ホームルーム、クラブ活動、自治会活動などを通して知り合う異性の友人が増えていることが明らかになっている。そして「青年期の不安や動揺、秘密、心の悩み等についての最大の理解者を教師よりも異性に求める傾向が強い」(37)と述べられており、男女交際はうまくいっていたことがうかがわれる。しかし洛陽高校では、「この学校ではまだ男女の交際ということがあまりスムースに行われていないようですね、学校によってはもうかなり活発に、自然に行っているように聞いていますが、例えば堀川や鴨沂など」(38)、「男生徒が女生徒をいじめたり、困らせたりするのはたやすい事である、そして喜んでいる……ますますみぞが出来行く共学生活……果てはなつかしい母校をしのび、やさしい友達を思い、共学をいとうのみである」(39)という声もあがっていた。

それぞれのとらえ方であるから、どれが妥当かということはできないが、回顧談ではほとんどが好意的に語られているものの(40)、実際はそうでもなく、学校差があるとともに、現実にはかなり男女がぎくしゃくした様子もあったことがうかがえる。

3 「女らしさ」「男らしさ」の喪失

さて、共学実施にともなう第三の課題として指摘しておくべきことは、「女らしさ」「男らしさ」が共学によって失われるのではないかと危惧されていた問題であった。

ところで、この問題を考えるにあたって注意しておかなければならないことは、そもそもこの当時は、男女には性質や性格、役割などに大きな違いがあることが自明視されていたことである。現代のように、

「男らしさ」や「女らしさ」、あるいは性別役割を「作られたもの」として相対化し、それらを問い直そうとする問題意識は存在しておらず、男女の特性の相違は当然のことと考えられていた。

それゆえ、鴨沂高校（旧制府立第一高等女学校）と洛北高校（旧制府立第一中学校）が同居することが決まった際には、「男の人が来られたら……啓もうされることが多々ある……府一を一中の人にひっぱつてもらいたい」[41]と、男性のリーダーシップを期待する声があがっていた。また、再編後においては共学に対して、「女生徒は女らしく、男生徒は男らしくあれと、お互いに理解し合い協力により完全なる方向に進んで行きたいという希望が多かつた」[42]という。要するに、共学とは、男女がお互いの個性・特性を理解・尊重しあい、それによって男女が協力することを学ぶ経験として、とらえられていたといえるだろう。

しかしながら、現実に共学が実施されてみると、早速、共学による男女の特性の喪失、とりわけ女性の「男性」化を問題として取り上げる声があがっている。たとえば、『洛陽新聞』を見ると、実施後二カ月がたった時点で、「女生徒が女としての繊細さを失い次第に粗暴化しつつある」[43]という発言があるし、一九四九年一月には、共学制は「男女の特性を重んじた教育が欠けやすい」[44]との指摘がなされている。また一九四九年二月の『鴨沂新聞』にも同様の記事が掲載されており[45]、共学が実施された当初は、男女がお互いを強く意識しあい、従来から考えられてきた「女らしさ」「男らしさ」の行動規範とはズレが見られたこと、そしてそれが「問題」としてとらえられていたことがわかる。このような声は一九五二年になってもまだあったようで、「共学は男性女性をして夫々その特質を失わしめるものであると言う批判は往々耳にする所である」(46)と言われていた。

そういう意味では、男女共学を支持する意見も、それに不安を覚える意見も、ともに「女らしさ」や「男らしさ」の存在を議論の前提としており、前者は特性を異にする男女が共学を通して理解し合うことを追求しようとし、後者は共学によって男女の特性が失われることに危惧の念を抱いていたといえるだろう。

以上述べてきた三点が、男女共学実施前後から実施後数年間の間に論じられた、男女共学を遂行するにあたっての課題である。初めての経験に対する不安や危惧の念、そしてそれを否定する発言が行われていったが、この時期の議論はまだ課題の指摘にとどまっており、共学制度自体を問い直す主張は存在していなかった。ところが、一九五〇年代後半に入ると議論の様相に変化がおこり、共学は廃止すべきではないかという、新たな主張が展開されていく。京都において公立高等学校の共学が制度的に廃止されることはなかったが、全国的な動向に影響を受けながら、京都でも共学の問題が再検討されていった。では、それはいったいどのようなものだったのだろうか。

4　共学の再検討と男女特性論

高校再編成から九七年がたった一九五五(昭和三〇)年九月から一一月にかけて、府教育委員会は高校三原則に対して意見を聞くために、府立高校校長会、産業界、府・市議会、大学、ＰＴＡの各代表と、それぞれ懇談会を開いている。というのも、二年ほど前から、三原則を検討せよという要望が寄せられていたからである。とはいってもその主眼は総合制問題であり、男女共学制の廃止に意見がまとまることは考えられなかった。ただ、男女共学に関していえば、「特に女子の中等レベル以上のものは旧制女学校時代以上に進歩しているなど長所の面が多い一面、男女交際についての作法とモラルがまだ十分でない」(47)との意見が、懇談会で出されたという。そして翌年の一月八日になると、「共学廃止は見送り」との記事が『京都新聞』に載り、共学が維持されていくことが決まった。

ところが一九五六(昭和三一)年七月一〇日に、清瀬一郎文部大臣が男女共学を再検討したいと発言したことが報じられると、俄然京都でも、共学制度を維持すべきである、いや共学を存置しつつも別学の公立高校も作るべきであると、議論が活発化していった(48)。結局、同年八月に清瀬文相が日本教職員組合代表に、「共学を規定している教育基本法を改正する意図はいまはもつていない」(49)と答えたことにより、ひとまず議論は沈静化する。しかし、清瀬発言は共学問題を俎上にのせる契機となった。

ところで、清瀬文相はなぜ共学を再検討せねばならないのか、その理由を明言していない。しかしそれは一九五六年に登場し、社会問題化した「太陽族」の存在に触発されてのものだったようで、根強くあった風紀問題を理由とした共学反対論が、これをきっかけとして一挙に噴出したという感がある。次に引用する文章は、共学制度維持の立場から『京都新聞』に書かれたものであるが、当時の共学廃止論の位相とそれに対する反対論の論理がよく現れている。

（清瀬文相は共学―引用者）廃止の理由は詳しく述べていないが中学の上級以上には悪い影響があるから、共学は廃止した方がよいというのが主なる理由のようである。してみると、原因はやはり風致《マヽ》上の問題にあると解していいようだが、これには共鳴する親たちも、かなり多いのではないかと思われる。……「太陽の季節」という小説が芥川賞をとり、映画化されて大当りをしているというような事実を見て、こういうことはすべて、共学制から生じた性関係の混乱、性道徳のたい廃の結果であるというならば、とんでもない考えちがいといわねばならない。……小、中、大学の教育においては、共学制が優ることは、わずか十年の経験にてらしてみても疑いをいれない。問題は高校にあるだろう。ここでは共学制の暗い面が、小、中、大の各学校にくらべて、いくぶん大きいかも知れない。大人でもなければ子供でもないという青年期それじたいが、一つの問題なのである。そこで、この期の共学制には指導技術上の工夫を大いに必要とするであろう。けれどもその困難から共学制の全廃を叫ぶことは、共学制をここまでみのりあるものにしてきた苦労を水ほうに帰せしめることで賛成しがたい主張である(50)。

つまりここでは、太陽族の登場に象徴されるような風紀上の問題を理由として共学の廃止を支持する考えが社会にはあること、しかしそれは共学の問題となんら無関係であること、高校の共学の実施には困難をともなうが、それは生徒たちへの指導を工夫することによって克服すべきであることが、述べられている。また「男女の風紀上の問題の起るのは、むしろ別学の男女の間で、同じ学校、同じ学級の男女の間では問題は起らない」(51)という理由で、共学に賛成する意見もあった。このような主張がことさらに行われるほど、男女の風紀問題が共学廃止の大きな理由としてあげられていたことがわかる。ただこれを理由とした共学廃止論は、この一九五六年に見られるだけで、これ以降は表だっては議論されていない。きっかけが太陽族の登場であっただけに、それが沈静化すれば急速に議論もしぼんでいったというのが実情だったのではないだろうか。

ところで、先に述べた各界代表者との高校教育制度懇談会が一九五五年に開かれた時、『京都新聞』は、男女共学への賛成論と反対論を次のようにまとめていた。「賛成意見▽男女相互間の理解と尊敬を高める▽男女間の正しい交際やエチケットが理解される▽男女の平等教育により女性の学力が促進され、女子の社会的自覚が向上するなど。＝反対意見は▽教育的に男女差があるので訓育の点から共学は困難▽男女成育上の理由、心理的差異から共学は無理▽便所などの諸施設整備に関し財政上困難な点が多い」(52)。

ここで興味深いのは、反対論の三点のうち、財政上の問題以外は、男女の特性の相違が反対論の論拠としてあがっていることである。そしてこの男女特性論こそが、一九五〇年代後半から一九六〇年代にかけての共学問題を考えていく際のポイントであり、早くも一九五六年には、特性論に基づく別学の主張が新聞投書欄に掲載されている(53)。

ただ京都の場合、小学区制が維持されているために、高校によって男女比の極端なアンバランスが生じたり、別学の高校が誕生するといったことはありえなかった。したがって、特性論に基づく男女別学志向は、公立高校の別学化を求めるというよりは、第四章で述べられているように、私立学校への進学となっ

表3　京都市内の中学校生徒数にしめる私立学校生徒の割合

年	男子	女子
1949	11,1%	20,5%
1950	10,1	19,4
1951	8,9	17,8
1952	7,3	15,2
1953	6,5	14,6
1954	6,5	14,2
1955	6,0	14,1
1956	5,6	13,6
1957	5,7	13,5
1958	6,0	13,0
1959	6,3	14,1
1960	6,2	15,0
1961	6,2	15,6
1962	6,2	15,2

注　1951年までは４月30日現在、それ以降は５月１日現在の数字である。なお、戦後初期の私学率が高いのは、新制中学校発足にあたって、公立学校の不足分を私立学校が委託生として受け入れていたためと思われる（各年度の『京都市勢統計年鑑』より作成）。

て現れていくことになる。そして一九六〇年代に入ると、私学進学者の増加は、別学志向の強まりという視点からとらえられるようになっていった。

たとえば、一九六一（昭和三六）年四月一五日の『京都新聞』は、中学校のことであるが、「公立の男女共学制では女生徒の行儀が悪くなると心配する保護者があるため」(54)に、私立の女子中学校へ生徒が流れており、その結果、公立中学では男女比のアンバランスが起きていると報じている。ちなみに、表3にみるように、一九六一年五月現在、女子生徒の一五・六％、男子生徒の六・二％が、私立中学校に通っていることになり、女子の私学志向の高さが際だっている。

さらに、「激動期に直面する高校教育」という、一九六四（昭和三九）年一月二八日の『京都新聞』夕刊の記事は、私立女子高への進学者が増えて公立高校生の男女比がアンバランスになっていることや、商業科に占める女生徒の比率が高くなっていることを指摘している。この記事は、「男女共学精神のむかうところに赤信号がつきはじめている」と述べ、私学志向の理由を次のように語っている。「全府下中卒生のなかで進学希望者は、大体男生徒より女生徒の方が比率のうえではやや上回る。それだけ、女生徒保護者の教育熱が盛んなわけだが、その真意は、高校教育を就職―結婚へ結びつけて『良妻賢母』の才女づくりにあるらしい。この辺の理由から保護者の間では、娘の男女共学制高校進学への不安感を捨て切れぬものが多く、とくに私立高で女子教育専門校の多い京都市内では、公立高よりむしろ女子教育の特徴のある私立高へ進学させる傾向が目ざましくなっている」。

ただ、中学にしろ、高校にしろ、一九六〇年代に入って急に私学進学者が増加したわけではないことは、表1や表3をみても明らかである。ベビーブーム世代の中学・高校進学によって生徒の絶対数が増えたことが、私学進学者の急激な増加とみえたのかもしれないが、ともあれ、特性論という視点から私学進学者の多さを解釈する見方が生まれていることは、注目に値する。

すでに述べたように、共学に賛成する者でも男女の特性の相違を是認しており、相違があるからこそ共学のメリットもあるのだと、共学に移行した当初は主張されていた。しかしここでは、特性の相違を認めるからこそ、別学への志向性が高まっていることが報じられ、しかもその特性とは「女らしさ」「男らしさ」だけでなく、卒業後の男女の進路の相違、性別役割も意味していた。つまり、同じく特性の相違を認めつつも、共学か別学かというまるで異なった選択がなされているとともに、特性の意味するところも拡大していることがわかる。しかも、さらに議論を複雑にしているのは、さほど強く主張されているわけではないが、「女らしさ」「男らしさ」を流動化させようとする立場からの別学論も存在していることである。それは望月衛の主張であるが、彼は共学に賛成しながらも、別に女子だけの学校を作っておくことが望ましいとし、次のように述べている。「男子の中にまじる女子が男つぽくなるというのはキユウである。かえつて女らしくなる。女だけの学校の中に、男役になる女子ができる。また、いまの日本の女子が、多少男つぽくなることは、それだけ社会的な能力のできることで、かえつて望ましいのではないか」(55)。共学か別学か、そして男女の特性の存在を認め、それを価値として追求しようとするのか否か、という問題は、それほど単純な問題ではないことがわかる。ただ共学発足当初と比べて、一九五〇年代後半から一九六〇年代にかけての時期は男女特性論が強まり、それが別学志向と結びついていたということはいえそうである。そしてそれは、京都においてのみ見られたことではなかった。

たとえば、男女特性論の強まりという点でいえば、第五章でも述べられているように、家庭科教育の位置づけが、高等学校の学習指導要領において明確に変化してきている。すなわち、一九四九(昭和二四)年の学習指導要領では、家庭科は女子必修が望ましいとされながらも、扱い上は性別を問わない選択教科であった。しかし一九五六(昭和三一)年の改訂では、全日制普通科に通う女生徒には家庭科の四単位履修が望ましいとされる。そして一九六〇(昭和三五)年の改訂では、女子のみが原則として「家庭一般」の四単位必修となっている。このようにこの時期、カリキュラムのうえからも、男女の性別が強く意識されていったのである。同様のことは、中学校についてもいうことができ、一九五八(昭和三三)年から技術・家庭科という名称で、前者を「男子向き」、後者を「女子向き」とする男女別のカリキュラムが実施されるようになった。

また、男女共学の問題に関していえば、清瀬文相の発言が問題化したときに、全国的に共学の高校が増加していたとはいえ、一部では共学廃止論も表面化してきており、旧制の中等学校のような別学へ戻る動きがあるとの指摘が、新聞においてなされている(56)。さらに一九六四年一二月には、全国高校長協会が男女共学の再検討を文部省などに要請したという、次のような実に興味深い新聞記事も掲載されている。

「多くの学校が機械的に共学をとってきたために〝家庭を守る〟女性にたいしての本来の女子教育が忘れられている、というのが同協会のいい分である。……要望書最終案によると①男女の特性や進路に応じた教育が必要だ②女子は妊娠と育児、家庭経営の責任をもっており、このため高校教育としては一般教育、とりわけ社会、文芸、芸術、理科、保健、家庭科が重視されるべきだ。ことに男子以上の情操・人間教育が要求される③男女共学の原則を認めながら、男子だけ、女子だけの学校も育成すべきだ……と男女の〝特性尊重〟を強調している」(57)。

一九五〇年代後半から六〇年代にかけては、戦後の社会的混乱期を脱し、「もはや戦後ではない」といわれた時期であるとともに、「男は仕事、女は家事・育児」という性別分業を中心にすえた、いわゆる近代家族が定着期に入っていく時期でもある。このような時代状況の中で、男女の特性論は強まり、男女別学志向が高まっていったといえるだろう。ただ、共学の是非をめぐって議論がなされ、私学進学者が半数以上をしめていたとはいえ、京都の公立高校において制度的に男女共学が消滅することはなかったのである。

おわりに

男女共学制度が戦後教育改革において実現したことは、戦前における男女の教育格差の是正、そして教育機会の男女平等の実現という意味で、大きな歴史的意義をもつものであった。ただその実施経緯を見ていくと、男女共学の意義が十分に論議され、それが積極的に推進されていったものではないことがわかる。すなわち、文部省は共学を否定はしないが、民意の尊重という大義名分の下に、積極的に共学政策を展開する意思をもっていなかった。また京都においても、共学を求める声が高まった結果、共学が採用されたというよりは、軍政部の圧力の下で断行されたというのが実情であった。占領下というやむをえない事情があったとはいえ、共学をめぐる明確な教育政策や政策意図が存在しないままに、共学は制度としてスタートしたのである。そして結果的には、京都では小学区制が維持されているということもあり、男女共学制度もゆらぐことはなかったし、共学は人々に受け入れられ、定着していった。

当初人々は共学に対して、男女の学力差や男女交際問題、あるいは男女の特性の喪失といった問題に不安や危惧の念を抱いていた。しかしながら、数年の経験をへることで、学力差の問題は心配するに足らないことや、太陽族の登場で問題とはなったが、男女の風紀問題と共学とは無関係であることが理解されていった。

それに対して、男女の特性と共学の是非をめぐる問題は一貫して論じられ続けている。そもそも、「女らしさ」や「男らしさ」といった男女の性質の違いや、「男は仕事、女は家事・育児」という性別役割を是認する考え方は、共学が実施されてもほとんど変化しておらず、戦前の男女観に根本的な変革が加えられてはいなかったからである。むしろ、共学によって「女らしさ」や「男らしさ」が失われてはいけないと考えられ、共学には異なる男女の特性を理解する意義があるととらえられていた。戦前においても、戦後においては、この男女特性論こそが、中等教育段階以降の男女別学体制を正当化する論拠だったのだが、戦後においては、同じ特性論が共学を意義づけたわけである。そういう意味では、男女特性論は、共学支持にも、共学反対にも使われる両刃の剣であった。だからこそ、男女の特性と共学の是非は論じられ続けたのであり、一九五〇年代後半からは、再び特性論に基づく別学論が登場してきたのである。

さて、もう一点、共学論議の特徴として指摘しておきたいことは、戦前における男女別学体制が、男子教育に比べての低レベルの女子教育を生み出していたがゆえに、男女共学は女子教育のレベル・アップと結びつけてとらえられていたことである。つまり、女子教育を男子教育のレベルに到達させるために、共学は必要だと認識されており、共学の問題は女子教育政策の一環として位置づけられていた。逆にいえば、男子教育にとっては、共学か否かということはさほど重大な問題とは認識されていなかったといえるだろう。そういう意味では、共学か否かが重要な問題となるのは、もっぱら女子の教育においてであり、特性論にのっとって共学が批判されるとき、共学では女子にふさわしい教育がなされていないことが問題とされたのである。男子にとっての共学の意義や男子の特性にふさわしい教育のありようが論じられることはなかった。（京都ではさほど話題になっていないが、一九六〇年代に入ると、女子がいると男子の受験勉強の気が散る、受験教育は男子校がよいという議論が登場し、初めて男子にとっての共学の意味が問われていくようになる。)

男女共学制度の実現は、確かに大きな歴史的意義をもつものであった。しかしながら、これまで述べてきたことからわかるように、共学によって男女平等な教育制度が保証されたということと、男女観や女子教育観に大きな変革がもたらされたということとは別のことである。男女共学論自体に、戦前からのジェンダー秩序が継承され、ジェンダーの非対称性が存在していた。そういう意味では、共学が男女平等な教育のあり方を示すものと考えるのは、単純にすぎるといわざるをえない。戦後における制度としての男女共学の成立や男女平等な教育機会の実現を単に評価するだけでなく、共学論や別学論の思想的内実をジェンダーの視点から歴史的に分析し直すことこそが、今日求められているのである。そしてそれは、現代における男女共学の教育に内在する性差別の問題を考察していくためにも、欠かすことのできない課題であるといえるだろう。

II 高等学校教育の諸相

◆4

女子特性教育の展開

土屋尚子

はじめに

「女子特性教育」という言葉は、具体的にどのような教育のことをさすのだろうか。歴史をさかのぼってみると、戦前は、中等教育以降においては男女別学であり、教育課程も異なっており、女子の受ける教育は、男子と比較して低い水準にとどまらざるをえない状態にあった。戦後は、男女の教育機会の均等が提唱され、男女共学が承認されたが、その一方で、男女の特性の違いに基づく男女の教育の相違は自明のこととして、新制学校の教育課程中に引き継がれていった。たとえば、新制高校に設置された職業課程家庭科は、職業課程でありながら、実際は、将来の主婦の養成により大きな期待が寄せられていた(1)。また、具体的な知識・技能の習得という以外に、日常生活の中で整理整頓に気を配ること、美しい言葉づかいで話すことなどの(2)、いわゆる「女らしさ」を涵養することが求められてもいた。このように「女子特性教育」は、様々な教育内容をさしている言葉であるが、本論では、女性であることを理由に行われる教育の総称として用いたい。

女子特性教育論は、男女平等教育の実現という観点に立って、克服されるべき課題として論じられることが一般的であった(3)。ところが、一九八〇年代に入ると、女子特性教育が、一九五〇年代における、女子(とりわけ農村部)の低い高校進学率を高めるための役割を果たしていた点が、朴木佳緒留や佐々木享らによって指摘され始めた(4)。例をあげると、一九五七(昭和三二)年、新潟県では、女子教育振興の観点から、男女共学制をはじめとする戦後の教育諸改革に関して「女子の特性を生かし女子の進路にふさわしい教育の在り方についての関心や研究が、必ずしも充分であったとはいわれない」(5)という反省があり、それに基づいて、女子の特性教育を重視する教育政策の方針が打ち出されたという。克服すべき問題として捉えられていた女子特性教育の、まったく別の面が、朴木らによって提示されたことになる。

しかし、先行研究は、前述した新潟県のように、女子教育振興をめざした女子特性教育論があったことを指摘するのにとどまっており、具体的な実施経緯や教育内容にまでふみこんで論じた研究は行われていない。京都府を事例としてこれらのことを明らかにし(6)、一九五〇年代における女子特性教育論の評価の再考を試みていきたい。

京都府内において、女子の特性教育が意図して推奨されていた教育機関は二つ存在していた。このうちの一つが、私立高校である。私学においては女子高校が誕生し、職業課程家庭科が設置されている。もう一つは、定時制高校分校である。設置については、地元の活発な設置運動が展開されたことが、赤塚康雄の先行研究によって明らかにされている(7)。分校の教育内容に関しては、各中心校の校長の裁量にゆだねられており、地域の教育要求に応えることが期待されていた。この分校にも、最初から女子のための教育課程として職業課程家庭科が設置されており、主婦の養成が教育目標として掲げられるなど、女子特性教育が行われていた。

これら二つの教育機関に関して、教育行政との関係、女子特性教育の実施経緯や教育内容について明らかにし、女子特性教育が、なぜこれらの学校で重要視されることになったのかを探っていく。そのことによって、一九五〇年代、女子特性教育が、女子の教育機会拡充に果たした意義について考察したい。

1 私学の経営方針としての女子特性教育

1 私学の経営不振

一九四四(昭和一九)年の京都市内における公立の高等女学校は七校で生徒数七、八一九名、私立は一一校で生徒数一〇、五九四名となっており(8)、市内の高等女学校生徒総数に占める私学の割合は公立よりも高かった。戦後の新制高校発足後は、私立高等女学校一校が廃校となり、その校舎が市立高校に移譲されたものの、私立女子高校二校が新設され、市内における私立女子高校数は戦前の私立高等女学校数よりも増加していた。しかし、私学は、終戦直後のインフレや無償制の新制公立中学校の成立によって、有償制の中学部の経営不振等に襲われ、その結果、財政窮乏に陥っていた。そのうえ、新制高校として発足した後の数年間は入学志願者不足に悩まされ、廃校の危機が取り沙汰される学校も出る状況であった。一九五〇（昭和二五）年七月一一日付『京都新聞』の朝刊には「私学の悲鳴・行く手は閉、廃校」という次の記事が掲載されている。

高等学校……市内二十四の私立高校の収容力は約三千人（自校中学校からの進学者を除く）と発表して〝狭い公立高の校舎につめこまず私学に回せ〟と鼻息の荒い抗議を公立高に重ねたが結局入学者は半分足らずしかも同志社、立命、京都女子高など数校をのぞいては入学者十人、二十人（S高、T高）とほとんど応募者がなかったという（中略）この私学不振の原因はどこにあるのか――父兄の経済的理由もあろうが、六・三制がようやく軌道に乗り公立校の教育内容が充実してきたのとともに従来の私学の安易な教育計画に魅力を失ってきたことも事実でこの私学危機は私立学校自体の中にあるとしてようやく自己反省の色が濃くなってきている。

この記事は、私学不振の理由を経済的理由の他に、私学の教育計画の魅力の乏しさに求めており、公立高校側に入学者収容者数の削減を求めるのは筋違いであることを批判している。こうした見解は京都府当局も同じであったようで、京都府教育部長天野利武も次のように私学側に経営努力を要請している。

私学の苦しいことはよくわかるが、高校教育は準義務制であり、私学のためにとくに公立の門戸を狭めることは教育者として出来ない、また将来は進学希望者は全部収容すべきが真の姿だからこの際私立高としても法律にしばられない独自な特色ある教育を行うよう進むべきである(9)。

京都府自身も新学制実施のための財政窮乏が深刻であったから、私学の支援策まで手がまわらないというのが正直なところであったのだろう。一九四八(昭和二三)年ごろから京都府私立中等学校長会(昭和一八年結成)が京都市や京都府に対し公費助成の陳情を行っていたが、「当局は極めて冷たい態度を示した」(10)とされている。このような経緯から私立高校は公立学校との差異化をはかり、教育方針、教育方法などの面で各学校ごとの特色を打ち出し、入学志望者獲得に乗り出さなければならない状況に追い込まれていたのである。

2 私学の入学志望者獲得策

危機的な経営難に陥っていた私学が回復の兆しを見せ始めたのは、新制高校がスタートしてから三年後のことであった。一九五一(昭和二六)年四月一一日付『京都新聞』に「私立高校に春めぐる・定員も遥かに突破」という以下の記事が掲載された。

昨二十五年度の生徒募集で思わぬ打撃をうけた烏丸、聖峰、京都経済の三高校が身売、廃校でバタバタと倒れ、前途に危機を暗示された私学協会では昨年七月から早くも「生徒募集方針」について対策を練り、各校でもあの手この手の宣伝と経済確立に努めたお陰があつたのか今年はフタを開けてビックリ、義務制の中学はさておき高校の部ではそのほとんどが定員突破、中には開校以来はじめて入学試験をするといつた調子、終戦後いためつけられた私学にもやつと春が訪れたと安ドの胸をなでおろしたというのが実相だ。

入学志望者の増加の根拠を各私立高校の「宣伝と経済確立」に帰しているが、同記事はさらに詳しく次の六項目について分析を行っている。

① 前年度の不振にこりて早くからあの手この手の宣伝に力を入れた
② 設備、内容の不備な公立高職業コースをさけ実業コース一本の私学をねらつた
③ 公立の男女共学に対する父兄の不安が私立を選ばせことに女子にこの傾向が強かつた
④ 一部の私学をのぞいて授業料は公立と大差なく寄付金を絶対とらないことを私学が声明した
⑤ 義務制の中学校の方は無償の公立にたちうち出来ないとみて中学部をあきらめ高校に力を入れ出した
⑥ 私学の学風にあこがれて

三原則の実施、とりわけ総合制や男女共学制の実施に伴う保護者のとまどいや学校現場の混乱は第二章、第三章で明らかにされているが、このような公立高校の事情が②③のような教育要求を生み出し、その要求に応えるべく①④のような経営方針を私学側がとったということになる。それでは、具体的にどのような宣伝活動を私立高校側は行ったのだろうか。一九五三（昭和二八）年一二月に京都府私立中学高等学校協会が発行した冊子、『京都府私立中学高等学校要覧』には、「私立中学校・高等学校の特色について」として六つの特徴が列挙されているが、その中に次の一項目が掲げられている。

五．男女共学でない私学

一、二の学校を除いて、ほとんどすべての学校は共学の制度をとっておりません。今ここではこの制度の是非はしばらくおき、共学が行われていないため、男は男らしく、女は女らしく、男女夫れ夫れの特性をよりよく延ばすことができると信じられます(11)。

一九五三年当時、京都市内で共学制を採用していたのは同志社高校と京都商業高校の二校のみであったが、京都商業高校は、翌年には女子生徒の募集を停止している。つまり、同志社高校を除けば、私立高校に入学するということは、男女別学を選択するということになるのであり、私学側はこの点を宣伝ポイントと考えていたのだろう。男女別学教育を私学の特徴として宣伝するという方針を打ち出す際、私学校長会や各学校で男女特性論や男女共学論がどの程度議論されたのかは明らかでない。しかし、戦前の中等教

表1　1954年における京都市内の私立女子高校

	設置課程
家政学園	普通／家庭
華頂女子	普通／家庭
京都手芸	商業／被服
京都女子	普通
光華	普通
成安女子	普通／家庭／被服
京都精華女子	普通／商業
聖母女学院	普通
同志社女子	普通
ノートルダム女学院	普通
平安女学院	普通
明徳商業	商業
洛陽技芸	被服

（『京都府教育便覧』1954年8月1日より作成）

育機関が、一部の学校を除いて、すべて男女別学制であったことを考えれば、別学を宣伝するという私学側の動きはごく自然の流れのようにも思われる。次の『同志社百年史』の記述からも、このことがうかがえる。

（同志社女子高等学校の発足に関して—引用者）女子単学を保持したのは、共学・単学の長短得失を比較検討した結果ではなく、長年の同志社女子教育の伝統を重んじ、また未知の共学への警戒も手伝って、ほとんど異論もなく決定したものと考えられる。本校『学園要覧』は、教育方針の一つとして女子のみの学級編制を掲げ、さらに一九五六（昭和三一）年までは、英語・音楽・家庭科に特に留意する旨を付記しており、新学制とくに共学にとまどいを感じていた親たちの「女らしさ」という願いに対応しようとしたのであった[12]。

第三章において小山が指摘しているように、京都市内において公立高校の男女共学制を実施する際、男女間の学力差、思春期の男女における風紀の乱れ、男女の特性の喪失などの諸問題が、社会的に不安視され、共学反対論の根拠となっていた。私学側はこの点に注目し、男女別学制を強調する宣伝手段をとったのだろう。そして、さらに各私立高校では男女別学を前提として、公立高校では望めない女子の特性をのばす教育方針、教育内容を打ち出していくのである。

一九五四(昭和二九)年時点で、市内の私立女子高校一三校に設置された課程は表1のようになるが、職業課程家庭科が設置されていた学校は五校ある。家政学園のように高校卒業後の一年間の被服研究科を設置する学校もあった。この時点で、市内に職業課程家庭科を設けている学校は、公立にはなく、私立のみであった。職業課程家庭科進学を希望する市内の生徒は、私立に進学するしかなかったのである。職業課程家庭科の在籍生徒数は、表2の示すように、女子生徒総数の一六・六%を占めていた(13)。これら私立五校に設置されていた職業課程家庭科は、一九五四年以降も存続しており、一九五四年から一九六〇年に至るまで、家庭科在籍生徒の割合は一九五八年を頂点として下がってきてはいるものの、一貫して一〇%台を保っている。

表2 京都市内全日制高校における私立女子生徒数と職業課程家庭科在籍者数

年	女子生徒総数(A)人	家庭科在籍生徒数(B)人	(B)/(A)%
1949	9,656	614	
1950	11,058	1,145	10.4
1951	13,779	1,215	8.8
1952	15,332	1,984	12.9
1953	16,644	1,676	10.0
1954	16,528	2,741	16.6
1955	16,801	2,805	16.7
1956	18,354	3,054	16.6
1957	21,412	3,663	17.1
1958	23,886	4,141	17.3
1959	25,536	3,951	15.5
1960	24,765	3,663	14.8

注 1950年の家庭科在籍生徒数の内訳は府立0、市立62、私立1083。1951年以降の家庭科在籍生徒数はすべて私立生徒(『京都市勢統計年鑑』より作成。ただし、1949年の家庭科在籍生徒数のみ『京都府統計書』より作成。公立、私立の内訳不明)。

また、職業課程家庭科でなくても、私立高校は、女子特性教育に力を入れていることを宣伝している。普通科のみを設置している、同志社女子高等学校やノートルダム女学院では、「特色」として「英語科、音楽科及家庭科の充実」(14)を掲げ、音楽や家庭科といった、一般的に女子用教育と考えられている教科の充実を強調している。京都精華女子高等学校の学校紹介においては、「女子のみの商業科併置校としての特徴を発揮しています」(15)と、女子のみの商業科がアピールされている。

そして、男女別学という視点で市内の私立高校をみていくと、ある一つのことに気づく。それは、「別学」は、女子校にとっては大きな特色として強調されているが、男子校にとっては特色として強調すべきこととは考えられていないということである。前掲の『要覧』の中で紹介されている私立高校の中で女子校一三校全ての学校で、教育方針、教育目的、特色などの項目で「高い教養と貞明温雅な女性の育成」(16)「女子のみの学級編成」(17)「カトリック教的教育精神に基づいて女子に高等普通教育を施す」(18)など、何らかの文言で「女子の教育」ということを強調しているのに対し、男子校では「真摯な人間の育成」(19)「禅精神の長所を採り入れた人物育成」(20)など、性別にこだわらない人間育成を教育目標、特色として掲げており、「男子の教育」を強調している学校は一校もない。男女別学であることは、私立女子高校にとってより有効な宣伝材料であったのである。第三章に掲載されている表1(一三四ページ)を参照しつつ京都市内の全日制高校の生徒数の増加率をみると、一九五〇(昭和二五)年の公立男子生徒数、公立女子生徒数、私立男子生徒数、私立女子生徒数、それぞれを一〇〇とすると、一九五五(昭和三〇)年には、一一五、一一三、一三二、一六七となり、私立女子生徒数の増加率が一番高い。女子別学の高校は、市内に浸透していたといえる。

こうした女子特性教育を教育方針として強調していた私立女子高校の教育内容に関しては、一九五四（昭和二九）年二月一八日付『京都新聞』に「学園じまん・しとやかな作法実習・モットーは〝立派な花嫁〟」という見出しで掲載された、成安女子高校の紹介記事からその一端をうかがうことができる。

日本的な主婦としての言葉づかいから玄関でのあいさつ、座布団や茶のすすめ方等々、どの顔も真剣な面持ちで実にしとやかな作法実習風景……。男女共学の高校ではとても味わえないふん囲気だが、この空気が家庭と直結しているのが、成安女子高校（中略）瀬尾慶一校長は喜びとともに自信満々の表情で〝よき花嫁は本校出身者に限ります。ひとつお世話しましょうか？〟と語っている。

この記事は、成安女子高校の作法実習の様子を伝え、その様子を「男女共学の高校ではとても味わえないふん囲気」と評しているが、作法実習の授業と同校の最終目的である「花嫁」を結び付けることによって、男女別学であることこそが女子特性教育に有効であることを強調している。この成安女子高校の例が示すように、新学制実施から数年後には、私立女子高校は、学校の宣伝として女子特性教育を重視していることを「自信満々」で強調するようになっていったのである。

3　女子高校普及の社会的背景

このような私学側の「宣伝活動」の他に、私立高校側の募集状況が好転してきた背景には、京都市内における公立高校の入学率（入学志願者数に対する入学者数の割合）の低さが存在していた。一九五二（昭和二七）年の市内の公立全日制の入学率は男子七九・〇％、女子七〇・二％であったが、五年後の一九五七（昭和三二）年では男子五九・九％、女子五八・〇％となっている(21)。公立高校を新設することが財政的に無理であるならば、公立高校からあぶれた生徒は、私学に引き受けてもらうより他なかった。

実際に、府会では、「公立高校進学希望者のうち公立へ入学できないものはやむを得ず私立学校へ行くほかはない」（八木重太郎［自民］、『京都府会会議録』一九五七年三月四日、以下、議事録からの引用に際しては年月日のみを記す）、「私立学校はいつでもただで公立学校の下請けをして、そしてきゆう〳〵いわされておる」（五十川団一［自民］一九五八年七月一日）など、公立高校を志望しつつも、私学を選択せざるをえなかった生徒が市内に存在している事実が指摘されている。また、議員から公立高校を新設して生徒収容数を拡充するよう知事に求める意見が、新学制発足後から毎年のように出されている。しかし、知事は「私立学校の特色というものを慕つて子弟がそこに学ぶというふうにならなければならん」（一九五二年一二月一六日）、「私見でございますが、もう少し私立学校というものが利用されるべきじやないか」（一九五三年三月一〇日）など、府立高校の代替機能を私立高校が果たすことを期待する答弁を行っていた。このような、高校入学希望の収容数に関して私学に依存せざるをえない京都市内の状況は、これ以降も一貫して続いていく(22)。

さらに、私学の女子特性教育を支持する社会的基盤としては、第三章で指摘されているが、家庭科教育の位置づけの変化や男女共学廃止論の表面化など、男女特性論が強まり、それが別学志向と結びついていた、一九五〇年代後半から一九六〇年代にかけての社会的な風潮があげられる。京都府会における議論からも、こうした当時の状況をうかがうことができる。一九五五（昭和三〇）年二月定例府会において汐瀬吉蔵（自由）が、犯罪指数の上昇と結び付けて男女共学を批判し、さらに続けて以下のように述べている。

昨年私は華頂女学校を見学に参りました。御承知の通りあの学校は非常に古い校舎でありますが、その清掃的な面から言いましても、すべてのものが非常に整頓をいたしております。これでこそ若い女学生の学校であるということが直感的に感じられたのであります。こういうことは今後高等教育《ママ》を受ける男女の学生においても私はやはり分離した方がいいじゃないかという具合に考えるのであります（一九五五年三月七日）。

その他、一九六〇（昭和三五）年二月定例府会において、私学への援助を要請した奥川平一（社会）が「女子の学校におきましては女子特有の教育が男女共学の場合よりも十分にできやすいという長所があります」（一九六〇年三月八日）と発言していた。両議員たちも私立高校における女子特性教育の有効性を認知しており、さらに、別学の方が女子特性教育ができやすいという理由から、私学の男女別学を支持していることもわかる。当時の京都においては、女子特性教育を重視する私学の教育方針を支持する教育要求が存在していたといえるだろう。

私学の女子別学制は、公立高校の男女共学実施に伴い、女子特性教育の充実を不安視する保護者に対して「女子のみ」であることをアピールし、私学の特色を出すために宣伝されてきた制度であった。そして、徐々に「作法」「清掃」「整頓」などの、より細かな日常生活の中の「女らしさ」の形成に注目が集まり、細かな女子特性を伸ばす教育を行うには「女子のみの学校」の方が「十分にできやすい」という認識が一般社会に浸透していった。無論、女子校が「清掃」が行き届いて「整頓」されている環境であるということは、戦前の高等女学校から当たり前のことであり、社会的にも認識されている事実であった。しかし、戦後の男女共学制の実施によって、共学校の乱雑さや汚さが世間で取り沙汰され、男女の特性喪失などと問題視されるようになってくると、その反作用として、私立女子高校の女子特性教育の成果が、讃えられることになったのである。このような評価を与えられた私立女子高校は、公立高校における低入学率という社会的要因にも支えられて、市内全日制高校の女子生徒数に占める割合が七一・三パーセント（一九六〇年現在、第三章の表1参照）という多数の女子生徒の入学者数を確保できたと言える。

2　定時制高校分校における女子の教育機会拡充策

1　定時制高校分校の設置

京都市内において私立女子高校が女子特性教育を重視する教育方針を積極的に打ち出していたころ、京都市外においても定時制高校分校が女子の特性に配慮した教育課程編成を行っていた。前節でみてきた都市部とちがい、市外とりわけ山村僻地と呼ばれる地域において、女子特性教育は、どのような経緯で実施されるようになったのだろうか、そして、その具体的内容はどのようなものであったのだろうか。

一九四七（昭和二二）年一二月二七日、文部省は「新制高等学校実施の手引」（以下、「手引」と略す）の中で、新制高校定時制課程の設立の準備をすすめることを次のように要請していた。

第二部　新制高等学校定時制課程について

第一、意義と基本方針

（中略）

一、教育の機会均等

教育の機会均等は、新教育の根本理念の一つとしてすでに新憲法第二十六条で保証され、さらに教育基本法第三条において、「すべての国民は、ひとしくその能力に応ずる教育を受ける機会を与えられなければならない。」と明確に規定されている。新制高等学校の定時制課程の根本精神は、一に教育の機会均等にあることを知らなければならない。

（中略）

三、地方の要求に適合すること

新しい教育理念においては、学校はすべてその地方の要求に基づいて設置され、運営されなければならないのであるが、特に定時制の課程は、少数の選ばれた者のためでなく、ひろくその地方の青年男女一般の要求に適合するよう設置され、運営されることが大切である。

（中略）

第三、定時制課程の組織

（中略）

六、分校の設置

定時制の課程の生徒には、その境遇から考えて、あまり遠い学校へ毎日通うことのできない者が多い。これらの生徒に対しては、定時制の課程をおく新制高等学校が、近隣の町村にその分校を設けて、進学の便宜を与える必要がある(23)。

文部省が、新制高校定時制課程の設置を、教育の機会均等理念を実現するための重要な課題として考えていたことがうかがえる文書である。

このような教育の機会均等の観点から京都府における戦前の教育実施状況をみると、一九四四（昭和一九）年三月の国民学校初等科修了者数調べでは(24)、京都市内において男児修了者数一〇、〇二四人のうち中等学校へ進学した者は、四〇・一％、女児修了者数一〇、〇三八人のうち中等学校進学者は四三・七％であった。これに対し、京都市外においては男児修了者数七、五八二人のうち二五・六％、女児修了者総数七、二六二人のうち二一・八％が進学している。これらの数字が示すように、地域によって中等学校への進学率に大きな差があった。

「手引」中の「教育の機会均等＝定時制高校の設置」という認識は、社会的に広く共有されており、一九四八（昭和二三）年三月三一日を以て青年学校が廃止されるのに伴い、京都府全域で定時制高校を求める気運は高まっていた。勤労学徒連盟の組織などを中心に町村当局者が、定時制高校設置運動を展開していく経緯に関しては、赤塚康雄が明らかにしている通りである(25)。府会においても、梅垣良之助（民主）が「教育の機会均等は新憲法に高らかに謳われておりまするが、停まるところなきインフレ生活苦に悩む一般大衆の子弟及び交通機関不備なる農山漁村の青年子弟はその恩典に浴することが出来ないということは、まことに慨嘆に堪えない」（一九四七年一二月一七日）として定時制高校設置を求めている。京都府当局は、戦後の教育改革において文部省の基本方針にそって定時制高校を設置し、地域間の進学率の格差解消をめざしていくことが必要となったのである。

そして、このような京都府の状況の下で、前述の文部省の「手引」を基準として、一九四八年三月一六日に京都府教育委員会（知事の諮問機関。一九四八年七月一五日に公布される「教育委員会法」に基づく公選制の委員会とは別組織）から京都府知事に対して答申されたのが、「新制高等学校設置の構想に関する意見」（以下、「答申」と略す）であった。その中で、定時制高校は次のように述べられている。

3、定時制高等学校について

定時制高校設置に関してはその卒業資格において全日制高校と同一である点から見て、現在の青年学校のごとき程度に落さないようその教科内容および設置の充実を考慮すると同時に他面財政面をも勘案して極力その濫設を避け、設備内容とも充実したものを数を制限して設立する。

その上漸次地方の要望に応じて数を増加設置する方針で進みたい。

なお通学区域等を勘考し（特に女子にその必要が多い）高等学校別科の制度の利用を相当考慮してその間の不備不便を補うことは必要である。

（中略）

4、設置の具体的方針

（イ）原則として府立全日制高校に本校を置き分校は新制中学校通学区域を考慮して新制中学校校舎または青年学校校舎に附設する(26)。

漸次に定時制高校増設をめざす方針が打ち出されている点で、この「答申」は、府下の教育機会の拡充をめざすことを基本方針に据えた文書であると考えてよいだろう。文中、その方針を実現する具体策として、「新制中学校通学区域を考慮して」分校を設置することが提示されていた。言い換えれば、通学可能な範囲に定時制高校があることをめざして分校を設置するということであるが、実際、分校実態調査報告（一九五二年六月一日現在）によれば(27)、京都市外に設置された定時制高校分校二二五校のうち本校への通学困難を設置理由にあげている学校は二二一校である。このことは、地域の教育機会均等が、分校設置によって実現されることを示している。生徒数から見れば、表3が示すように、府下の高校生徒総数に占める割合が一から二％台を推移しており、きわめて小規模な教育機関であった。しかし、京都府下における新制高校制度上、定時制高校分校は、教育機会の拡充という点で重要な役割を担っていたと言える。

「答申」は、定時制高校の設置に関連して「現在の青年学校のごとき程度に落さないようその教科内容および設備の充実を考慮する」ことを要請していた。「青年学校のごとき程度に」と具体的に述べられているのは、六・三制実現に莫大な費用を要するため逼迫した財政状況の下で、多数の定時制高校分校が、旧青年学校校舎・設備を利用して設立されることを京都府教育委員会が予測していたからだろう。校舎ばかりでなく、勤労青年を教育対象としている点でも、定時制高校と青年学校は共通していた。定時制高校は、あくまでも全日制高校と同等の卒業資格を付与する教育機関であり、戦前、中等学校より低水準の教育を行う機関として制度上位置づけられていた青年学校の程度にまで教育水準が低くなることを同委員会は危惧していたと考えられる。

表3　各年度の京都府下の高校生徒総数に占める府立定時制高校分校生徒数の割合

年	高校生徒総数（人）	分校生徒数（人）	割合（%）
1949	43,622	835	1.91
1950	51,787	1,407	2.72
1951	57,433		
1952	60,928	1,834	3.01
1953	64,614	1,848	2.86
1954	63,221	1,613	2.55
1955	62,630	1,855	2.96
1956	64,971	1,444	2.22
1957	71,813	1,217	1.69
1958	77,314	1,338	1.73
1959	81,252	1,354	1.67
1960	78,682	1,875	2.38

（高校生徒総数は『京都府統計書』より、分校〈昼間定時制〉在籍生徒数は『京都府教育便覧』〈昭和26年度版は欠〉より作成）

しかし、京都府教育委員会の予測は的中し、分校の施設、設備は非常に不充分な状態であった。地域の小学校や中学校に併置された分校は八校であったが、その残りも独立校舎とはいえ、実態は、併設校と変わりなかったらしい。ある分校では「被服教室はかろうじて和洋裁が出来る畳敷きであったが、その他の教室は土間で夏は涼しいが冬季は寒風が吹きつけ、時には粉雪も舞い込む状態であった」[28]という。定時制高校が設置されてから一年あまりが経過した、一九四九（昭和二四）年一一月一日に教育委員会から出された「定時制課程高校（分校）に対する所見」[29]の中で、教育設備について「学校の体裁をなしていない所もある」と指摘されており、結果的に分校が「生み放しになっている感を非常に強く受ける」との見解が示された。同文書は、分校完成に向けての地元の努力と設備費に対する府費の補助を要請している。また、単に校舎を引き継いだというばかりでなく、イメージという点でも、旧青年学校＝定時制高校分校という図式が一般に浸透していた。このことは、府立須知高等学校桧山分校について「地域の人々はこれまでの青年学校が生れ替って、できたものと思っていた」[30]という同校の学校史の記述が示している。

このように教育の機会均等の理念を実現することを期待されていた定時制高校分校であったが、設置当初より全日制高校と同等性を保つことが困難な状況に陥っていたのである。

2　定時制高校分校における教育

分校は教育機会均等理念を実現するために設置された教育機関であったことから、その教育内容も「地方の教育要求に適合すること」が求められていた。しかも、設置費用が関係町村によって担われ、各定時制高校の校長の裁量に学校経営が委ねられていた。こうした分校の性質上、設置地域との関係は中心校よりも濃密なものにならざるを得なかった。地域の教育要求を考慮しながら、カリキュラムを編成することが必要となるため、文部省が規定するところの高校教育の水準を維持していくことが困難になる状況に、分校は置かれていたのである。一九五三（昭和二八）年に定時制高校分校の実態調査を行った松本泰蔵は、分校に関して「外国語や家庭科やホーム・プロジェクト等にも単位の授与数や認定法に独断が加えられている場合がある」と指摘しており、「教育課程に弾力性は不可欠であるが濫用があってはならない」と警告している(31)。また、ある分校の元教員は以下のような回想をしている。

やっとスタートのお膳立ては出来ましたもの、実践科目の推進には器材なくして成果は上らず急場凌ぎに自宅から持ち出しながら開講に入ったのであります。

それどころか定時制高校の存在は教育行政面からも孤立化し一貫した教育パターンもなく暗中模索的でいくより仕方なかったのです。これも一つには定時制の特色として、地域に根差さんがためのカリキュラムの多様性に起因していることもありましょうが、兎に角、時代の生んだ落とし子的存在でしかなかったことは事実です(32)。

「地域に根差」そうとして、結果的に「時代の生んだ落とし子的存在」となってしまった分校の状況が、ここでは述べられている。教育課程の弾力化と高校としての教育水準の保持の間で苦慮する定時制高校分校の実態をうかがうことができる。

設備的にも、教育内容的にも暗中模索の状態の分校であったが、この学校に高い割合で設置されていたのが、職業課程家庭科であった。京都府内において、一九四八(昭和二三)年一〇月現在、分校二一校中二〇校に職業課程家庭科が設置されていた。この二〇校は、すべて職業課程農業科と職業課程家庭科(一校のみ農水産科と家庭科)の二科並置(33)であり、男子生徒が農業科、女子生徒が家庭科に在籍していた。しかし、職業課程として設置された「家庭科」は、徐々に、普通課程において家庭科関係の科目を主として選択するコース(34)へと変化していったようである。

また、公立高校全体に関して言えば、新制高校発足当初、設けられていた職業課程家庭科は次第に姿を消していく。たとえば、『京都府産業教育のあゆみ—八十周年を記念して』は、「京都には家庭技芸科と銘打つものはなかった」としたうえで、一九五六(昭和三一年)の学習指導要領の改訂を受けて、同年四月、京都府下に職業課程の家庭に関する課程が新設されたと説明している(35)。さらに、『京都府統計書』では、一九五四年度から公立私立の区分を設けているが、同年度と翌年の一九五五年度の京都府下における職業課程家庭科生徒数に占める公立生徒数は〇人となっている。いつ、どのように職業課程から普通課程へと制度上変更したのかは不明であるが、これらの資料に従えば、一九五六年四月以前、京都府下の公立高校において職業教育としての家庭科が行われていない時期があったことになる。本論では、これ以降、前節でみてきた、私立高校に設置された職業課程家庭科と区別するために、公立高校普通課程における家庭科関係の科目を主として選択するコースについては、「職業課程家庭科」と「 」を付けて表記することにする。

分校に設置された「職業課程家庭科」の教育内容についてみていくと、「堅実な農村婦人の養成」(36)、「在村自営農民とその主婦の養成」(37)という教育目標が設定されていた。修業年限は、四年が原則とされ、八五単位を履修するものとされていた。ただし、総授業時間数を変えない限り、農繁期などに週当たりの授業時間数を変更することも認められていた。かなり柔軟な教育課程編成であったようで、分校の教員による、次のような回想がある。

女子は普通課程として発足はしたもの、カリキュラム（教育課程）の編成に当っては地域の要請に鑑み、人間本来の資質の向上を計り、文化社会に適応出来る知識と技術的能力の養成に応えるため、家庭科目を最大限（家庭経営、被服、食物、保育、衛生等）に盛り込むよう配慮して編成しました(38)。

このように分校の女子の教育においては、地域の教育要求に応えるべく、主として農村生活に役立つ家庭科の技術の習得に配慮されていた。関係町村内の諸活動においても地元婦人会、女子青年団の料理講習や洋裁講習が分校の施設を利用して行われたり、その講師を分校教員が務めたりしている。また、ホーム・プロジェクトや学校家庭クラブの活動を通じて各家庭や地元社会との連携を強めるなど、教育実施方法においても常に、家庭や地元との連携が意識されていた。

教育内容の面ばかりでなく、修業年限に関しても、より短期の教育を希望する地元の声に応えた教育課程を設置する学校が出てきていた。一九五三（昭和二八）年に実施された「教育課程に就いての意見」調査では(39)、京都市外に設置された分校二五校のうち六校が、「日本農村の経済機構に即応する所の農村女子の完成教育の必要に基く」ことを理由に、「二箇年終了の短期完成カリキュラムを構成したい」と答えている。地域の教育要求を常に考慮してカリキュラムを編成する必要のある分校において、短期修了課程の設置の必要性が主張されるということは、同課程の設置を求める地元、保護者の声が無視できないほど大きいものであったことを裏付けるものだろう。法制上、「簡易な程度において特別の技能教育を施すことを目的とする」(40)と規定されている別科や、定時制の四年制課程を前期・後期に分け、前期のみ修了者を認定する短期修了課程(41)の設置は、修業年限を短くすることによって、四年間という長さがネックになって進学できないでいる生徒に対し、高校進学の間口を大きくしようとする配慮であった。その対象は勤労青年とされていたが、文部省は、女子にその必要性を感じていたようである。そのことは、短期修了課程の設置について「主として農山漁村等の女子の修業年限の短縮を希望する者たちのために」と、関係者が述べていることから明らかである(42)。

京都府当局でも、一九四八(昭和二三)年の時点で、女子に対して定時制課程における修業年限の短縮を配慮する必要があることを、あらかじめ想定していたことが、同年三月の「答申」の「特に女子にその必要が多い」という文言からうかがえる。実際は、その教育対象を女子に限定する規定などは府内に存在せず、別科の設置については各学校の自主性に委ねられていたが、結果的に、別科や短期修了課程は、「職業課程家庭科」にのみ設置されることになった。一九五二(昭和二七)年現在、六校の設置が確認されており(43)、府立園部高校では以下のように一部教科の専修を認めていた。

単位数　45単位（二ヶ年）、仕立21、一般家庭14、手芸5、以上40必修
国語3、一般社会5、時事問題3、体育2、珠算2、農業5、以上選択で5単位(44)

同校は、「一教科だけを習得するというのでは円満な教育が望まれない」(45)として、家庭科関連以外の教科科目の単位もあわせて習得をするよう指導を行っていた。他の五校でも、このように主に裁縫技術の習得を目的とした、二年制の教育課程を設置していた。また、改めて設置していなくても、須知高校定時制課程桧山分校のように「女子には普通教科を取らず、家庭教科のみを履修する（いわゆる専修科）ものが多かった」(46)という学校もあった。こうした状況の学校もあるため、別科や専修科のような短期修了課程に在籍する生徒数は明確になっていないのであるが、一校当たり多いところでも一〇数人、少なくて七人というところもあり、きわめて小規模であった(47)。

しかし、定時制主事の間では、こうした別科を含む定時制短期修了課程が制度化された場合（ここで制度化というのは、教育委員会において規定が作成され、修了者に対し証書を発行することをさす）、女子生徒の大半がそちらへ流れて「本科生が激減」(48)して、学校体系全体に影響を与えかねないという認識が広まっていた。短期修了課程が設置されれば、「経済的理由、婚期の理由」(49)から四年制を避けて、二年制の同課程を希望する女子生徒が増加すると、主事達が解釈していたからだろう。言い換えれば、市外の女子にとって短期修了課程は、有効な教育機会の拡充策として認識されていたということもできる。

各校の自由裁量に委ねた結果として、設置された短期修了課程や別科は、全て定時制高校分校の「職業課程家庭科」におけるものであった。女子の教育機会の拡充という短期終了課程の設置趣旨は、分校本来の教育理念にも合致していた。地域の教育要求に応えることや、女子の教育機会の拡充が第一に優先されることによって、分校は、在籍する女子に対し、家庭科の知識・技能の修得を目的とする教育や短期修了課程の設置など、女子の特性に応じた教育を行う学校という特色を強めることになったのである。

おわりに

京都市内の私学における女子高校の普及、京都市外の府立定時制高校分校における「職業課程家庭科」の設置経緯を追いながら、一九五〇年代においてどのような女子特性教育が行われてきたのかをみてきた。以下、それぞれの経緯についてまとめておきたい。

まず、私立高校における女子特性教育に関しては、公立の男女共学制に不安を抱く生徒や保護者に対する有効な宣伝材料として考えられていた。そして、その実施過程で、男女別学が女子特性教育に有効であるというイメージが生み出されてきた。また、新制度発足以降、慢性的に続いていた公立高校の入学難のため公立に入学したくても、私学を受験せざるをえないという市内の高校入試の実態や、男女特性論が強まり、それが男女別学志向と結びついていた、一九五〇年代後半以降の社会状況が、私学経営維持の後押しをしていた。そして、この後一九六〇年代の高校生急増期を迎え、私立女子高校は、引き続き安定した入学者数を確保していくのである。

定時制高校分校は、教育の機会均等理念の下に設置され、地域の教育要求に応える教育を行うことが期待されていた。同校は、施設や設備の未整備さに加えて、柔軟な教育カリキュラムを実施することをめざしていたため、教育水準の保持の困難さという問題に直面しなければならなかった。女子に関しては、将来の農村の主婦を養成することが望まれ、「職業課程家庭科」が設置され、女子特性教育を重視するカリキュラムが編成されていた。とりわけ、地域の教育要求を考慮した結果という点で典型的だったのが、別科を含む短期修了課程の、「職業課程家庭科」の設置であったと言える。同課程は、農村部女子のさらなる教育機会の拡大をめざし、経済状況や婚期の問題を考慮し、修業年限の短縮化をはかった教育課程であったが、制度化されることはなく、各校の自主性に任された設置であった。それゆえ、府立でありながら、府からの十分な補助を受けることもなく、やがて自然消滅していくことになった。

私立高校と定時制高校分校、それぞれの学校で行われた女子特性教育は、学校経営上、常に配慮されなければならない事情が先行している点で共通していた。それは、私立においては市内公立高校との入学生徒の獲得競争、市外の分校においては、戦後の教育改革理念である教育機会の拡充である。これらの「事情」は、結果的に両方の学校において、女子特性教育を選択させ、それを学校教育の中に定着させることになった。しかし、それらの教育は、視点を変えてみると、私学においては、公立高校との差異化をはかりつつ、市内における特性教育を希望する生徒、保護者の教育要求を満たしていたのであり、分校においても、女子の特性を考慮した教育を実施することによって、女子に対し高校進学の門戸を開き、地元の農村経営を担う主婦の育成に貢献したと見ることも可能なのである。これらの学校で行われている教育のみを取り上げれば、それは、男女平等社会実現のために克服されなければならない課題となるだろう。しかし、その女子特性教育は、一九五〇年代当時の社会的背景を考慮するならば、女子にとって新制高校教育を何らかの形で魅力あるものにするために有効に作用したとも言えるのである。

◆5 「家庭一般」の男女共修制度

森岡伸枝

はじめに

今日、高校普通科において家庭科の男女共修が実践されているが、それは一九八九（平成元）年の学習指導要領により実現したものである。この学習指導要領には、家庭科という教科の中に「家庭一般」「生活技術」「生活一般」の三科目があり、この中から一科目の履修が男女に義務づけられた。そして二〇〇三（平成一五）年度から、新学習指導要領が適用され、家庭科は、「家庭基礎」「家庭総合」「生活技術」のうち一科目が男女必修となっている。

ところで家庭科は、戦後に誕生した新しい教科であり、選択教科の一つとして、女子に限らず男子も選択できた。このことは、戦前の家事、裁縫などが常に女子用の教科であったことをふまえると、歴史的に意義のあることだといえる。しかし一九六〇（昭和三五）年の学習指導要領の改訂と共に家庭科は女子必修となり、再び女子用の教科として位置づけられてしまった。その後、全国的に男女共修運動が高まりをみせ、東京都、長野県や京都府などでは共修の実践が始まった。このうち京都府における共修は、その取り組み方において他地域とは異なっている。すなわち他では個々の学校における自主的な実践であったのに対し、京都府は行政のレベルで、共修家庭科を一九七三（昭和四八）年に制度化した。それは全国初の試みであり、このことは大きな特色として認められるのである。なぜならば制度化は、人間が生きていくうえでのもっとも基本となる、生活のための知識、あるいは技術を学ぶ家庭科という教科をすべての公立高校の男女に学ぶことを保証することになるからである。

これまでの家庭科教育史研究において、京都における共修の制度化は、先駆的な例として高く評価されてきた。また京都府立高校の家庭科教員による、共修家庭科の実践報告も数多くなされてきた。しかしその際には、男子も家庭科を学ぶことが重要であると語られるものの、共修家庭科の実践上の課題、つまり家庭科という教科の意義や共修制度の問題点については、さほど言及されてこなかったという印象がぬぐえない。

また一九八五（昭和六〇）年に京都では共修制度が廃止されるが、それは蜷川虎三から林田悠紀夫への府知事の交代、府政の転換が原因であるとこれまで強調されてきた。すなわち、共修制度の廃止は政治的圧力による一方的なものであり、そのことが共修の実践に打撃を与えたと考えられている。しかし共修制度の廃止は、府政の転換のみに原因を求められるものなのだろうか。

そこで本章では、全国に先駆けてなぜ京都は共修を制度化できたのか、この共修制度にはどのような課題をみることができるのか、そしてなぜ共修制度が廃止されたのか、ということを明らかにしたい。その際に、共修家庭科を実践するにあたって、どのような課題が存在していたのかということにとりわけ注目したい。というのは、共修制度の廃止の原因は、府政の転換にとどまらず、家庭科自体が抱えていた課題にも求められるのではないかと考えられるからである。そのためにも京都府教育委員会（以下、「府教委」と略す）、各高校の生徒や教員達の共修家庭科への取り組み、あるいは京都府議会の認識をできるだけ明らかにしたい。

1 「家庭一般」の共修運動

1 学習指導要領の変遷――男女ともに選択から女子必修へ

戦後誕生した高校家庭科は選択教科として出発し、男女ともに学ぶことができた。一九四九（昭和二四）年の『学習指導要領家庭科編　高等学校用（試案）』によると、家庭科の最終目標は家庭生活の理解と価値認識を養うこと、そのことを通して人々がますますよい家庭人となり、社会人となることにあった。そしてこれは男女にひとしく必要で、特に女子はその将来の生活の要求に基づき、いっそう深い理解と能力を身につける必要があるとされていた。女子に限らず男子が選択できるようになったことは、歴史的に大きな意味を持っているといえるだろう。

しかし実際には男子の家庭科の選択は消極的に捉えられていた。山本キク（一九五四年当時、文部省職業教育課事務官）は男子が家庭科を選択する様子を以下のように述べている。

男子生徒の中にも真剣に、栄養や住居や家庭経済を学習する者が、あちこちに見られるようになったが、（中略）科目選択では、成績のよい生徒は進学希望でなくても家庭科はとらないで、知的な教科をとれとかいうような指導をされている(1)。

これに対して女子は積極的に家庭科を選択していた。たとえば一九五二（昭和二七）年で家庭科を履修する者は、全国の全日制高校普通科に通う女子のうち、およそ八割であった(2)。しかし選択教科であることから女子の家庭科離れを懸念し、「全国家庭科教育協会」（全国の小学校・中学校・高校・大学の家庭科教員からなる）は合議により、一九五二年に国会へ高等学校における家庭科（「一般家庭」）五単位を女子に必修教科としてほしいと請願した。この協会は女子が家庭科を選択しないことは女子教育にとって遺憾である、と問題視した。全国の高等学校校長の大多数も女子の家庭科必修に賛成であった(3)。つまり戦前と同様に戦後に至ってもなお、女子には家事や裁縫は重要なものであると社会的に認識されてきた。家庭科は女子生徒の側にも、教師の側にも女子に必須であるという観念が根強かったのである。

その後一九五六（昭和三一）年改訂の『高等学校学習指導要領　家庭科編』は、幸福な家庭生活を営む為に必要な資質を育成することを重視し、女子が将来家庭人となることを念頭においた教育を目標とした。

また「女子については、家庭科の四単位を履修させることが望ましい」(4)とし、女子の選択履修を奨励した。

そして家庭科の履修形態が変化を迎えたのは、一九六〇(昭和三五)年の『高等学校学習指導要領』以降である。この学習指導要領では、普通科の女子は原則として「家庭一般」四単位を履修すること、特別の事情がある場合には二単位までの減免を明示した。つまりここで初めて選択教科であった「家庭一般」の女子必修を定めたのである。この方針を受け継いで一九七〇(昭和四五)年の『高等学校学習指導要領』では、「『家庭一般』はすべての女子に履修させるものとし、その単位数は、四単位を下らないようにすること」(5)とし、しかも単位数の減免を認めず、女子必修を決定的なものにした。

このような学習指導要領の変遷をみていくと、注目すべき点が二点ある。まず第一に戦前とは異なり、家庭科は男子も選択できる教科として出発したが、男子が家庭科を選択することは積極的に考えられていなかったことである。新設家庭科には戦前の家事、裁縫といったイメージが強く残っていたこの時期、男子が積極的に家庭科を選択することは特異なことであった。第二に一九六〇年以降、女子のみが「家庭一般」を必修とされたことである。それは戦後まもない時期では、女生徒、あるいは教員の側にも女子特性論に基づき、女子に必修とすることは当然だと考えられる歴史的な背景が存在したゆえと思われる。そこで「全国家庭科教育協会」は女子には選択ではなく必修がふさわしいと考え、男女共修の推進よりも、女子必修の家庭科を求めたのである。

こうして一九七〇年以降、「家庭一般」の女子四単位必修が例外なく定められた。すると、そのことが契機となり、女子必修を疑問視し、共修を求める運動が起こり、それが全国的に繰り広げられていくことになる。

2　全国における家庭科共修運動の高まり

共修推進の運動の中で、もっとも大規模で組織的な運動は、市川房枝を代表とした「家庭科の男女共修をすすめる会」の活動であった。市川が一九七三（昭和四八）年に雑誌『月刊婦人展望』三月号で家庭科の女子必修の問題を取り上げたことが反響を呼び、同年一二月八日に市川や「婦人問題懇話会」の梶谷典子などによって「家庭科教育検討会」が開催されることになった(6)。この会に小笠原ゆ里教科調査官（文部省初等中等教育局で家庭科を担当）が出席し、小笠原は「男女異なる教育は当然」と主張した。これに対し「家庭科は男女共に学ぶべきだ」という反論が相次いだ(7)。そしてこの会の終了後には、「家庭科の男女共修をすすめる会」の結成が話し合われたのである。その際問題にされたことは、子どもの可能性を育てるという教育本来のあり方が性別でゆがめられているということであった。ゆえに女性の社会進出を阻むような、女子必修の家庭科教育制度に反対することが決定された。また、女性解放の視点でこの問題をみること、男女共に生活教育をする必要があることが確認されている(8)。そしてこの会の方針は、さまざまな視点、考え方や動機はあるにせよ、家庭科を男女共修にしよう、という一点にまとまった。

こうして一九七四（昭和四九）年に誕生した「家庭科の男女共修をすすめる会」は、高校「家庭一般」を男女共修にするための運動を始めた(9)。この会はメディア、教育団体、政府へ働きかけたが、とくにメディアに働きかけたことが共修運動を全国的に広める効果をもたらした。翌一九七五（昭和五〇）年三月一五日にこの会は男女を問わず人間らしい生活を営める教育の主張を永井文相に申し入れ、共修賛成の署名（五六二三六名）を提出した。また同年一〇月一八日に「教育課程審議会」の全委員六五人に送った要望書では、教育の機会均等の原則や、同年七月一日に採択された国際婦人年世界会議の世界行動計画を引用して共修実施を訴えた。その後もこの会は要望書、抗議文を提出し続けたが、常に共修の根拠を女性解放の視点に求め、家庭科の女子必修は性別役割分担を助長するものだとして抗議していた。

こうして全国的に共修運動を広めた「家庭科の男女共修をすすめる会」であるが、発足時のアピール文では、次のように京都府の共修制度にふれていた。

これからは、もっと生活を大切にするような人間を育てて行かなければなりません。（中略）協力し合って、よい家庭、よい社会を築きあげて行くためには、いっしょに家庭科を学んで、男女とも、生活についてのしっかりした知識、技術、考え方を身につける必要があります。（中略）すでに京都の高校をはじめ、各地の中学、高校で共修の試みがすすめられているが、わたくしたちは、日本のすべての中学、高校で家庭科の男女共修が行われるようになることをめざしていきたいと思います(10)。

また一九七三年の第三回集会のテーマは「京都などの実践報告」であり、京都府立山城高校教諭の森幸枝が京都の家庭科共修へのあゆみを語った(11)。このように京都の共修制度は共修運動のめざすべきものとしての役割を担っていたのである。ではなぜ京都では先駆的に共修制度を実現できたのだろうか。

2　京都における共修制度の実現

1　共修制度の実現以前の各校における自主的な共修の試み

京都府では全国に先駆けて一九七三（昭和四八）年に共修「家庭一般」を制度化した。当時の学習指導要領が女子のみの必修を定めていたことをふまえると、京都の試みは注目に値する。

しかしこの共修制度は急に実現したわけではなく、すでに共修制度の成立以前から、各高校で自主的な男子の「家庭一般」の履修がみられていた。たとえば表1のように府立鴨沂高校、府立洛北高校では、男子も家庭科を選択履修していた。

また市立堀川高校定時制では一九六三（昭和三八）年の教育課程改訂で「家庭一般」二単位を選択ではなく、男女共通必修とした。共修実施の経緯について、当時家庭科教員であった安田雅子は次のように語っている。

家庭科としては他教科の先生方に家庭科はこういう内容でこういう風に教えていますと理解を得、共学にすべきことを賛成して頂かなくてはならないのですがこれは非常に困難で（中略）家事は女、妻のしごとというのは当時の一般的な考え方でしたから共学で男が皿を洗うようになっては大変だと思われる方も居られた(12)。

また安田は、共修反対者に対しては「共修に理解と協力を示してくれた商業科の男の教師や教務主任がこれを説得」し、「今から思えばかなり強引な形で共修家庭一般を含むカリキュラムがようやく職員会議を通った」とも述べている(13)。このように教育現場において、共修への理解を得ることはなかなか困難であった。

しかも理解が得られにくいというだけでなく、共修は各校の自主的な取り組みであるために、参考とすべきカリキュラムが確立していないという問題も存在していた。

そこで共修の具体的な内容を話し合うため、「京都府高等学校家庭科研究会」（国公私立高校より編成）は一九五八（昭和三三）年から各市内のブロックに分かれて研究を重ねていた。そして一九七〇（昭和四五）年六月に同研究会は「家庭一般」には「家庭経営や家族の領域など、男女が共修するべき学習内容がある」とみなし、「女子必修四単位に加えて、あと二単位の男女共修をおいてほしい」(14)という見解を示した。この研究会のメンバーの一人が、次に述べる「改訂高校教育課程審議委員会」に加わり、共修制度へ向け重要な役割を担うことになる。

表1　「家庭一般」履修者数（男子）

	1962年	1963年	1964年	1965年
鴨沂	34名 (821)	51名 (856)	24名 (882)	15名 (852)
洛北	36名 (794)	46名 (860)	15名 (888)	33名 (856)

注　森幸枝『男女で学ぶ新しい家庭科』では校名はA校、B校となっている。著者より、A校は鴨沂高校、B校は洛北高校であるとの御指摘を頂いた。なお表中（ ）は京都府教育委員会「公立学校基本数調査」をもとにした全学年の男子生徒総数である（森幸枝『男女で学ぶ新しい家庭科』ウイ書房、1986年、27ページの表２－１より作成）。

2　「改訂高校教育課程審議委員会」と府教委

このように共修制度が成立する以前に、各高校における自主的な共修実践が地道に積み重ねられてきたのだが、その共修実践がどのようにして共修制度の成立に結びついたのだろうか。京都の共修制度の実現に大きな役割を果たしたものとして、戦後三回目の設置となった一九七一（昭和四六）年の「改訂高校教育課程審議委員会」をあげることができる(15)。この審議委員会は、学習指導要領改訂に際し、教育委員会により教育長の諮問機関として設置されたものである。同審議委員会のメンバーはすべて現職の教員によって構成されており、他府県に比べ相対的に教員の声を教育行政に生かしやすい状況にあった(16)。

高校教育課程審議会が最初に設置されたのは一九五五（昭和三〇）年六月であり、これは、校長会、教務主任会、一般教員各代表によって構成されていた。同審議会は同年一二月に答申「改訂高等学校教育課程の実施方針」（京都プラン）を発表した。そこでは「学校は、各課程の教育課程編成に際して、学区制・総合制・男女共学制が円滑かつ効果的に運営されるよう十分研究し、工夫すること」(17)と述べられており、この答申が高校三原則の維持を念頭に置いていたことがわかる。しかし「教科目及び単位数」や「各教科の配当計画及び内容」は、学習指導要領など文部省の通達によることとし、京都府としての教育の独自性を追求するには至らなかった。

第二回目は一九六一年に「改訂高校教育課程審議会」と名称変更して設置された。これは校長会（四名）、定時制主事（三名）、教務主任（四名）、高教組（四名）、教科連協（四名）により構成されていた。翌一九六二（昭和三七）年の「中間答申」では「共通学習」を重視しながらも、抽象的な提議にとどまっている。またこの答申をもとに「府立高等学校教育課程編成要領」（一九六二年七月）がつくられたが、家庭科の共修はふれられていなかった。

そして共修制度を具体的に討論したのは、第三回目に設置された一九七一年三月の「改訂高校教育課程審議委員会」であった。この審議委員会はこれまでの審議会とは性質を異にしており、答申（一九七二年）では学習指導要領と異なる方針を打ち出し、教科の「自主編成」を積極的に奨励していた。つまりここで初めて京都府独自の積極的な教育政策が打ち出されてきた。この審議委員会は公立高校長（三名）、定時制・通信制主事（二名）、全日制・定時制教務主任（六名）、教科研究会（八名、内家庭科一名）、同和教育研究会（一名）、生徒指導関係（一名）、一般教員（高教組代表二名）の合計二三名により構成された。この中には、初めて家庭科教員がメンバーとして加わることとなり、この教員は「京都府高等学校家庭科研究会」の会員であった(18)。

そこで「京都府高等学校家庭科研究会」は審議委員会に対し、「家庭一般」の共修についての意義と目的についての意見書を提出している。そこでは女子のみに「家庭一般」を必修にすることは、憲法や教育基本法に示された男女平等、教育の機会均等などの理念に反し、差別教育を助長することになると述べ、共修の必要性を訴えた(19)。また家庭生活は男女の協力により成立するので共修は必要であり、国民生活をめぐる諸問題を科学的に解明することは男女を問わず重要な課題であるとし、それを男女が「家庭一般」を学ぶ目的としている(20)。

これを受け、審議委員会では審議の第一一回で男女の特性に応じる教育と「家庭一般」の問題、第一二回で「家庭一般」の男女共修について話し合った。そして一九七二（昭和四七）年一月二四日に答申を次のようにまとめている。

民主社会における家庭のあるべき姿を追求する教育が、男女を通じて必要である。（中略）憲法・教育基本法の示す男女の平等・教育の機会均等の原則に立って、本来すべての生徒に課す必修教科・科目およびその単位数には、男女・学科・課程間に差を設けるべきではない。（中略）「家庭一般」について可能なかぎり、男女共修を進めるようにする(21)。

この審議委員会の答申を受けて、府教委は次のような意見を文部省に具申した。

「家庭一般」においては、家庭生活に対する基本的で多面的な認識を深めるとともに、生活を高め新しく創造していくことのできる実践力を、男女ともにつけさせることを本来のねらいとして、性格・目標・内容等を再編成されたい。「男女の特性に応じる」とのことで「家庭一般」を家庭生活に関する仕事を処理する能力を養うため、女子のみに必要な教科として考えることには問題がある(22)。

こうして府教委は「京都府高校教育課程編成要領」において「家庭一般」四単位のうち、二単位は共修を原則とする事を明示した。そして一九七三（昭和四八）年より共修制度を実施することになったのである。

このように京都において家庭科の共修制度が実現された背景には、まず各公立高校における自主的な共修の実践の積み重ねと、「京都府高等学校家庭科研究会」の活動があげられる。各高校の自主性に任せた共修の実践では、教員が参考とすべき共修カリキュラムの研究、共修の方針の確立が困難であった。そこで「京都府高等学校家庭科研究会」は教育現場の実践を通して、共修であることの根拠、共修にふさわしい内容の検討などを行っていた。他方で一九七一年の「改訂高校教育課程審議委員会」は学習指導要領にとらわれない独自の路線を打ち出し、教科の「自主編成」を奨励した。またこの審議委員会のメンバーとして「京都府高等学校家庭科研究会」の教員が認められたからこそ、教育現場からの共修実践への声を教育行政へ届け出ることができたのである。では共修制度の下で、どのような内容の教育が行われていたのだろうか。

3　男女共修「家庭一般」制度の実施

共修制度の実施に先立ち、「京都府高等学校家庭科研究会」は男女共修「家庭一般」の指導内容の第一次試案を作成し、一九七二年に全府立高校に配布した。この試案によると、「生活の営みを科学的に解明し、民主社会における家庭生活の課題にこたえ得る力をつける」(23) ことが共修家庭科の目標であり、内容は衣食住に関わる技術から歴史、法律や経済までを包括した幅広いものであった。

また研究会は「指導資料作成委員会」（府下の各ブロック代表）を結成し、配布した指導内容の第一次試案をもとに、教師用の指導資料の作成を本格的に行っていった。一九七三年に作成された指導資料の基本的視点は二つあった。まず第一に科学的であること。これは家庭生活が現象的であり、経験的判断に陥りやすいことを考慮してのことであった。第二に教科の独自性を明確にすること。この独自性とは科学的知識を生活に生かすことであった。そして学習内容の柱を「生活と家族、生活と経済、生活と衣食住」とした。「家庭生活」ではなく「生活」と記していることが特徴である。というのも、家庭科は、従来の主婦養成の教科ではないことを強調するためであった。これにならい、府立山城高校では表2のような内容が計画された。

これは一九七四（昭和四九）年のものであるが、憲法や法律、消費者問題など、社会科の要素を含む合科的な幅広い分野によって構成されていること、実習といった体験的なものが少ないことが特徴である。実際の授業では、たとえば府立鴨沂高校では共修家庭科の二単位のうち、一単位は家庭科教員が担当し、他の一単位は他教科の教員（社会科、商業科、理科）が担当するという体制をとっていた。すなわち前者が「生活と家庭」の分野を、後者が「家庭生活と職業」「生活と経済」を受け持っており、家庭科教員と他教科教員の連携が授業運営で重要であったと受けとめられる(24)。また、すでに述べたように、指導資料では「家庭生活」ではなく「生活」という言葉が使われ、「家庭」と記さないところに主婦養成の教科でないという意図が込められていたのだが、鴨沂高校の共修家庭科では「家庭」という文字が表れていることに気づく。ここに共修運動をする側と共修家庭科を実践する教員の間には、共修の意義をめぐる微妙

表２　京都府立山城高校男女共修「家庭一般」の指導計画表（1974年）

	指導内容・（ ）内の数字は時間数
１学期	「家庭一般」の学習について (2) Ⅰ「生活と家族」 1．生活の現状 (3) 2．家族の歴史とその機能 (6)　ア 家族の形態と機能の変遷 イ 性の問題　結婚の意義 ウ 家族関係 3．家庭生活と法律 (4)　ア 憲法・民法と家庭生活 4．家庭生活と職業 (3) 5．余暇 (1) 6．保育 (7)　ア 子供の生活の現状 イ 子供の発達 ウ 障害児の問題 エ 保育と社会 オ これからの保育
２学期	Ⅱ　生活と経済 1．家庭経済の現状 (1) 2．収入について (3)　ア 所得の実態 3．支出について　ア 支出の実態 (4) イ 税金 (1) ウ 物価問題 (2) Ⅲ　生活と衣食住 1．食生活　ア 食品と栄養─献立学習 (5) イ 調理実習　２回 (6) 2．衣生活　ア 被服と社会 (1) イ 被服と健康 (1) ウ 衣生活の現状と課題 (2)
３学期	3．住生活　ア 住居の変遷 (1) イ 健康な住生活 (1) ウ 住生活の現状と課題 (2) 1．食生活のつづき ウ 食生活の現状と課題 (2)　調理実習１回 (4) Ⅱ　生活と経済のつづき 4．消費者問題 5．社会保障　ア 歴史 (2) イ 実態と課題 (2) まとめ (2)

（池田悠子「京都府立高等学校の実践から」『家庭科教育』第48巻12号、家政教育社、1975年の資料５より引用）

なズレがあったのである。

その後一九八二（昭和五七）年に、「現代社会」が新設されると、これと共修家庭科の内容が重複することから、共修家庭科の独自性が再び問われることになった。そこで家庭科の独自性を出すために、指導資料では「家庭生活のしくみ・家庭生活の営み」を教育目標にし、かつて「生活」と表記し、避けていたはずの「家庭」の文字を登場させることになった。このように家庭科の独自性をどこに求めるのかは難しい問題であり、教科としての目標が揺れていたことがわかる。

そして教科の内容については、府教委内部でも話し合われた。府教委のある主事は家庭科について「そもそもはじまりから婦徳の養成であって、到底変身は無理ではないか」、「教科としての基盤がどうしても曖昧である」と指摘した。これに対して指導主事（家庭科担当）であった森幸枝は「大変きびしい、しかし否定もしきれないような意見」ととらえている(25)。また「家庭科なんか女子でも要らないのに、何で今さら男子にまで」(26)という意見もあったという。

京都の共修「家庭一般」は戦前の家事・裁縫を否定したうえで独自性が追求されなければならなかった。そのために生活に密着した技能的、体験的側面よりも、科学的、あるいは理念的な面が強調された。ゆえに家庭科は生活というもっとも体験的な分野を対象にしたもので、人々が生きていくうえでもっとも重要な教科となるはずが、実感を持ってその意義を体験的に理解しにくい教科になるおそれがあった。また内容は憲法、社会保障など、社会科の領域にまで踏み込んだ幅広いものとなり、家庭科教員に負担をもたらすおそれがあった。たとえば府立鴨沂高校のように、他教科の教員同士との連携で授業を展開しなければ、授業運営は困難であったと思われる。つまり共修の実践には他教科教師の協力が必要であった。

では共修実践の受け手、特に男子生徒はどのような反応を示していたのだろうか。府立亀岡高校のアンケート結果（一九七四年）によると、家庭科を男子も学習することについて、男子の賛成は四九・二％であった(27)。一方、市立堀川高等学校定時制のアンケート結果（一九七七年）によると、男子は全員が共修賛成で、その理由は「男女双方の考え方がよくわかってよかった」ということがあげられていた(28)。このように、各高校によって受け止め方は様々であった。

以上のように、共修家庭科を生み出す側とそれを実践する教員との間の意識の違い、家庭科教員と他教科教員をめぐる共修家庭科への共通理解の困難、男子生徒の共修への抵抗感、など共修家庭科をめぐる問題が山積していたことがうかがえる。もちろん共修制度が全国的にほとんど行われていないこの時期に、このような様々な問題を解決することには限界があっただろう。しかし結果的に共修家庭科は教科としての基盤が不安定にならざるを得ず、大きく揺らいでいたのである。その不安定な基盤は次に述べるような副読本の使用禁止問題により、崩されていくことになる。

3　共修制度の廃止への道程

1　副読本問題の浮上と使用禁止

一九七八（昭和五三）年四月に蜷川府政が終わり、林田悠紀夫が知事に就任すると、高校三原則の見直しが図られるようになった。林田知事就任後、高校の制度改革が始まるが、共修家庭科においてはまず副読本が「問題」とされていく。この副読本は「京都府高等学校家庭科研究会資料作成委員会」が、前節でとりあげた男女共修「家庭一般」の教師用の指導資料をもとに作成したものである。そして問題とされたのは、一九七五（昭和五〇）年三月以降に三度の改正を経て一九七九（昭和五四）年に編集されたものであった。この副読本は同年の時点で京都府下の全日制高校のうち三校を除いた全校で広く使用されていた。つまり共修家庭科において、副読本は京都の共修「家庭一般」の象徴としての位置づけを与えられていたのである。その内容は家族の歴史とその機能、家庭生活と法律、そして現代の日本の社会保障や消費者運動の課題などにより構成されていた(29)。

副読本問題が浮上したのは、一九八一（昭和五六）年六月七日の地元テレビ局であるKBS京都の報道特別番組「京都の高校教育」での、高校制度の改革が話し合われたなかであった。そこで野中広務（京都府副知事）は共修「家庭一般」の副読本をとりあげ、これを偏向教材の顕著な一例と指摘し、「国家の体制を変えない限り、民主教育はできないと書いてある」と発言したという(30)。野中副知事が指摘したのは副読本一三〇ページの「消費者運動の今後の課題」の記述である。ここで消費者問題の解決方法は、「単に消費生活の面の改革によるものではなく、生産・流通をふくむ経済社会全体の改革や、さらには体制そのものの変革と結びつかなければ達成できない」(31)と記されていた。それは環境破壊や公害問題を解決していくためには、消費者が積極的に働きかけなければならないという文脈での記述であった。さらに野中副知事は、副読本二四ページの「日本は最高最悪の物価上昇率」という表現について、事実ではなく偏

向している と指摘している。これは一九七五年の『子ども白書』に基づく資料であった(32)。

このような野中副知事の発言がきっかけとなり、副読本の使用の是非について、府議会、校長会、京都教職員組合（以下、「京教組」と略す）、資料作成委員会では次のような議論が繰り広げられた。

まず、副読本の編集元である「京都府高等学校家庭科研究会資料作成委員会」は、一九八一年六月一二日に野中副知事に抗議文を提出した。そして、京教組は同年六月二五日に府教委と交渉した。その際、府教委側は野中副知事の発言を受ける形で「資料が半分くらい古い、体制変革を求める記述がある」と述べたという。これに対し京教組は「事実に反する記述は削除していかねばならないが、消費者運動の記述うんぬんは明らかにスリカエ」と反論している(33)。この時、府教委は教科書以外の教材の届け出を義務づける規則が京都府にはないことから、学校管理規則の設置をにおわせていたという。

そして府議会ではつぎのような議論が起こっていた。一九八一（昭和五六）年七月二日の京都府議会定例会で、西山正英（新政会）が「副読本の内容で指摘のあった点について、府教委はどう考えておられるのかお伺いをいたします」と質問し、川本邵教育長は以下のように答弁した。

ご指摘の高校家庭科副読本の内容につきましては、理解力や判断力、批判力等の異なる高校生が一斉に使用いたしておりますところから見まして、慎重な検討が必要と考えております。そこで一つは、先ほど申し上げましたように内容が公正で、表現の仕方等が教育的であるかどうか。二つ目は、資料や統計の取り上げ方が公正、正確であるかどうか。こういった観点から、鋭意、現在分析検討をいたしておる段階でございます。

また川本教育長は新聞の取材に対し、「現場の実験で自主的に作るのは結構なことだが、主観的に作ってもらっては困る。現実を明らかにするのはいいが、一定の方向を目指すのは府民全体に受け入れられなければならない」(34)といい、副読本を問題視している。

そこで「京都府高等学校家庭科研究会資料作成委員会」は、一九八一年八月七日に「資料問題についての見解及び確認事項」を発表し、これをもとに翌八日に府教委との話し合いがもたれた。しかし府教委は体制変革をめざす記事がある、運動指向である、断定的な記述が多い、統計資料が古いということをあげ、副読本の使用に否定的であった。

副読本問題は一九八一年八月一二日の府立校長会においても議論された。『京都新聞』の記事「継続使用は不適当」によれば、この会には府立高校の校長を中心に約五〇人が出席したという。ここで川本教育長は「教材の使用については、校長、学校の判断を尊重しなければならないが、最終的には設置者である教育委員会が責任をもたねばならない。校長の判断以外に、府教委が別途判断する機会を持つことが必要になってきている」と発言した。また城戸指導部長、武田学校教育課長は、体制の変革を求める記述があること、資料や統計が古いこと、記述が断定的で客観性を欠くことなどを理由に、副読本の使用は不適切であると主張している。ゆえに「来年度以降のすべての補助教材の扱いを明確にする意味から、府教委に別途判断の機会を設けるための規則の整備などを法律にのっとって進めていきたい」と述べ、副読本を

「二学期からこのまま使用することは不適当」とした。これに対し校長会からは「いったん採択した経緯があり、しかも年度途中で、それを使用してきた生徒にどう説明するのか」、「副読本の使用密度は各校に差がある」等の意見が出てまとまらなかったという(35)。そこで翌一三日、教育長、指導部長、学校教育課長は、継続して使用することが好ましくないことを前提として討議をするように校長会に伝え、校長会に対して府教委と一致した意見をとるように求めた。その結果、同月一五日に開かれた府立校長会では、副読本は教材として不適切であるので授業には使用しない、ただし客観的な統計等の資料を利用することはこの限りではない、という見解を示している。これを受けて八月二〇日に府教委は学校教育課長名で各学校へ電話連絡し、副読本の二学期以降の取り扱いについては校長会のまとめの通り対処することにしたので通知すると通達した(36)。このようにあまりにも急な展開によって副読本の使用禁止が決定されたのである。

いっぽう、京教組では副読本問題を中央での一連の教科書攻撃の一つとみなした。寺内寿書記長は「単に家庭一般への攻撃、問題としてみていると、全教科での介入を許すことになる。教育の自主性を脅かされている」(37)という見解を一九八一年九月一〇日に示している。同年一〇月一日の府議会定例会では杉本源一(日本共産党)が「(一九八一年—引用者)六月定例会における一部議員の資料に対する指摘や、KBSの教育討論に出席した野中副知事の非難に動揺した府教育委員会があわてて措置した全く官僚的な行為」と非難した。これに対し、大槻彌一郎教育委員長は以下のように答弁している。

家庭科の授業を直接担当しておられる教員の先生方とも話し合ってまいりました。一方、各府立高等学校長も使用に責任を持つ立場から、独自に会合をもたれまして検討されましたところ、教材としては不適切であるので授業には使用しないとのまとめをいたされました。そこで府教委といたしましては、その上に立って九月一日付で、二学期以降使用しない旨、各府立学校長に通知したところでございます。

この発言に対し、杉本源一はまったく事実に反すると反論し、「校長会を集めたときには、すでに教育委員会の問題と指摘がされて、これについて諮問をした。教育委員会は原案を示して、そうして校長会にこれについての納得を求めた。これが事実ではありませんか」と尋ねている。それに対し、大槻彌一郎教育委員長は、あくまでも校長会や現場の教員と話し合った結果の副読本廃止であると切り返している。

副読本をめぐる一連の議論に対し副読本作成側の「京都府高等学校家庭科研究会資料作成委員会」会長森幸枝は「野中発言は事実無根」であり、「この問題は、よく考えてみると、高校三原則見直し発言に始まって、集中的に行われた教育攻撃の中で起こるべくして起きた」という。また「従来からの民主教育をくつがえすための教材管理への介入にあった」(38)と述べており、森は行政の教育への介入としてこの問題をとらえている。

ここでなぜ副読本が使用禁止に至ったのかについて考えてみたい。副読本の使用禁止について、京教組は全国的な教科書攻撃の一つであるといい、副読本の資料作成委員会は行政の補助教材への管理を目的としたものであるとみなしていた。たしかに副読本の使用禁止後、一九八一年一二月一日に「府立学校において使用する教材の取扱いに関する規則」が公布施行された。実はこの規則は京都府を除いて、全国では既に定められており、この規則制定を京都府は急いでいたのかもしれない。

そして副読本の使用禁止は府教委内部の変化とも関係している。本来教育委員会制度は一般行政からの教育の独立をめざして設立された。しかし副読本の問題は副知事の発言に端を発し、府教委が府の指導に従うかたちで副読本の使用禁止が進められたのである。そして新しく「高等学校教育課程審議会」が一九八三（昭和五八）年に発足しているが、検討委員一〇名のうち現職の教員は一人も含まれなかった。それまでの教育課程審議（委員）会のメンバーがすべて現場の教職員で構成されていたのとは対照的である。つまり副読本の使用禁止は、教育委員会制度が質的に変化していく過程で起こったものだとみることもできる。

また府議会では副読本が問題視され、使用禁止が強調されるものの、今後問題点をどう改善するべきなのかといった前向きな話し合いがまったくみられなかったことに気づく。校長会の発言にあったように、突然使用禁止となれば教育現場が混乱する可能性があった。しかし結果的に校長会、府教委は、野中副知事の発言を無批判に受け入れ、内容を批判検討することなく使用禁止についてのみ話し合った。しかし副読本の問題は共修家庭科の在り方と密接に関わる問題である。なぜならすでに述べたように、共修家庭科を実践するということは、単に男子も履修するということではなく、従来女子用であった家庭科教育の内容そのものを大きく変えていくことを意味していたからである。そういう意味で、副読本の存在は共修家庭科の実践をすすめるうえで非常に重要なものであり、副読本の使用禁止は共修家庭科の根底を揺るがす問題であった。にもかかわらず副読本を使用禁止とした後で、どのような共修「家庭一般」の授業を行っていくのかについては、何も議論されてはいないのである。さらに共修制度の実施をめぐって、教員たちあるいは各校長たちの間で意識のズレがあったことも見受けられる。一九八一年八月一二日の府立校長会において、副読本使用の密度は各高校により差があるという発言からも、家庭科教員たちの間での共修への取り組み方、つまり共修への思い入れは異なっていたと思われる。またこの校長会で意見がまとまらなかったことは、副知事がいくら問題視しようと、なんとか副読本使用を続けて共修実践を推進していこうという一定のコンセンサスが得られなかった結果であるといえるだろう。このような副読本使用をめぐる認識の相違が共修制度の廃止へと結びついていくことになる。

2　共修制度の廃止——女子必修、男子選択へ

副読本の使用禁止が決定した後、府教委は一九八四（昭和五九）年に、来年度から「家庭一般」を男女共修から女子必修、男子選択制に改めることを発表した。府教委は男子選択制にした点について、「文部省の指導要領にそって弾力化しただけ。男子は家庭科を選択できるわけで、学校の実情によって共修にするなど対応すればいい事」(39)と述べている。これに対し、「京都府高等学校家庭科研究会」（林祥子会長）は「府教委の男女同一の教育課程を盛り込んだ婦人差別撤廃条約の批准に逆行するもの」(40)と反発した。たしかに一九八五（昭和六〇）年は国連婦人の一〇年の最終年であった。また京都府が作成した婦人年の

行動計画の一番目には、男女平等の思想の実現をめざし、男女ともに履修する家庭科教育の重視という項目があげられていた。ではなぜこの時期に学習指導要領(「家庭一般」の女子のみ必修)に準ずる必要があったのだろうか。

一九八五年二月二五日の京都府議会定例会では、岩田隆夫(日本共産党)が共修廃止は京都府の婦人年の行動計画に反した、時代に逆行するものであると批判した。そして「教育委員会が出しました高校家庭科共修をやめる方針は改めさせることが必要と考えます」と述べている。これに対し、川本邵教育長は学校教育の基本理念は、男女の区別無く平等に教育を施すことにあることは当然だと述べ、「中学校における男女の履修内容の違いから別学が望ましい」と発言した。

だが家庭科を女子用であるとみなすことは、性別の役割意識を高めることになり、男女平等の教育を否定することである。一九八五年二月二七日の京都府議会定例会で浜口省一(公明党)は女子差別撤廃条約の第一〇条は、男女同一の教育課程と男女の固定的役割をなくす教育目標を掲げていることを指摘し、高校における家庭科一般の共修についての府教委としての立場を尋ねた。これに対して川本邵教育長は以下のように答えている。

文部省の示します学習指導要領に基づきまして中学校における男女の履修内容の違いから、より教育内容を充実させるため別学が望ましいが、共学を実施する場合には指導目標に照らして学習内容を考慮し、女子履修の水準が低下しない配慮が必須条件であると指導いたしておるところでございますが、昭和六〇年度の状況につきましては、七六・八％の学校におきまして共修が引き継がれる見通しでございます。

府教委は、女子に対する家庭科の教育水準の維持に重点を置き、共修については学校の実情によって対応すればよいという方針だったことがわかる。では「家庭一般」の共修制度の廃止は、各高校の共修実践にどれだけの影響を及ぼしたのだろうか。

3　制度廃止後の共修の実践

共修制度の廃止は、高校制度改革と共に実施されることになった。その改革ではⅠ類（標準コース）、Ⅱ類（学力伸長コース）、Ⅲ類（個性伸長コース）というように、コース別に生徒を入学させ、能力別に生徒を選別することを特徴とした。この新制度のもとで京都府の公立高校普通科に共修「家庭一般」がどの程度実施されたのか、表3で確認しておきたい。

この表をみると、Ⅰ類では三四校中一〇校、Ⅱ類では三四校中一一校が共修をまったく行わない、または男子選択となっている。そして洛北、鳥羽、西乙訓、西城陽、南八幡は類に関係なく共修「家庭一般」を全く置いていない。このように制度が廃止されたことが契機となり、共修実施を取りやめた高校がみられた。つまり制度の廃止は、家庭科を男子が、あるいは男女が共に学ぶ機会を奪う結果をもたらしたのである。

表3　公立普通科教育課程にみる「家庭一般」の設置

対象・1985年入学者

	Ⅰ類	Ⅱ類	Ⅲ類
山　城	1年共修、2年(選択)	1年共修	
朱　雀	1年共修	1年共修	
嵯峨野	1年共修	1年共修	
北嵯峨	1年共修	1年共修	
紫　野	文・理系3年(選択)	3年(選択)	3年(選択)
堀　川	3年(選択)	3年(選択)	
鴨　沂	1年共修	1年共修	
洛　北	なし	なし	なし
北　稜	1年共修	1年共修	
洛　東	1年共修	1年共修	
東　稜	1年共修	1年共修	
鳥　羽	なし	なし	なし
桃　山	1年共修	1年共修	
洛　水	1年共修	1年共修	
日吉丘	3年(選択)	3年(選択)	
塔　南	3年(選択)	3年(選択)	
桂	1年共修	1年共修	
洛　西	1年共修	1年共修	
向　陽	1年共修　3年(選択)	1年共修　3年(選択)	1年共修　3年(選択)
乙　訓	1年共修	1年共修	
西乙訓	なし	なし	
城　南	2年(選択)	2年(選択)	
東宇治	1年共修	1年共修	
西宇治	1年共修	1年共修	
城　陽	2年共修	2年共修	
西城陽	なし	なし	なし
八　幡	1年共修	1年共修	
南八幡	なし	なし	
田　辺	1年共修	1年共修	
木　津	1年共修	なし	
久御山	1年共修	1年共修	1年共修
桃　山	1年共修	1年共修	
亀　岡	1年共修	1年共修	1年共修
南　丹	1年共修	1年共修	

注　Ⅲ類の空白はⅢ類が設置されていないことを示す。なお「選択」は男子選択、「なし」は男子の履修が無いことを示す(『活力とうるおいのある新しい高校教育を目指して　京都府公立高等学校の紹介』京都府教育庁指導部高等学校教育制度改善推進室、昭和59年7月より作成)。

しかしながら共修「家庭一般」を置く高校が大半である。つまり共修制度が廃止されたことが、そのまま京都府全体の共修の実践の中止につながっていないことがわかる。共修制度の実現の背景には、各高校の自主的な共修実施の積み重ねがあったことを既に述べたが、それがあったからこそ共修制度が廃止されても大半の高校が共修を継続しており、ここにそれまでの共修実践の成果をみることができるのである。

おわりに

以上、京都府における共修家庭科の制度の実現から廃止に至るまでをみてきたが、それは現場の教師の意見が教育行政に反映されるという京都特有のシステムが成立し、またそれが崩壊する過程であったといえる。共修制度の廃止は地方政治の政権交代を露骨に反映したものである。しかしその過程では、政治的な問題とは別に、共修家庭科の実践上の課題、つまり共修の意義や教科の独自性が問われていたことが本論で明らかになった。

共修家庭科を制度化するにあたり、「京都府高等学校家庭科研究会」のメンバーたちの前には多くの課題があった。共修の意義を男女平等といった教育基本法や憲法の理念に求めたものの、それ以外に実践の中から教科の存在意義を見出し、共修理論を構築するには至らなかった。ゆえに家庭科の独自性を追求することは困難で、他教科との重複が常に問題とされたのである。だが共修制度の成立は京都が全国で初めてであり、共修の実践が全公立高校で定着するまでにひとまず時間を必要としたことを考慮せねばならるまい。つまり共修の理論や教科の独自性を実践のなかから追求するには限界があったことは否めない。戦前の家事・裁縫といった技能中心の主婦養成教科というイメージを払拭することが、共修家庭科の教科理論を構築するための歴史的な第一段階として避けられなかったのである。

ゆえに副読本問題でみたように、野中副知事にとって共修家庭科は体制批判の教科としか受けとめられず、その意義は認められなかった。それに対して「京都府高等学校家庭科研究会資料作成委員会」の側も教科の意義にまで踏み込んで反論できなかったのである。

このように家庭科という教科そのものの中から共修の理論を構築できなかったという課題があったことは否めない。だがそのことよりも、むしろ、共修の実践の積み重ねが先行し、それが制度に結びつき、そして制度が廃止になっても大半の高校で共修の実践が生き続けたことの事実を積極的に受け止めることが重要であろう。共修制度の廃止は、次の二つを意味した。第一に男子に家庭科を学ぶ機会を保証しないことである。そして第二に男女が共に学び、相互理解を深める機会を奪うことである。が、実質的には大半の公立高校で家庭科の男女共修は維持された。つまり、共修制度の廃止が全ての高校の共修の実践を阻むほどの強い影響力を持たなかったのである。

一九八九年度に家庭科の男女共修制度は学習指導要領により保証され、全国で実現されることになったが、それから十数年の歳月が過ぎている。

京都が共修実践の中でぶつかり、乗り越えようとした課題、たとえば家庭科の独自性の問題は、現在どの程度解決できているだろうか。家庭科は生活領域を取り扱う以上、いくつかの教科領域を幅広く網羅していることは、今も変わりはない。すでに述べたが、京都府立鴨沂高校の実践例のように、家庭科教員と他教科教員との連携で共修家庭科の授業を展開することが、どれだけの高校で可能になっているのだろうか。また技能主義に陥らないことと、生活を科学することのバランスはどのように保たれているのだろうか。家庭科は人間が生きるということと最も隣接する教科として成立し、現実に差し迫る教科となり得ているのだろうか。

共修家庭科は、衣食住に関する知識、技能の獲得により人間の生活を考える、あるいは家族やジェンダーをめぐる問題を考える教科とするならば、非常に重要な教科である。そして家庭科を人間が生活の中で生きていくという、人間性の認識の科学として他教科との総合の方向で探る必要があるだろう。今や全国で制度化された共修家庭科は、京都の実践で克服されなかった課題をどれだけ乗り越えられてきているのだろうか、これについては稿を改めて論じたい。

◆6 生徒会の発足

冨岡　勝

はじめに

本章は、新制高等学校における生徒会の成立過程を京都の事例を通して具体的に明らかにしていこうとする試みである。すなわち、一九四七（昭和二二）年ごろにつくられた旧制の中等学校における「生徒自治会」や「生徒委員会」などが、一九四八（昭和二三）年の新制高等学校発足時に引き継がれたのち、一九四九（昭和二四）年ごろに改組・整備されて生徒会が発足していくが、その過程や具体的なありようを京都の高等学校の具体例を通じて明らかにしていきたいと思う。

生徒会に関する先行研究においては、以下に述べるように、生徒会が活動する範囲を校長が認可する範囲内に限定しようとする文部省の指導方針によって生徒会が成立当初から形骸化していったという指摘も見られる。本章ではそのような先行研究の指摘がほんとうに妥当なものであるかどうかを検討していく。この意味で本章は「どうしたら生徒会を充実させることができるか」という現在も問われ続けている問題に関する基礎的研究として位置づけることが可能であろう。

文部省は「社会的公民的資質」の発達を新制高校の主要目標の一つにあげ(1)、その発達をうながすものとして生徒の自治的組織を奨励していた。一九四九年四月の『新制中学校新制高等学校　望ましい運営の指針』では、生徒会の整備について、役員を生徒全体で選挙することや、生徒会組織が下から上へと組織されるようにする(たとえば、組織中央委員会の委員は各ホーム・ルームから選出されるようにする)ことなどを指示している。しかし、それと同時に、生徒が学校の事柄に参与するうえでの限界について文部省は次のように指摘している。

生徒が学校の事柄に参加する場合にも、他の民主的行動と同様に、自由と無秩序とを混同してはならない。生徒参加の制度は、校長から明瞭かつ限定的に委任された権限に基づく。したがって、生徒がなすべき領域もあれば、なすべきでない領域もある。校長は学校教育を正しく有効に実施することについて民衆から責任を与えられているのであって、この責任を教師や生徒がとることはできない。ただ校長がそれを委任することができるだけである(2)。

このように生徒会に関する文部省の指導方針の中には、活動範囲の限定という側面が見られたのである。

この方針は、初めて特別教育活動に関する教育課程上の位置づけがなされた一九五一（昭和二六）年の文部省『学習指導要領　一般編（試案）』において、次のような明確な形で表現されている。

この生徒会は、生徒自治会と呼ばれることがあるが、生徒自治会というときは学校長の権限から離れて独自の権限があるかのように誤解されるから、このことばを避けて生徒会と呼ぶほうがよいと思われる。この生徒会は、一般的にいうと学校長から、学校をよくする事がらのうちで、生徒に任せ与えられた責任および権利の範囲内において、生徒のできる種々な事がらを処理する機関である(3)。

そもそも「生徒自治会」などの名称でなく「生徒会」という名称を使うことを指導していること自体が活動範囲限定の方針を表していたといえるだろう。こうした一九五一年の学習指導要領に表現された生徒会活動の範囲限定方針に対して、課外活動研究の先駆者である宮坂哲文は、次のように述べている。

もしも自治会という名称を廃して、校長の権限と教師の監督を強調した児童会、生徒会という新しい名称を提示することが、課外活動の教育的組織化としての特別教育活動の成立の一つのメルクマールであるなら、（昭和―引用者）二十六年の特別教育活動は、一方で自治活動の教育課程化という教育課程の歴史の上での進歩的な意義をもつと同時に、他面において、当の自治活動を子どもたちの手から奪いとるという矛盾をみずからの内部に胚胎させていたといわなければならない。当時の、さらにはそれ以後の現場における特別教育活動の組織運営の形式主義的行詰りの実態はこの点を裏書きしているようにも考えられる(4)。

このように宮坂は、文部省による生徒会の活動範囲限定の方針が、成立当初およびその後の生徒会活動の形骸化をひきおこしたのではないかという指摘を行っているのである。

また、佐藤正夫は、成立当初からの生徒会不振の原因が活動範囲の限定にあるとして、次のように述べている。

生徒の関与すべき領域を限定し、学校や校長から生徒にまかせ与えられたことがらについてだけ生徒の自治を行使することを認めることは、生徒の自発と自主を制限し、封殺し、その活動を骨抜きにし、萎縮させて、生徒会を形骸化させることを意味する。じっさい生徒会活動は、その実施の当初からすでに不活発で生気がなく、形式主義的なゆきづまりが現場からつよく訴えられた。この意味において生徒会は最初から、生徒の自発的な自治活動を制限し萎縮させながらみずからを形骸化していく矛盾を自己の内部に含んでいたといわなければならない(5)。

しかし、宮坂や佐藤によるこうした評価に対しては次のような二つの疑問を提示することができる。第一の疑問は、ほんとうに生徒会は成立当初から形骸化していたのかということである。たとえば次のように、京都の新制高等学校における発足当初の生徒会を概観して、その活動が活発であったと評価する記述も存在している。

発足当時の各学校の生徒会活動は活発に行われ、各種行事（弁論大会、各種球技大会、体育祭、文化祭、時事研究会、研究発表展、予餞会、音楽演劇会、カルタ大会等多種多様）のほか、クラブ活動、生徒の実態調査、新聞の発刊、各種委員会活動にも自主的なとりくみがされていた。また、校内美化運動、食堂・クラブボックス設置運動も各学校で盛んであった(6)。

京都の高等学校で特に生徒会活動が成立当初から盛んであったという見方が成り立つのかもしれないが、いずれにしても、この第一の疑問を明らかにするには、個別の高等学校を対象にして生徒会成立時の状況を具体的に明らかにする必要があると考える。

第二の疑問は、形骸化していたという面があったとしても、そうした形骸化の原因は活動範囲の制限だけにもっぱら求められるのだろうかということである。もし校長による生徒会活動の範囲制限が原因で生徒会が形骸化していったのなら、実際に各学校で生徒会設立の際に活動範囲の制限が学校長によってなされ、それが原因となって生徒たちが生徒会への関心をなくしてしまう、といった状況が各学校で生じていたと考えられるが、本当にそうであったのだろうか。

たしかに、教育委員会レベルでは、文部省による生徒会の活動範囲制限方針を反映した動きが見られる。

京都府教育委員は一九四九年九月一六日に府立学校長宛の通達「学校における政治教育と政治活動について」を出している。府教育委員会はこの通達で、生徒会活動への学校長の指導責任に関して、「学校外の横断的組織がこれに優先して個々の学校（校長、教職員、生徒児童を含めた）の意志を外部より拘束するようなことを許してはならない」と校長に指示している(7)。しかし、各学校レベルでの実態がわからなければ、この第二の疑問は解決されない。

本章ではこの二つの疑問にこたえるため、京都における具体例を通して新制高等学校における生徒会発足の実態を、生徒会以前の生徒自治会などの実態と比較しながら具体的に明らかにしていきたい。各学校レベルでの生徒会発足時の具体的状況を扱った研究は、現時点ではほとんど見あたらない(8)。発足時の生徒会に関するこの二つの疑問点について具体例を通して考察を行うことは、「どうしたら生徒会を充実させることができるか」という問いについて考えるうえで、重要な基礎的作業であると考えることができるだろう。

主に扱う具体例としては、生徒会の成立過程に関する史料が他校に比べ多く残されている京都市立洛陽高等学校（現在は洛陽工業高等学校）およびその前身校である市立第一工業学校と市立洛陽工業高等学校とした。洛陽高等学校は、あとでみるような一九四八年一二月一五日の府下公立高校全自治協議会の企画立案に関与して会場校となる(9)など、生徒自治活動が比較的活発な高等学校の一つであった。さらに、新制高等学校の母体のもうひとつの例として京都府立第一中学校・府立洛北高等学校（第一次）も取り上げ、第一中学校や洛北高等学校（第一次）の生徒自治会との関わりが深い府立鴨沂高等学校生徒会(10)も考察の対象に加えた。

主要な史料としては学校新聞を利用して、具体的な活動や生徒の意識をできるだけ同時代の史料から明らかにするようにつとめた。

すでに第一章で述べられているように、旧制の中等学校は一九四八年四月に新制高等学校へ移行したが、さらに同年一〇月に高校三原則（小学区制、総合制、男女共学制）によって再編成されている。旧制の中等学校においてつくられ、新制高等学校発足にあたってもいったん引き継がれた「生徒自治会」や「生徒委員会」は、高校再編成後の一九四九年ごろに「生徒会」へ改組・整備されていく。したがって、京都の新制高等学校における生徒会の発足過程を本章では高校再編成前と再編成後に分けて見ていきたい。

1　新制高等学校再編成以前の生徒自治組織

1　市立第一工業学校・市立洛陽工業高等学校の生徒委員会

最初に、高校再編後の京都市立洛陽高等学校の母体となった市立第一工業学校および市立洛陽工業高等学校の生徒自治組織について見ていく。

一八八六（明治一九）年に京都染工講習所として創立されて以来の長い歴史を持っていた市立第一工業学校は、一九四八年四月の新制高等学校発足に際して市立洛陽工業高等学校と改称し、さらに同年一〇月の高校再編成によって普通・商業・工業の三課程からなる市立洛陽高等学校に改称している（一九六三年四月には工業課程単独の市立洛陽工業高等学校と改称し現在に至る)。

この第一工業学校において一九四七年四月に「生徒委員会」という生徒自治組織が組織されていた(11)。この生徒委員会はどのようなものであったのだろうか。

まず組織面を見てみよう。生徒の中から選出された生徒委員が生徒委員会を組織していた。生徒委員は自正・週番・美化・企画・渉外・安全の六係のどれかに所属し、この六係が中央委員会を構成していた。また生徒委員の中から委員長一名と副委員長一名が選出された(12)。このように生徒委員会は、高校再編後に成立した生徒会とは異なり、生徒全員の選挙で役員が選ばれるのではなく、生徒委員の中から選出されるという組織形態をとっていった。

一九四八年一月一三日に開かれた中央委員会では、生徒委員会の三学期活動指針として、「一、積極的建設的に行うこと　二、委員各自が美化の骨子《ママ》となる　三、京都一の自治会たること」を申し合わせ、今後の事業を次のように決議している。これによって活動内容の概略を知ることができるだろう。

一、公聴会　二週間に一度の割合で開く、第一回として一月二十二日正午から講堂で「校友会各部の本年度中心《ママ》における活動状況について生徒委員の調査の必要なりや」なる題目で開き、第二回は去る《ママ》四日正午から校庭で自由討議で開催

二、講演会　毎月一回開く、講演内容は社会科の一部として考査の範囲に加える、第一回として地震に関する話が予定

三、生徒委員会に一般生徒を傍聴させる、これは授業の終了した組、又は欠課の組を適当とする
四、講堂の自由使用禁止
五、生徒が裏階段より講堂へ上下することを禁止
六、正門付近黒板の使用方法　正門側はチヨーク使用、鏡跡はポスター専用とする
七、購買部建物は、京工新聞販売部、その他売店として利用する
八、他校自治会との交流　他校自治会を随時見学、また本校へも招待する
九、週間目標の選定(13)

右の決議から、生徒委員会の活動が、活動状況に関する公聴会の開催や生徒委員会への一般生徒の傍聴、他校自治会との交流といった運営方法の民主化、講演会開催（しかも、社会科の授業内容と結びついている）などの文化的活動、黒板使用などの美化活動が行われたことがわかる。さらにこれらの活動とともに講堂や階段の利用に関する禁止事項の決定も生徒委員会の活動内容に含まれていることがわかる。

これからも明らかなように、実は文化的諸活動や美化活動だけでなく、学校生活に関する細かな規則を定めて実行し、風紀向上を計ることが生徒委員会の重要な機能の一つであったのである。初代生徒委員長をつとめた生徒は、次のように風紀活動状況の一例を記し、自治活動の中で風紀活動を重視したことを述べている。

ある日の午後、廊下を行く。ぷーんと怪しげな香りが鼻を衝く。直ぐ側の地下に通ずる階段を下りて行つた私の眼に、大きく映つたものは、水浸しになつた薄暗い地下の一室で、部屋一杯にこもつた紫煙の中に、手に手にパイプを持つた十名近くの黒い人影だつた「今度だけは……」とあわれみをこう者、自棄になつて吸いかけた煙草を踏みにじる者。校内至る所で発見される、この種の誘惑と毒がの犠牲者に、私は心から、彼等の更生をはかる、力強い友愛の磁界、自治会を造り出す強い強い決意に、身を緊張させたのだつた(14)。

生徒委員会による風紀向上活動は、細かな取り決めの決定だけにとどまらず、「生徒自正」という生徒の手による一種の裁判制度にも及んだ。これは一九四七年七月に生徒委員会と教職員の双方によって立案された制度で、喫煙事件など比較的軽い事件と学校側に判断された事件が、次のような方法による生徒委員会の「自正会」にゆだねられたのである。このような自正会は、一九四七年九月以来の半年間に五回開かれている。

生徒調査係は調査して材料を集めます。自正係長は被告に自正執行日を言い渡します、自正会が開かれると自正係長は判事と略同《ほぼ》じ役をつとめます、調査係は検事の役をします、判決は多人数の判決係が決めるのです、この自正会で決められたものは職員会で検討された上で校長は処分を決定して本人に言い渡すことになっています、生徒の各係は生徒委員中より選ばれた者で構成されています、被告は弁護人をつける事ができます(15)。

ここまで見たように、第一工業学校では、一九四七年に生徒委員から構成される生徒委員会という生徒自治機関がつくられ、文化的諸活動、美化活動などとともに風紀向上活動が活動の柱となっていたのである。

では第一工業学校を母体として一九四八年四月に設置された新制高等学校である市立洛陽工業高等学校の生徒自治組織はどのような特徴をもっていたのだろうか。洛陽工業高等学校発足に際し、生徒自治組織は第一工業学校以来の生徒委員会から引き継がれたが、一九四八年六月二〇日の生徒大会で「生徒規定」が決議され、生徒委員会の組織改革が行われている(16)。

生徒大会が生徒の最高議決機関として明文化され、生徒委員会は生徒大会の議決事項を遂行する機関として位置づけられている。また、新たに週一回開催を原則とする「学級自治会」が設置され、生徒委員会の提案事項の審議などを行うこととなっている。生徒委員会の役員選出は生徒委員中からの互選であり、生徒全員の選挙によるものではなかったが、生徒大会や学級自治会など、民主主義的機構が整備されてきたと言えるだろう。

活動内容としては、前制度の自正・週番・美化・企画・渉外・安全の六係にかわって風紀・美化・文化の三係となったが、文化活動、美化活動とならんで風紀活動が活動の柱であるという点は変更はなかった。

高校再編前の洛陽工業高等学校では、生徒委員会に関してこのような改革が行われたが、生徒委員会の実際の活動は決して順調に行われたわけではなさそうである。七月一九日の『京工新聞』第八号では、家庭の事情を理由とした生徒委員長の辞職が委員総辞職問題へと発展し、「生徒委員会は誕生して二カ月余にして、内部崩壊の兆が濃厚となつた」と報じられている(17)。生徒委員長の個人的事情による辞職が生徒委員全員に影響したということは、生徒委員会の運営自体が決して順調ではなかったということになるであろう。

民主主義的機構の整備は高校再編後の生徒会成立時に一層力が入れられる点であるが、それにもかかわらず活動が順調に行われないという傾向は、あとで見ていくように高校再編後の生徒会成立に際して一層顕著になっていく。

2　府立第一中学校・府立洛北高等学校（第一次）の生徒自治会

つぎに、高校再編制以前の生徒自治組織の更なる事例として、府立第一中学校（一八七〇（明治三）年京都府中学校として創立）および府立洛北高等学校（第一次）の生徒自治会について見ていく。

一九四七年二月に創刊された第一中学校の学校新聞である『京一中新聞』第一号に同校の「生徒自治会」の誕生のニュースと自治会則が掲載されている。

この生徒自治会の組織形態は、各組より選出された代表委員によって会の方針を定める代表委員会が組織され、最高学年の代表委員の中から互選で委員長が選ばれるというものであった。各組から代表委員が選出されるという点では民主主義的な組織がめざされているといえるが、委員長が最高学年から選ばれるというように、上級生に権力が集中している点は高校再編後の生徒会とは異なっている。また教官は顧問として位置づけられていたが、「顧問は委員会に出席し意見の開陳をすることが出来るが議決権はない」(18)と定められ、学校側の直接的権力がきわめて弱められた形となっている。学校と生徒自治会との関係に関して、会則に関する協議の過程で校長は次のような見解を示している。

学校の全責任は校長にあり、生徒の全要求が学校として採用し得ぬ場合もあるが、切実の要求なら再び教官会議に附されむことを願い出ればよい、この会で決したことは特別の不都合なき限り教官会(議—引用者)は通るから、心配は不要。又この会に教官が臨むのは教官会議の参考のためで必要に応じ議を導くに止め、可決権は不要となる(19)。

学校側は、生徒自治会の決定には直接関与しないにもかかわらず、「特別の不都合」がない限り教官会議でも尊重していこうという姿勢を示していたのである。

このように学校側からも可能な限り尊重された生徒自治会で、どのような活動が行われただろうか。おもな活動内容は、校友会(戦前から行われていた部活動の組織、のちに生徒自治会に一本化された)による文化的体育的行事などへの協力、生徒風紀の維持、校内自治制度完備のための委員会設置などであった(20)。府立第一中学校の生徒自治組織でも風紀活動が活動の柱の一つであった。

三月の『京一中新聞』第二号に、四年生自治委員の協議によって選出された新自治委員長の抱負が掲載されている。彼は、抱負として「第一に現在の一中の風紀を正すよ、おれはただはりきつてやるだけだ」(21)と語っている。

また、生徒自治会では生活面に関する「生徒申合せ事項」を定めている。以下にその一部を引用する。

先生来客其ノ他目上ノ人ニ対シテハ常ニ礼ノ心ヲ失ワヌヨウニ心掛ケルコト

(中略)

始業時カラ放課後マデノ間ニ校外ニ出ル時ハ必ズ許可ヲ受ケルコト

(中略)

麻雀・撞球・半弓・射的・ピンポン・スマートボール・パチンコ・ダンス場等ノ遊戯場ニハ一切出入シナイコト

享楽的飲食店・カフエー・バー等ニハ左ノ場合ノ外絶対ニ出(入—引用者)シナイコト

(イ)普通飲食店デハ保護者同伴ノ場合、又外食食堂ノ出入ヲ教官ニ許可ヲ受ケタ場合

(ロ)其ノ他特別ノ用ノアル場合

(中略)

襟巻及ジヤンバーハ使用セヌコト、但止ムヲ得ヌ時ハ先生ノ許可ヲ得ルコト、ナオ校内デハ下駄ヲハカヌコト(22)

自治委員たちは、こうした生活上の申し合わせを定めるだけでなく、一般生徒に対して風紀向上を直接働きかける活動も行っていた。一九四七年度には、下級生のリーダーとして上級生の「補助員」を設けている(23)。さらに、電車通学生は一般乗客の多い手前の停留所で下車するという取り決めを守らせるため、自治委員が停留所に立って一般生徒に呼びかけるといったことまでしていたようである(24)。

第一工業学校と同様に、第一中学校の生徒自治会でも文化的活動などとともに風紀活動が活動の柱の一つとなっているのである。

次に、第一中学校を母体として一九四八年四月に設立された府立洛北高等学校（第一次）について見てみよう。

洛北高等学校では、京都第一中学校以来の生徒自治会が引き継がれていたが、一九四八年五月五日の生徒大会において、自治委員長を生徒全員の立候補制選挙によって選出することが決定され、同月、初の自治委員長選挙が行われ生徒の注目を集めた。その様子を『洛北高校新聞』第一号は次のように伝えている。

去る五月五日の生徒大会において絶対多数を得て決定した、自治委員長立候補制総選挙は我等が洛北高等学校の第一歩をかざるべく十三日朝、生徒公聴会の後、行われたが、今度の選出方法は真剣な生徒の意見に従つて、それを慎重に討議した結果であり、あくまでも生徒の自由なる意思の反映であろう、果然、選挙運動に入るや生徒間の選挙熱は増々高まり、それは十三日の生徒公聴会にて頂点に達し、真摯なる情熱が全校にみなぎり、いやが上にも生徒の選挙熱を高めたのである（中略）かくて面目を一新して完全な組織で発足する我等が自治会の初代委員長には牛込邦三君が決定し第一回の試みとしては大成功のうちに総選挙の幕を閉じた(25)。

一九四八年七月の『洛北高校新聞』第三号には、生徒自治会の会則が掲載されている(26)。生徒大会が、「学校自治に関する重要事項を審議する」という目的をもった最高議決機関として定められ、生徒全員の選挙によって選出される自治委員長を中心に自治委員会が組織されるとともに、各クラスの生徒全員で構成されるクラス自治会を設置することも明文化された。また、二部授業を行っている鴨沂高校生徒との親睦会開催などの文化的行事にも力が入れられたようである。

このように洛北高等学校の生徒自治会は、特に自治委員長の選挙に一般生徒の支持を集め、順調に行われていったかのように見えるが、一方で次のような自治会批判も行われている。

自治委員会総選挙の感激をよもや我々は忘れてはいまい、だが今の自治会はそれを疑うものがある。自治会は往々にしてひとりよがりの自治会となる恐れがあるが近来それからようやく脱しかけた矢先また無関心主義の自治会になりはせぬか、いやなつてはいないだろうか（中略）目下の自治会の急務はクラス自治会を開くこととボス化を防ぐことだ。後者は新しく設けられた参与委(27)が大きく影響していると思う。自治代表委員会にしても開催の二三日前から公開せねばならない、それでこそ生徒の関心も高まり、生徒の意見が集まるだろう。今じやまるで日影者の自治会で関係者だけがコソコソやっているとしか思えない(28)。

先に検討した洛陽工業高等学校の生徒委員会においても生徒大会や学級自治会など、民主主義的機構が整備され始めていたが、ここで見てきたように洛北高等学校の生徒自治会においては、母体となった第一中学校の生徒自治会に比べ生徒自治委員長の選挙など、いっそう民主主義的機構の編成が進められた。しかし、民主主義的な組織の編成が進むにしたがって自治活動が充実していったのかといえば、そうとは言えない面があったといえるだろう。次に見るように、この問題は、高校再編後の生徒会においてより深刻な形で噴出してくるのである。

2　高等学校再編成後の生徒会の成立

1　市立洛陽高等学校における生徒会の成立

一九四八年一〇月、小学区制、総合制、男女共学制に基づいた高校再編成によって、京都の公立の高校は実質的に再スタートを切ったが、各高校の生徒自治組織は同年一二月一五日の府下公立高校全自治協議会をきっかけに整備されていく。この自治協議会は、各高校の生徒自治組織のあり方を示すものとして、京都軍政部教育課の指導のもとで開催されたものである。各校から生徒・教師約五〇〇名が参加し、軍政部側からの講演のあと、自治組織の運営に関する意見交換を行った。講演者の一人をつとめた軍政部教育課のアンダーソンは、生徒自治組織の基本性格として次のように述べている。

真実の自治会は熱心なる生徒により発展するものである、自治委員たる者は種々の案を立てて協議を計るもので何らの決定権を有せず、自治会が解決に当るものである、そして自治会決議事項に関する最後の責任は、学校長に有る、学校は労働組合ではない、校長や先生は生徒の敵ではない。故に学校自治会は密接に先生と協力して運営する事が大切であり、常に全校生徒を正当なお互の融和という方向に導かなくてはならぬ(29)。

ここで軍政部側が強調していた「自治会決議事項に関する最後の責任は学校長に有る」という指導内容は、冒頭で紹介した文部省による生徒会活動範囲限定方針と共通したものだといえるだろう。

この自治協議会の開催後、各高等学校で規約の制定や役員選挙など機構面の整備が行われ、一九四九年四月ごろには、軍政部の指示により各校の生徒自治組織が生徒会へ改称する(30)という形で生徒会が成立していったが、その具体的状況を、まず、市立洛陽高等学校を通して明らかにしていく。

洛陽高等学校の母体となった市立第一工業学校・市立洛陽工業高等学校の生徒委員会については前に見てきたが、一九四八年一〇月三一日より普通・商業・工業課程の学校として再出発した市立洛陽高等学校でも、先ほど紹介した自治協議会を契機に生徒自治組織の本格的整備が進められた。

一九四八年一二月一五日の自治協議会の開催後、一二月一七日に暫定自治会の常任委員会で自治会々則の早期草案作成が決議され(31)、早くも翌年一月には自治会々則原案が発表される(32)とともに初代自治委員長の公選が行われ(33)、一九四九年四月には生徒会に改称している。このように急ピッチで生徒会がつくられていったのである。

設立時における生徒会の主な活動としては、たとえば、下駄履き登校生に対する藁ぞうり貸し出しなどの校内美化活動、映画鑑賞会開催などの文化活動と風紀活動がある。しかし、設立当初の生徒会では、これらの日常活動に加えて会則の審議や細則の制定などの制度面の整備にもっとも力が入れられた。

一九四九年一月から原案の審議が開始された会則は、一九四九年七月にようやく成立し、約七ヶ月間にわたる審議によって、全国的に見てももっとも整った民主主義的機構をもつ生徒会組織が整備されたのである。この新しい生徒会は「新憲法をできる限りまね」(34)たとされる組織形態であり、議決機関、執行機関、司法機関を備えた三権分立制度が採用されている。

議決機関としては、全生徒参加の生徒議会と学年毎の学年議会、および各ホームルームから選出された代表委員による議会が設置されている。特に、「生徒活動の母体」であると規定されたホームルームから代表者を議会に派遣するという、議会制民主主義の制度が整備されていることが大きな特色といえるだろう。

執行機関としては、美化活動などを行う厚生部、風紀活動や安全活動などを行う保安部、生徒集会の運営を行う集会部、図書館に関する活動を行う図書部、文化活動を行う文化部、体育活動を行う体育部および事務局と財務局が置かれ、これも政府の内閣制度のミニュチュア版といえる。

また、生徒会会長は全生徒の選挙によって選出された。先にみたように、市立第一工業学校や高校再編以前の市立洛陽工業高等学校の生徒委員会では、役員は生徒委員の中から選ばれており、実質的には上級生委員の力が強い場合が多かったのではないかと推測される。これに対して、全生徒の選挙によって会長を選出するというこの生徒会組織は、より民主主義的なものであるといえるだろう。

司法機関としては、司法局が置かれ、司法局内には、生徒活動が諸規定に適合するかどうかを判定する判定委員会や、生徒の賞罰を定める賞罰委員会が設けられた(35)。また、細則として議会規定、ホームルーム規定、選挙管理法も定められた。このように非常に整備された生徒会組織が生徒たちによって作られたのである。

このように、洛陽高等学校の生徒会は、民主主義的機構が生徒たちによって良く整備されて順調なスタートを切ったかに見える。しかし、一般生徒の支持という面ではけっして良好な状況ではなかった。一九四九年一月一四日、学校主催による全校一斉世論調査が行われた際、「生徒自治会」に関する設問も設けられている。○や△による結果以外に発表されていないが、大まかな傾向を知ることはできる。「自治会について」という項目で「是」が△、「否（改める）」が○という結果であり、「否（改める）」の回答の理由として、「責任の所在を明かにし活動状態をはっきりする、生徒と遊離している、幹部独裁的である」などといった点があげられている(36)。

一九五〇年八月二三日の学校主催の世論調査においても、生徒会への関心が「ある」と答えた生徒が、一〇七四名の回答者中五〇％（男子四九％、女子五七％）、「ない」と答えた生徒が四九％（男子五一％、女子四三％）であった(37)。

このような一般生徒の傾向は議決機関である生徒議会の不振となって表れていた。一九四九年九月から約二ケ月の間に一三回の生徒議会が召集されたが、うち七回が定足に達せずに流会となり、流会率が五割をこえる事態になっていたのである(38)。

洛陽高等学校の生徒会は、生徒たちの手によって非常に整備された民主主義的機構がつくられたにもかかわらず、生徒たちの多くは不支持や無関心であり、形骸化の問題に悩まされていたといえよう。ではなぜ、同校の生徒会はこのような形骸化の問題に悩まされていたのだろうか。

一九四九年一月に選挙で選ばれた初代生徒会長は、一九五〇年三月の卒業を前にして次のようにふりかえっている。

僕は「民主主義」や「自治」の何やらわからぬまゝに学校の指示する方向(39)に従つて自治会機構の完成を急いだ。「民主主義的な自治会機構を作る事之がとりもなおさず学校の民主化であり、自治である」と考えた、そして僕の意見に反対するものはことごとく建設的意見でないとしてほうむり去つた、結果は、僕が学校の民主化を望んでいるのにかゝわらず事実は逆の方向に進んでいつた。生徒は生徒会から離れ、僕達自身出来上つて行く会則に重荷を感じた。僕らは、自由を叫びつゝ自らの足に民主主義の足かせをはめてしまつた(40)。

この史料から、民主主義的な機構をつくることを最優先することによって、生徒たちが生徒会から遊離してしまったということを知ることができるだろう。この点については、第二代の生徒会長も次のように記している。

局部課とおそろしく細かに分けてどこかの国の政治の様に官僚政治をまねて、クラブの予算をもらうにも四つか五つの判をおさねば通用しない生徒会である、一般生徒の水準がそれ程上つているというのならとに角こんなヤヤコシイ制度のため一般生徒が恐しがつて生徒会の委員になつても仕事をしないのでなかろうか　代表委員にしても少し違つた事をしやべると「議会規定第〇〇条に依り」なんて来るだから代表委員も欠席し勝ちになり、八十名の代表委員の中で文句をいうのは定つて五名位となる（中略）会則が日本一だからとえらそうにいつても仕方がないそれより生徒会を生徒の意志に依つて動かす事が必要である(41)。

会則が整備されたにもかかわらず生徒会が生徒の支持・関心を失ってしまったのではなく、細かな組織の整備が行われたこと自体が原因となって、一般生徒の支持・関心を失ってしまったというのである。三権分立制やホームルームから議会への代表者派遣など機構面では非常に整備されて成立した洛陽高等学校の生徒会は、このような形で、組織の形骸化、一般生徒からの遊離という深刻な問題に悩まされることになったのである。

2　府立鴨沂高等学校における生徒会の成立

高校再編成後の新制高等学校における生徒会成立の二つ目の事例として、先にみた府立第一中学校や洛北高等学校（第一次）の生徒自治会と関わりが深い府立鴨沂高等学校に関しても見ていく。

鴨沂高等学校では一九四九年四月には生徒会発足に向けて会則検討が決議され、五月二〇日より四日間にもわたって開催された生徒大会の審議を経て会則が完成し、生徒会が発足した(42)。会則では、最高議決機関としての生徒大会、各ホームルームからの代表委員の選出、選挙による会長の選出などが定められ、洛陽高等学校生徒会と同様に民主主義的機構が整備されている。

六月一日には各学級で代表委員、学芸委員、体育委員、生活委員、図書委員、公安委員などが選出され、翌日には生徒会長選挙が行われた。選挙戦は、三名の候補者によって三日間行われ、投票率九三％という盛り上がりを見せた(43)。四日間にもわたる生徒大会による会則の検討や、高い投票率など生徒会の成立に際し生徒の関心が高まり盛り上がりを見せたことがわかる。

しかし、このような盛り上がりを見せて成立した生徒会は順調に活動していったのだろうか。生徒たちの盛り上がりの中で生徒会が発足した六月、新聞部は、生徒会に対する生徒の無関心の危険性を次のように指摘している。

前後一週間を費した生徒総会の結果、幾多の問題を（一字判読不能―引用者）しつつ最も民主的な

（？）生徒会則が決議された、いよいよ実施の運びにまでこぎつけた。だが、この生徒会則もその運営に妙を得なければ単なる文字の組合せにすぎなくなるであろう。（中略）今更くどくどしく述べるまでもなく、再編成以来の自治会則の運営をみていても、ほとんどその成果をあげ得なかつた事に頷付くであろう。最も具体的なる一例として、最も自治意識おう盛なる人達の集まりであるはずの代表委員会が数次にわたつて流会したという事をあげることが出来るだろう。これは如何に生徒会への関心が希薄であるかということを意味していると思う（中略）この一週間の生徒大会をふり返つてみるならば、我々は直ぐ次の三つの点に気付くに相違ない。即ち第一に第二回以降の出席者数の激減、第二に発言者の限定化、第三に議場のけん騒である。これは生徒の生徒会への関心が、まだまだ希薄である事を意味する。壇上で熱弁を振う幾人かの人達の声も、場内のけん騒にかき消され出席者の七割以上は何も聞いてはいないのである。（中略）更につけ加えるならば、生徒会開催中定足数不足の場内に入らずに校内を徘徊する生徒の数が四百人の多さに達したという事は（新聞部調査）生徒会が、如何に生徒から隔離した存在であるかを想定するに十分である(44)。

ここに指摘されているような一般生徒の生徒会に対する関心の希薄さは成立後の生徒会の運営においていっそう深刻なものとなって表れてくる。一九四九年一〇月から翌年一月二五日までの間に一七回の中央委員会が開かれたが、このうち九回が流会となるような低調ぶりであったのである。「学校生活をより一層楽しいものとする生徒達自身の手による生徒会の活動も決議機関である中央委員会の度重なる流会によって、ジレンマに陥入っていると訴えられている」(45)と『鴨沂新聞』は伝えている。

このように鴨沂高等学校の生徒会は、会則決定の生徒大会や会長選挙で生徒たちの強い関心が寄せられて成立したが、実際の運営面では成立当初より決議機関の流会などの形で生徒たちの関心の低さという問題に悩まされることになったのである。

以上のように一九四八年一二月一五日の府下公立高校全自治協議会をきっかけに成立した生徒会の具体例として洛陽高等学校および鴨沂高等学校の生徒会について検討したが、生徒会則の整備によって民主主義的機構が充実しながらも、すでに成立当初より生徒の無関心に悩まされるといった状況を見ることとなったのである(46)。

おわりに

市立洛陽高等学校と府立鴨沂高等学校における生徒会成立の具体的状況を、生徒会成立以前の生徒自治組織と比較しながら明らかにしてきた。

ここで冒頭で提示した二つの問題について考察してみたい。第一の疑問である「ほんとうに生徒会は成立当初から形骸化していたのか」という問題についてはどうだろうか。本章で検討した具体的事例では、府立鴨沂高等学校のように最初の役員選挙などに生徒の関心の高まりがみられたケースもあるが、実際の運営については市立洛陽高等学校・府立鴨沂高等学校ともに生徒の無関心に悩まされて成立当初から形骸化が見られたと指摘することができる。したがって、宮坂や佐藤の指摘に一応同意することができるだろう。

しかし、第二の疑問「形骸化の原因は活動範囲の制限だけにもっぱら求められるのだろうか」に関しては異なった結論が本考察から導かれる。第一節でみてきた市立第一工業学校・市立洛陽工業高等学校および府立第一中学校・府立洛北高等学校の生徒委員会の活動内容からは、生徒自治組織の活動範囲制限の問題は各学校レベルではほとんど関係してこなかったのではないか、と指摘することができるからである。これらの学校における生徒委員会や生徒自治会の活動内容は文化活動や風紀活動などが中心であり、校長や教員たちによる活動範囲制限の対象となる性質のものではなく、その形跡も少なくとも表面上は見られなかった。特に風紀活動は、学校にとっても生徒指導上歓迎すべき活動であったことが推測される。生徒会成立に際し、文部省や軍政部が指導してきた生徒会の活動範囲制限という問題は、実際の学校現場ではほとんど問題になっていなかった可能性があり、生徒会成立時における形骸化の主要な原因を校長による活動範囲の制限問題だけに求めることには無理があるのではないだろうか。

では、なぜ生徒会が成立時にすでに形骸化の問題に悩まされていたのかという新たな問題については、本考察の事例からは次のような指摘をすることができるであろう。すなわち、洛陽高等学校生徒会の事例に見られたように、生徒会成立時に役員選挙や議会制さらには三権分立などの民主主義的機構が整備された「にもかかわらず」生徒の関心が低くなって形骸化したのではなく、民主主義的機構だけが急速に整備されたこと自体が原因となって形骸化してしまった側面があったのではないだろうか。

洛陽高等学校の生徒会では、洛陽工業高等学校における生徒委員会の時期に比べ、会則や機構面での整備に一層力が注がれていたが、このことの背景として、一九四九年における次のような文部省の指導方針を認めることができるだろう。たとえば、「生徒会の役員は必ず生徒全体で選挙すべきであって、校長や教師が選定すべきではない。校長が生徒会の会長となったり、教師がこれになったり、またはその他の役員になってはならない」(47)と強調されている。また、「生徒会は、下から上へと組織されているかどうか」という指針に関しては次の様な趣旨が述べられている。

生徒の団体は、上から下へと組織されていることが非常に多いが、中央委員会(生徒委員会)の委員はホームルームまたは学校から選出された者で、ホームルームまたは学校を代表するのである。これらの委員がホームルームまたは学校に命令するのではなく、もし何かの指図すべきことがあるとすれば、ホームルームまたは学級がその代表たる委員に指示する(48)。

これらの指針は、明治期以来の校友会や学友会では校長が会長になり教師が重要な役につくといったケースがほとんどであったのに対して、生徒による民主的な組織としての生徒会を奨励したものといえる。生徒会の編成にあたっては、文部省の指導方針のうち生徒会活動の範囲制限方針よりも、この民主主義的自治機構整備の方針の方が各学校の生徒会成立過程に影響を与えた可能性があるのではないだろうか。

生徒会成立時における民主主義的機構の整備が皮肉にも形骸化の原因となったという本考察の事例は、

生徒会組織が一般生徒からの積極的な参加を得て実質的に機能していくことの難しさを成立当初から示唆しているといえるだろう。

その後の京都の高等学校において生徒会活動を形骸化の問題を解決するためにどのような試みが行われたのか、あるいはどのような新しい問題が生じたかなど、本章の時期より後の状況については、別の機会に検討していきたい。

◆7

「問題行動」への対処からみた戦後教育

四方利明

はじめに

今日、教育改革の議論がなされるとき、それが必要な根拠として、いじめ、不登校、校内暴力など、さまざまな「問題行動」があげられることが多い。とりわけ最近、「キレる」少年ということばに象徴されるように、少年犯罪の凶悪化が叫ばれており、少年非行の戦後「第四のピーク」であるといわれる。「第四」ということは、過去にもピークが三度あったということである。図1は、主要刑法犯（交通関係の業務上過失致死傷を除く刑法犯のこと）で検挙・補導された少年の数の戦後の推移を示したグラフである。これをみると、一九五一（昭和二六）年を頂点とする第一のピーク、一九六四（昭和三九）年を頂点とする第二のピーク、一九八三（昭和五八）年を頂点とする第三のピークの、三つのピークを確認することがで

図1　主要刑法犯少年の人員及び人口比の推移（1949年～1998年）

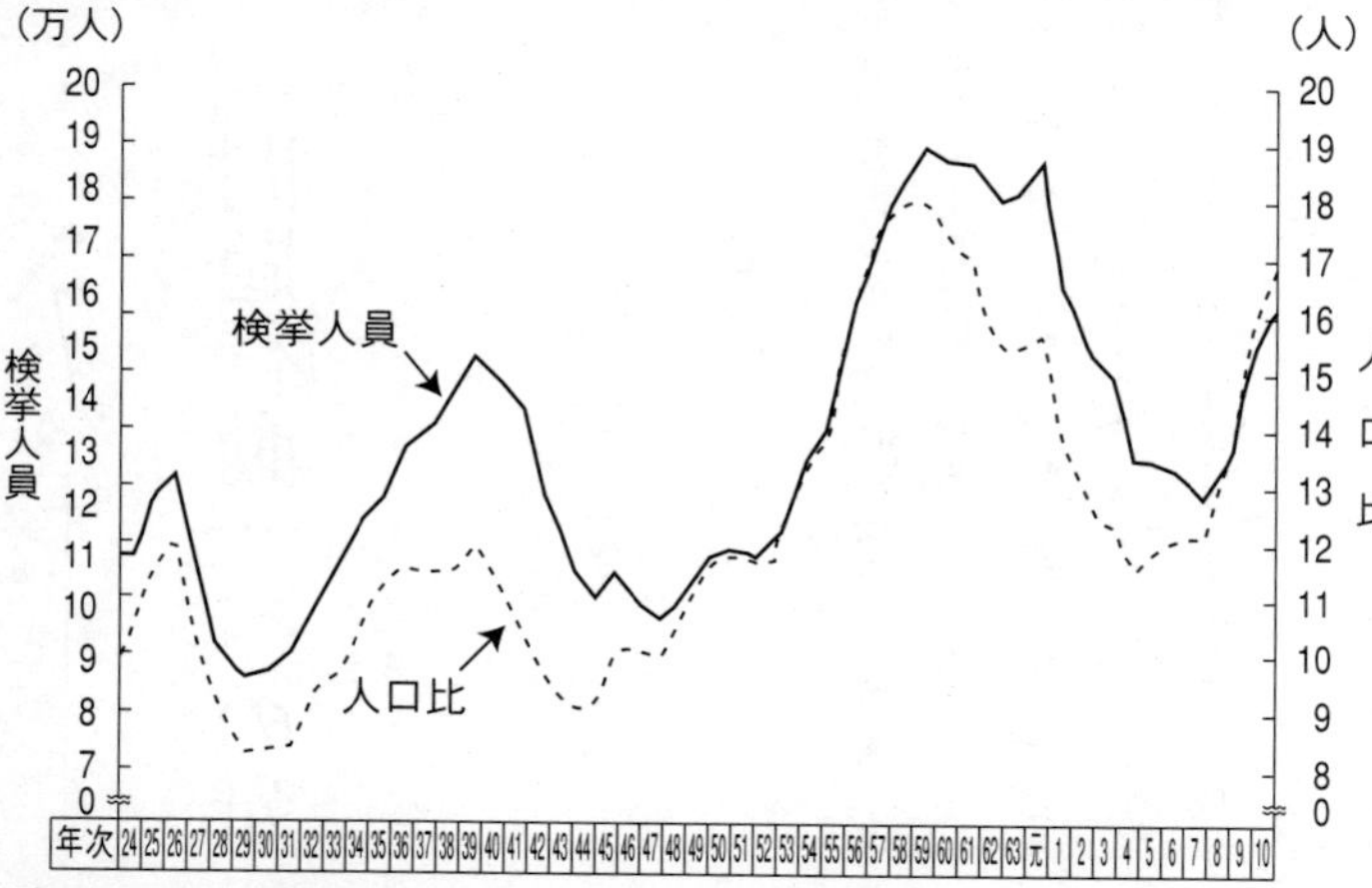

（『青少年白書』平成11年度版、206ページより転載）

きる。図2は、本書が研究対象としている京都府において、一九五二（昭和二七）年から一九九八（平成一〇）年にかけて（主要）刑法犯で検挙・補導された少年の数の推移を示したグラフであるが、図1の全国レベルでの動向とほぼ同様に、第二（一九六三年）、第三（一九八二年）のピークを確認することができる。

そして、少年非行がピークであるという言説や少年非行が凶悪化したという言説は、検挙・補導数が減少、横ばいの状態から上昇に転ずる時に流布しはじめ、上昇が頂点に達するまでの期間中流通することになる。すなわち、第一のピーク以降減少していたのが再び急上昇し始める一九五六（昭和三一）年から一九六四年にかけて、「太陽族問題」をきっかけに少年犯罪の増加が問題にされ続けた。そしてその後、一九六〇年代後半から一九七〇年代前半にかけての沈静期を経て、再び検挙・補導数が増加し始める一九七〇年代後半以降一九八〇年前半にかけて、少年非行の戦後「第三のピーク」と言われ続けた。そして近年、再び上昇し始めるや、「キレる少年」に象徴される少年非行の「凶悪化」が「第四のピーク」として再び問題にされているのは周知の通りである。

さて、「第四のピーク」と連動して「心の教育」など教育改革を求める議論が起こっているのと同様に、「第二のピーク」、「第三のピーク」の時にも、このような少年非行「問題」への対処をめぐる議論がなされた。ただし、その議論のされ方は、「第二のピーク」の時と、「第三のピーク」の時とで異なる。どのように異なるのか、その違いをみていくことが本章の課題である。

その手がかりとして本章では、京都府における青少年条例の制定過程を取り上げる(1)。青少年条例は、以上にみてきた少年非行をはじめとする、子どもの問題とされる行動に対する公的な対処を示したものである。条例の示す対処とは、そのような行動の原因とされたポルノコミックや「成人映画」などの「有害環境」から青少年を「保護」し、「環境浄化」された環境の中で彼らを「健全育成」しようというものである。

京都府における青少年条例の制定過程は、制定に直接かかわる府と府議会の動向を中心に整理すれば、二期に分類する

図２　京都府において（主要）刑法犯で検挙・補導された少年の数（1952年～1998年）

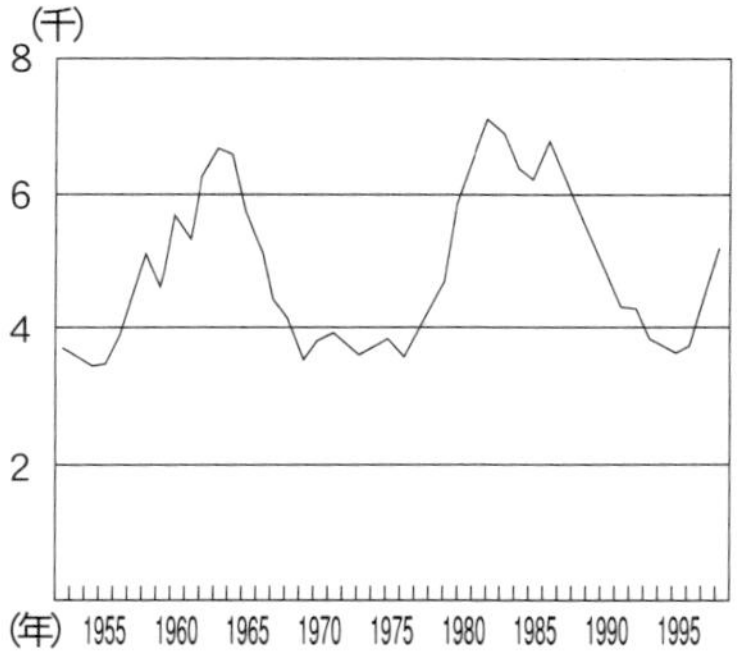

注　1959年以降は主要刑法犯による検挙・補導数。1952年から1958年は、交通関係の業務上過失致死傷の数値が不詳なので、刑法犯による検挙・補導数。また、統計には触法少年（14歳未満で刑罰法令に触れる行為をした少年）も含まれる（京都府警察本部『昭和32年非行少年の補導状況』、同『昭和33年京都府下の少年非行の実態』、同『少年非行の実態』昭和34年～平成10年、より作成）。

ことが可能である。すなわち、議論されたものの制定に至らなかった第一期（一九五六年～一九六四年）と、実際に一九八一（昭和五六）年に制定をみる第二期（一九七六年～一九八〇年）の二期である。これは全国における青少年条例の制定動向、改正動向とパラレルであると同時に(2)、以上にみた戦後少年非行の「第二のピーク」と「第三のピーク」にパラレルである。青少年条例の制定をめぐる議論が、二つの少年非行の「ピーク」と言われた時期において、それらへの対処として持ち出されたことは明らかであろう。本章では、このような青少年条例がなぜ必要とされ、また反対されるのか、その論拠に注目しながら制定に至るまでの議論をみていくことにしたい。

その際に留意したいことの第一点は、本章では、実際に少年非行が凶悪化したかどうかという少年非行の「実態」を明らかにするのではなく、それを問題とみなして何らかの対処を求める、大人、社会の側の「言説」について考察する、ということである。なぜなら、すでに少年非行に関する先行研究において指摘されているごとく、少年非行の凶悪化と言われているものの内実は、実態として子どもが凶悪化したというよりも、大人、社会が子どもに対してそのようにみてしまうという「問題」であるともいえるからである(3)。

図3は、京都府における一九五二年から一九九八年にかけて、殺人・強盗・放火で検挙・補導された少年の数の推移を示したグラフである。これをみると、先にみた主要刑法犯の統計が「第三のピーク」を構成するのとは対照的に、凶悪な少年犯罪に限ってみればそのようなピークを構成していない。つまり、戦後少年非行の「第三のピーク」と言われる時期において、主要刑法犯の検挙・補導件数を押し上げている

のは、殺人や強盗などの凶悪犯罪ではなく、万引など軽微な犯罪なのである。さらにはこの種の軽微な犯罪の検挙・補導件数は、取り締まる側の姿勢いかんに左右される。ゆえに、今日の少年非行の凶悪化という「問題」は、そのようにみなす世論の「言説」の影響を無視することはできないのであり、「ピーク」を構成する検挙・補導数の増加は、そのような「言説」が厳しい取締りを要請したこともその一因であるといってよいだろう。したがって、ここで検討するのは、青少年条例の制定を求め、または反対する「言説」に限定する。そのこととかかわって、青少年条例に対する先行研究の多くが検討してきた法的な問題点など[4]、青少年条例そのものの検討にも本章では関心を向けない。本章の課題は、青少年条例制定をめぐる「言説」分析を通した、少年非行に対する大人、社会の側の認識枠組みを明らかにすることに限定される。

図3　京都府において殺人・強盗・放火で検挙・補導された少年の数（1952年～1998年）

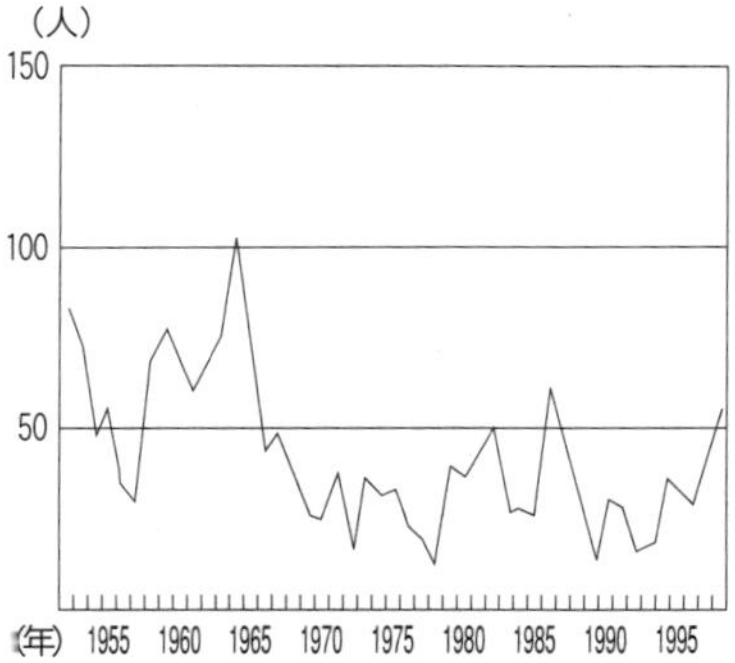

（京都府警察本部『昭和32年非行少年の補導状況』、同『昭和33年京都府下の少年非行の実態』、同『少年非行の実態』昭和34年～平成10年、より作成）

また、本章での考察に際して留意したいことの第二点は、青少年条例は主として学校外の地域社会における「環境浄化」を求めるものであるが、その制定をめぐる議論の中に、学校教育がどのように関係してくるのか、ということである。今日、子どもが犯罪を犯したときに、その子どもが在籍する学校の校長の会見が開かれるなど、少年犯罪に対して学校の責任が問われることが多い。学校外においてなされる子どもの行動についても、学校教育のありようとからめて問題にされるようになったのは、いつの頃からなのだろうか。このような点に留意することによって、学校と地域社会の関係、社会における学校の位置について考えてみたい。

ところで現在、青少年条例は長野県を除く全都道府県で制定されているが、その中で一番最後に制定されたのが京都府である。それゆえ、この京都府における制定過程に着目することには二つのメリットがある。一つは、二期にわたる条例制定をめぐる議論を比較できるということである。二つ目は、京都府においては制定反対派が強く、かつ条例制定が最後であったがゆえに、条例制定をめぐる議論は他府県の動向を見据えた慎重なものとなり、青少年条例をめぐる論点が出そろっているということである。

1 「太陽族」と「保護（育成）」――第一期（一九五六年～一九六四年）

1 青少年条例制定への動き

青少年条例制定への動きのきっかけとなったのは、「太陽族」であった。太陽族とは、一九五六年に芥川賞を受賞した石原慎太郎の『太陽の季節』、ならびに同年五月にそれが日活で映画化されたのを皮切りに次々と制作された一連の「太陽族映画」（『太陽の季節』『狂った果実』など）に影響された「無軌道な若者」を非難する意味あいで用いられたことばである(5)。『太陽の季節』は湘南海岸を舞台にし、既成のモラルにとらわれずただ自らのやりたいことに忠実な若者を描いた物語である。ボクシング部の高校生である主人公が、街で知り合った女性と恋愛関係に陥り肉体関係を結ぶが、やがてわずらわしくなり兄に「売ろう」とする。最後にはその女性が妊娠していることがわかるが、中絶手術を受けさせそれが失敗して死なせてしまうというストーリーである。

映画が封切られて早々の五月三〇日の段階で、早くも京都府児童福祉審議会が、製作会社や映画館に自粛を申し入れる方向で委員会を開くなど(6)、まずこの映画そのものが、「不良映画」として「環境浄化」の議論の対象になった。そしてこうした太陽族映画の影響によって少年犯罪、とりわけ性犯罪が増加しているという認識が高まっていく。また太陽族映画とともに、太陽族のたまり場である「深夜喫茶」も、少年の（性）犯罪に手を貸す「有害環境」として「環境浄化」する必要があるという認識が高まっていく。たとえば、一九五六年七月五日付の『夕刊京都』は、「繁華街での深夜喫茶などが少年たちの桃色遊戯の温床にもなつて勢い夜遅くまでたむろしては不良行為に及ぶつまり環境の不浄。太陽の季節をはじめそういつた現代の若さの拠りどころのない異常な映画などに共鳴し、それに影響されて大たんな性犯罪を犯した少年、つまり映画や書物による影響も少くない」と報じている(7)。

このような太陽族「問題」への対処として、京都府議会での青少年条例制定へ向けた動きが出てくる。そのきっかけは、中川喜久議員（自民）が同年七月二五日の府議会総務委員会で条例制定を提案したことである。彼は提案の主旨を次のように述べる。「青少年は次代の社会をになうものであるから社会の責任において保護育成しなければならないが、悪書、不良映画などのはんらんする現状は青少年を大きくむしばんでいる」。また彼の提案した条例案の骨子は次の通りであった。「▽満十八歳未満の青少年の深夜外出

（午後十一時から午前四時まで）を制限する▽性的感情を刺激したり粗暴性を助長するような有害図書、有害興行の観覧を禁止する▽とくに京都などの観光都市に多い有害広告や看板を制限し、パチンコ、射的、飛行船ゲームなど青少年の射コウ心を誘発する行為を禁止する▽風俗営業取締法にかかる営業所、風俗営業以外でも青少年に有害な営業所への立入を禁止、質受、古物等の買受を制限する▽わいせつ行為、危険物の所持を禁止する▽以上のような項目に反する時は保護者に通知、または知事の委託を受けて立入調査を行うことができる▽違反行為については適当な罰則をきめる」(8)。

また、一九五七（昭和三二）年一一月二八日には、京都婦人団体連絡協議会（府下一七団体加盟）が府議会に「青少年保護育成条例制定に関する請願」を提出する。請願書を持参した三人は、「最近、深夜喫茶、お座敷喫茶などのセン情的な遊び場が横行して」おり、「京都の歓楽街の環境はどんな真面目な青少年でも不良化するようになっている」との認識を示す。また請願書も、「ことに太陽族映画のはんらんは青少年保護にとってみるに耐えない。……京都府でも早く府条例を決め有害図書、興行、広告看板の禁止、射幸心誘発行為の禁止、風俗営業取締法による営業所への立入り禁止、質屋通い、深夜外出、わいせつ行為の禁止など積極的な保護対策を進めてもらいたい」という内容であった(9)。

太陽族として具体的に問題とされたのは、少年犯罪、とりわけ性犯罪が増加したということであるが、太陽族ということばが使われなくなった後も、条例制定へ向けた第一期の議論のなかでは、少年（性）犯罪とその原因とされた「有害環境」に焦点が当てられている。たとえば、京都府議会一九五九（昭和三四）年一二月定例会において、上田庄太郎議員（自民）は、少年犯罪、特に性犯罪が低年齢化しつつ増加していることを指摘しながら、その原因について、「ストリップ・不良演劇・肉体映画・不良図書……挑発的な映画看板・深夜喫茶……温泉マークの連れ込み旅館等々、社会の悪環境の影響を無視することはできない」(『京都府議会会議録』一九五九年一二月一五日、以下議事録からの引用に際しては、年月日のみ記す)として、条例制定を求めている。

以上にみたように、条例制定賛成派は、太陽族を中心とする少年(性)犯罪を「問題」とし、その原因を「有害環境」に求め、そのような環境を「浄化」して、「有害環境」から青少年を「保護」するために条例が必要であると主張する。「環境浄化」が必要であるというだけならば、条例によらずとも他の方法でもそれが可能であるという論理も成り立ちうる。しかし、賛成派は、従来の法律では「環境浄化」できないこと、及び他府県ではすでに条例が制定され「環境浄化」に効果を上げていることを論拠として、条例制定を求めていった。たとえば先の請願書は、深夜喫茶の取締りが従来の風俗営業取締法では間に合わないとして提出されている(10)。また、先の上田議員は府議会において、他府県で制定されている条例についてふれ、制定された府県では統計上非行少年が減少するという効果を上げているとしている(一九五九年一二月一五日)。

2　青少年条例反対派の論理

これに対して条例制定反対派は、少年(性)犯罪の増加といった「問題」に対して、そしてその原因たる「有害環境」の「環境浄化」に対して、条例は効果がないという論拠でもって反対する。賛成派が条例によって「環境浄化」を求めるのに対して、反対派は条例によって「取り締まる」ことよりも「環境浄化」することの方が必要であるという論理をとるのである。たとえば、一九五八（昭和三三）年二月府議会定例会において浅川亨議員（共産）は、「条例を作ることによつて果して本当に青少年が守られるか……現に大人の社会が野放図にほつておかれている」（一九五八年二月二五日）と条例制定に反対の立場から質問を行っている。これに対する蜷川虎三知事の答弁も、「保護条例と言いましても、取締の大綱条例を作つて果して本当に青少年が守れるか……むしろ第一に社会及び環境を改善するということが大事」（同）であるとして、府政サイドが青少年条例の制定を考えていないことを表明したものであった。また、終始条例制定に慎重だった京都府青少年問題協議会も、一九六〇（昭和三五）年二月の委員会において、「条例は糊塗的であり実効はな」く、「青少年問題は、貧困、失業等諸問題との関連があるので小手先細工ではだめである」との結論に至っている(11)。また、一九六四年三月五日の府議会定例会において吉田文治議員（民社）は、「不良図書」や映画館の看板、ストリップといった「青少年のみならず、健全な社会環境に対して好ましからざる存在」の「浄化」や、非行少年問題の解決にあたっては、条例は効果がないと述べている。そしてその根拠として、条例の有無にかかわらず他府県において統計的に非行少年が増加していることをあげる。

ここには、条例が取り締まるものか否かをめぐって、賛成派と反対派とで条例に対するとらえ方が異なっているという状況が背景にある。この対立は、取り締まる対象が、映画や深夜喫茶などの「有害環境」だけなのか、青少年も含まれるのかというとらえ方の差に起因している。そのことはたとえば、府議会において中川議員が、蜷川知事は青少年を取り締まるものとして条例をとらえているようだがそうではないと、たびたび述べていることからわかる（一九五八年二月二五日、同年六月三〇日）。

また、「環境浄化」といったときの「環境」についても、これを口にする人によってその意味するところがさまざまであったことが看取できる。蜷川知事らの反対派がいう「環境」には、賛成派が「有害環境」として問題にする「環境」を含みながら、経済、社会状況も含めたより広い意味が込められている。経済、社会状況が良くないからこそ、「不良映画」「深夜喫茶」などの「有害環境」がもたらされ、ひいては少年犯罪の増加を招いている、という論理である。そのことはたとえば、蜷川知事が府議会において、「日本の経済の安定と……人間を尊重し、子供を一個の人間として尊重するというような、民主化された社会をうち立てることが条例以上に必要なんじゃないか」（一九五八年六月三〇日）と述べていることからも明らかであろう。

このように、第一期には、議論の対象である条例像そのものが明確ではなかった。それゆえ、たとえば青少年条例が表現の自由など基本的人権を侵害するか否かといった法的な争点は、少なくとも府議会における議論の中では目立ったものとはならなかった。関西マス・コミュニケーション倫理懇談会が、「言論表現の自由を奪うような条例制定は見合わせてもらいたい」と一九五八年二月六日に府と府議会に対して申し入れるとともに要望書を手渡し(12)、それが府議会二月定例会で「青少年保護育成条例制定に関する陳情」として受理されたのが目を引く程度である（一九五八年二月二五日）。

ともあれ反対派は、条例では「環境浄化」に効果がなく青少年を「保護（育成）」できないということで、条例に代わる「環境浄化」のための対案を出して、賛成派に対抗する。その一つは、条例以前に他の法律で「環境浄化」できるというものである。たとえば、蜷川知事は、深夜喫茶や映画、本などは「一つ一つの法律で取り締れる」と府議会で答弁している（一九五八年二月二五日）。また吉田議員も条例以前に、刑法、少年法など現に青少年を取り巻いている法律を活用すべきだと述べている（一九六四年三月五日）。

さらに、条例に代わるものとして反対派が強調するのは、「自主的」に「環境浄化」し、青少年を「保護（育成）」しよう、ということである。吉田議員は条例よりも民間の良識、自粛による「環境浄化」を主張している（一九六四年三月五日）。また『京都新聞』は「社説」で、二度ほどこの論拠でもって条例制定に反対している(13)。また、業者の自粛のみならず、親の指導によって「自主的」に子どもを「保護（育成）」しようという主張もみられる。たとえば、『京都新聞』の投書のなかには、「いかがわしい映画、広告、図書の類を青少年から遠ざけることは絶対に必要だ。私はそのためには、親の指導で青少年を守る努力がいると思う。……親みずから努力しないで、条例や法律の力を借りてやろうとする、いわば他のものに頼る態度が、青少年不良化の最も大きな原因になっている」(14)と、他律的に条例に頼るのではなく、「自主的」に親の力で青少年を「有害環境」から「保護（育成）」しようという意見がみられる。そのほか、青少年問題協議会主催のパネル討議のなかで、京都市小学校PTA協議会長が、「条例よりも母親の愛で子供を導くようお母さんが力を合わせ、不良文化財を拒絶すれば絶滅するのではないだろうか」(15)と述べている。

3 「保護（育成）」という一致

以上みてきたところから、条例制定をめぐって、賛成派と反対派の間には次のような論点が存在することが確認できる。

① 条例は「環境浄化」そして「保護（育成）」、及び少年（性）犯罪、少年非行の防止に効果があるか（賛成派）、否か（反対派）。

② 条例によって「環境浄化」そして「保護（育成）」を行うか（賛成派）、「自主的」にそれらを行うか（反対派）。

③ 条例を制定しなくても従来の法律で「環境浄化」そして「保護（育成）」できるか（反対派）、否か（賛成派）。

④ 条例は（青少年を）取り締まるものか（反対派）、否か（賛成派）。

このような相違点があったのだが、ここで注目したいのは、賛成派と反対派の相違点ではなく、「環境浄化」して青少年を「保護（育成）」する必要を認めている点で、むしろ両者が一致しているということである。繰り返しになるが、条例制定が必要であることの論拠というのは、太陽族映画や深夜喫茶などの「有害環境」が、太陽族などの少年（性）犯罪増加の原因になっている、したがって「環境浄化」し、青少年を「保護（育成）」しなければならない、というものである。これに対して、反対派は、「環境浄化」

や「保護（育成）」そのものには反対しない。条例では効果がないというのである。ということは、むしろ反対派の論理は、「環境浄化」や「保護（育成）」に対する賛意と読むことが可能である。実際、たとえば蜷川知事は、非行少年は「社会的災害の被災者」という観点から、「社会環境の浄化ということに努力していかなければならない」と府議会で発言している（一九六四年三月五日）。また、『京都新聞』は、「青少年を守らねばならぬ、というのは、現代社会に課せられた一大使命である。だがそれを、法律、条例で行えないところに、現代社会の悩みと、青少年問題の〝問題性〟があるのだろう」(16)、あるいは「青少年の保護育成には反対は一人もないが、さて条例化となるとどうも難しいのではないかというのがこれまでのところの情勢のようだ」(17)と述べている。

賛成派からも、次のようにとらえられていた。すなわち、条例制定には「革新側からは反対の意見もあるだろう。しかし思想的に異なっていても、青少年を愛情をもって見守るということは異存ないと思う」と(18)。このように、条例への賛否にかかわらず、「環境浄化」、「保護（育成）」というところで一致をみているのである。

4　太陽族と学校教育

ところで、以上みてきた青少年条例制定をめぐる第一期の議論では、いかにして「青少年」を「保護」し少年犯罪を防止するかが問われているにもかかわらず、そこには学校教育がほとんど登場しない。以下、その背景を探ってみる。

第一期では、太陽族がきっかけとなって条例制定が必要であるとされた。太陽族が少年（性）犯罪の問題とされるとき、その少年の中には、当然高校生も含まれてくることになる。当時の報道をみてみると、京都府警が一九五七年中に検挙した少年犯罪の中の大半が中学生、高校生の犯罪であり、犯罪のほとんどが深夜喫茶などの「悪の温床」から生まれたものであり、ゆえに青少年条例制定を望む声があるとの記事がみられる(19)。また、京都府警が行った太陽族の一斉補導の記事の中でも、「補導された大半は学生生徒であった」と述べられている(20)。また、太陽族のたまり場であり「有害環境」とされた深夜喫茶の「現地ルポ」にも、「学生服を着た高校生が三人はいってきた」との報告がある(21)。

しかしその一方で、大人、社会の側に、高校生と太陽族が必ずしも直結するわけではないととらえる見方も存在していた。たとえば、京都府教育研究所が一九五六年一月から二月にかけて府下の公立高校三年生九一四名に対して行った「悩みの調査」によれば、「異性の友人がほしいが積極的に交際する勇気がない」と答えた生徒は三〇・六％（男子生徒のみでは三七・〇％）であり、「異性との交際はすぐに誤解されたり干渉されたりする」（二二・〇％）、「異性として意識して、友人としてつきあえない」（一三・六％）と答えた生徒と合わせると、「友人関係に関しての悩み」のうち、異性と積極的にかかわることができないと悩む高校生は六六・二％にも上る(22)。この結果について『京都新聞』は、高校生の実態は「太陽族とは縁の遠い存在」であると報じている(23)。そのような見方が存在したことは、夏休みに太陽族のたまり場とされた深夜喫茶を校外補導し、「彼等の大人に対する反抗心と青春の無軌道な享楽を楽しむ姿に唖然とした」洛陽高校の教師が、しかしながら「大部分の生徒は極めて真面目な明るい夏休みを楽しんでいた」

ととらえていることからもうかがえる(24)。このように、青少年条例の制定をめぐる第一期の議論において、制定根拠としてあげられた太陽族に関して、学校の教師ら大人、社会の側には、太陽族と高校生とは必ずしも直結せず、太陽族は学校外の問題であるととらえる見方が存在していたのである。

それゆえ、太陽族を学校教育のありようとからめて問題にする見方は主流にはならなかった。確かに、男女共学見直し論や西京高校における「純潔教育」実施の動きなどにおいて、学校教育と太陽族を結びつける見方も存在したが、第三章で述べられているごとく、男女共学と太陽族は無関係であるとする見方の方が優勢であった(25)。校外補導に乗り出す教師自身、「補導を要する生徒の大部分が学生でない者と交友関係にある」と認識している(26)。ここで学校側は、生徒が学校外において、学校教育を受けていない者に影響されて非行へ走ることを懸念しているのであるが、このことは言いかえれば、太陽族の原因が学校教育の外部に存在し、学校教育のありようとは関係なく起こる問題であると考えられていたことを意味している。

そしてそのことは、一九八〇年代以降に校内暴力等の「問題行動」への対処として行われた「管理教育」のように、太陽族への対処として校内における生活指導を強化するというような方途がとられることは、ほとんどなかったということとつながってくる。たとえば、先の高校生の「悩みの調査」によれば、「学校生活に関する悩み」のなかで、「しつけがきびしすぎる」と答えた生徒はわずか一・七%、女子に至っては皆無であった(27)。このように、生徒にとって、生活の仕方を学校から規定されているという意識は薄かったといえるだろう。そもそも生徒の生活指導に対して、学校の教師はかならずしも熱心ではなかったようで、校内における暴力や飲酒・喫煙に関して、「そのような問題は、生徒部や徴罰委員に任せておけばよい」という教師もいたようである(28)。

当時の高校進学率(29)からすると、当該年齢層のうち高校生でない者(有職少年など)が多数いたために、太陽族という少年の性犯罪を中心とした問題が、学校教育のありようとからめて問題にされないのはむしろ当然であるとの見方もできるかもしれない。しかし、太陽族や少年の性犯罪報道には、中学生も頻繁に登場している。そしてこのような中学生の性犯罪ですら、学校教育のありようは問われず、もっぱら深夜喫茶や太陽族といった「有害環境」、あるいは家庭に原因があると報じられているのである。たとえば、一九五七年五月二二日夕刊の『京都新聞』は、中学生の犯罪が増えていることを指摘したうえで、その原因を太陽族映画や深夜喫茶、そして両親の放任に求めている(30)。また、京都府警防犯少年課の調べによれば、一九五八年度上半期に性非行で補導された一二二人の少年の内訳は、工員三六人、中学生二八人、無職二六人の順で中学生が二番目に多く、また性非行の原因として映画や深夜喫茶などの「不良環境」の影響が大きいとされている(31)。

あるいは、太陽族が学校外を舞台としており、校内暴力や喫煙などのような第二期に学校内において問題とされるような行動が、第一期にはみられなかったがゆえに、青少年条例をめぐる議論において、学校教育のありようが問われなかったのではないか、という見方ができるかもしれない。しかし第一期において、生徒が「校内」において暴力や喫煙といった行動をとっていないわけではない。たとえば一九五七年一二月三日付の『洛北高校新聞』は、「頻々起る校内暴力事件」という見出しで「学園内の明朗化」を求める生徒部長の教師の談話を掲載している(32)。また、鴨沂高校でも一九五九年末に、校内における暴力事件、クラブのボックス内での喫煙などが続発している(33)。また、中学校でも「暴力卒業式」が頻発しているとの記事が報じられている(34)。しかし、第一期における校内での暴力や喫煙は、あくまで個別学校内の「事件」であり、学校教育のありようそのものが問われる「問題」ではなかったのである。

以上のことから推察できるのは、学校と「有害環境」が問題にされた地域社会とは、異なる場であるととらえられていたのではないか、ということである。それゆえに、第一期の条例制定をめぐる議論の中では、学校教育がその俎上に上がってこないのではないだろうか。

本節でみてきたことをまとめておこう。第一期の青少年条例の制定をめぐる議論においては、条例への賛否を超えて、「環境浄化」による「有害環境」からの青少年の「保護（育成）」というコンセンサスが成立した。ただし、こうした議論に学校教育は登場しない。その背景として考えられるのは、この時期に条例制定をめぐる議論の前提として問題にされた少年（性）犯罪について、その原因や対処を学校教育に求める見方が主流にはならなかったということであり、ひいては「環境浄化」の主たる対象である地域社会と、学校とが異なるテリトリーを持った場であるととらえられていたのではないかということである。

2 「問題行動」と「健全育成」——第二期（一九七六年〜一九八〇年）

1 青少年条例が制定されるまで

一九六五（昭和四〇）年から一九七五（昭和五〇）年にかけては、青少年条例を制定しようという動きは、少なくとも京都府議会においてはみられない。これには先にみたごとく、統計上少年非行（主要刑法犯で検挙・補導された少年の数）が減少していることが関係しているであろう。制定賛成派の議員は、しばしば統計を示すことによって少年非行が深刻化していることをアピールし、そのことを条例制定が必要であることの根拠とするからである。

第二期は、一九七六（昭和五一）年二月定例会における、渡部明議員（自民）による条例制定を求める質問からスタートする（同年三月六日）。一九七〇年代後半の第二期は、少年非行の「第三のピーク」と言われた時期ではあったが、第一期の太陽族に比して、条例制定への動きが再開する明確なきっかけがあったわけではない。第二期における条例制定の議論の中で、問題とされた子どもの行動の種類は多様化している（このことについては後述する）。また、「有害環境」として、新たにポルノ雑誌や煙草の自動販売機が問題にされ出した(35)。

第二期においても、条例制定賛成派の論理の基本構造は変わらない。少年非行が増加しており、その原因たる「有害環境」を「浄化」するために条例が必要だというのである。

ただ、第一期と異なるのは、「自主的」な取り組みを推進するためにこそ条例が必要であるという論拠を、賛成派が採用し始めたことである。前節にみたごとく、第一期においては反対派が、条例による取り締まりではなく、その代わりに「自主的」な「環境浄化」、そして「保護（育成）」への取り組みの必要性を主張していた。ところが第二期においては、この「自主的」な取り組みの必要性という反対派の論理を、賛成派が自らの論拠に組み込み出したのである。たとえば、府議会の一九七七（昭和五二）年七月定例会において、小林弘明議員（自民）は、「青少年を取締るのではなく、むしろ保護育成するため、少年を取巻く環境を浄化するための自主規制的な条例を京都府で考えてもらう必要がある」と述べている。さらに彼は、条例制定への動きが、「青少年を取り巻く環境を考え直し、……健全な青少年の育成が民族の望ましい将来にいかに重要なものか、議論の輪が広がる契機にもなり、それが『環境浄化』の住民運動に発展すれば、なお結構であります」と述べている（一九七七年七月一九日）。また、同年一二月定例会においても、徳田善一議員（自民）が、府民の「自主的」な取り組みのきっかけとして条例制定の必要性を訴えている（一九七七年一二月一二日）。

一九七八（昭和五三）年には、これまで一貫して条例制定に否定的だった蜷川府政が終焉し、林田府政が誕生する。府政が転換するや否や、今度は一転して府政サイドが条例制定に積極的になる。京都府は、一九七九（昭和五四）年七月三〇日に、学識経験者ら一五人の委員からなる京都府児童福祉審議会に、青少年条例の条例化にあたって考慮しなければならない点について諮問する。そして同年一一月二九日に、同審議会は知事に対し、「京都府において青少年の保護育成に関する条例を制定するうえで考慮すべき事項について」答申した(36)。答申においては、条例の効果は「府民の自主的活動と連携するときにはじめて現実のものとすることができ」るとしたうえで、「環境浄化」対策を府民や業者の「自主的」な取り組みに依拠させるとともに、罰則をともなう法的規制を青少年をその対象から除いて必要最小限のものにすることなどが、条例制定において考慮すべきこととされている(37)。この答申案においても、従来反対派が論拠としてきた、条例は取り締まるものであり、それに代わる「自主的」な取り組みによる「環境浄化」、そして「保護（育成）」が必要だとする主張を組み入れ、「自主的」な取り組みのための条例、というイメージを提示したものとなっている。

そして、一九八〇（昭和五五）年一二月定例会において、この答申の内容に沿った「青少年の健全な育成に関する条例案」が上程された。条例案ではまず、一八歳未満の青少年（第一二条）の「健全な育成を図るうえにおいて、特に有益であると認められる」書籍や映画や演劇等を推奨することが規定されている（第一〇条）。そして、「青少年の健全な成長を阻害する」図書類やがん具刃物類の販売（第一三、一四条）、及びそれらを自動販売機に収容し設置すること（第一五条）、青少年に対する質受け及び買い受け（第一六条）、「暴走族」に使用されるような自動車類の営業（第一七条）等々について、それらを行わないように「自主的に努めなければならない」という「努力義務」が規定されている。さらに、「深夜はいかい防止」も「努力義務」として規定されている（第一八条）。そしてこのような「努力義務」に対して、罰則をともなう行為規制を、「淫行及びわいせつ行為の禁止」（第二一条）、淫行及びわいせつ行為やと博、覚醒剤等の使用、飲酒や喫煙等々が行われる「場所の提供又は周旋の禁止」（第二二条）、「深夜における興行場への入場制限」（第二三条）、「いれずみを施す行為の禁止」（第二四条）に限定し、かつ青少年には罰則を適用しない（第二七条）。このように京都府議会に上程された条例案は、「必要最小限度の規制措置」（条例制定の趣旨）に限定した「自主規制型」の条例となっている(38)。

結局、この定例会において、条例案は共産党を除く賛成多数で原案通り可決され、翌一九八一年一月九日公布、四月一日より施行されることとなった。

2 「学校・家庭・地域社会の連携」による「健全育成」

以上、「自主規制型」の青少年条例が制定されるまでの過程を、制定賛成派の動きを中心にみてきた。では第二期において、反対派はいかなる議論を展開していたのか。基本的には第一期の議論を繰り返していた。すなわち、条例は「環境浄化」に効果がない、あるいは条例は取り締まるものであり、「自主的」な取り組みを阻むものであるというのである。また、府政サイドが制定しようとしている条例の内容が明らかになるにつれ、条例が基本的人権に抵触するのではないかといった法的な論点が、府議会の議論においても目立つようになってくる。たとえば、野村稔議員（共産・革新共同）は条例案が上程された一九八〇年一二月定例会において、「条例案は社会環境の浄化に効果が期待できないばかりか、逆効果にすらなりかねない」、「条例案は……青少年や府民の自主性を抑え、人権や自由を侵害するおそれが強い」と、条例案に反対の立場から質問を行っている（一九八〇年一二月八日）。

しかし、第一期同様、ここでも注目したいのは、賛否の違いではなく、むしろ、両者が一致している点についてである。前項で確認してきたごとく、賛成派が「自主的」な取り組みのきっかけとして条例が必要であるという論理を取り始めたために、賛否双方とも「自主的」な取り組みによる「環境浄化」、「保護（育成）」という点で一致してくるのである。

さらに第二期が進み、条例制定の動きが具体化してくるにつれ、先に掲げた京都府児童福祉審議会答申にあった次のような主張が、賛否を問わず目立ってくるようになる。「青少年を保護し、健全に育成するためには、有害な環境の除去のみでなく、健全育成に必要な文化的、社会的環境づくりのための積極的な努力が必要である」(39)。このように、青少年を「有害環境」から守るという「保護（育成）」だけではなくて、「自主的」な取り組みということがより強調され、「消極的」な「保護」ではなく、もっと「積極的」に青少年を「育成」する必要性、すなわち「健全育成」の必要性が、条例制定賛成派、反対派の双方から主張されだすのである。

たとえば、京都弁護士会は、一九八〇年三月三一日に林田知事に提出した「京都府青少年保護育成条例制定に対する意見書」において、「青少年の非行を防止し、青少年を健全に育成するためには、家庭、学校、地域社会、職場等において、すべての人々が良い環境を作る自覚をもち、そのための努力をすることが必要不可欠であると考える」(40)として、条例制定に反対する主張を展開している。また野村議員は府議会において、「少年非行を積極的に防止するためには家庭、学校、地域の連携を強め、青少年の人格と自主性を育てながら、学校、地域ぐるみの運動を起こす以外にはありません。……青少年健全育成条例案は……青少年の健全育成につながるどころか、青少年や府民の自主性を抑え……るおそれが強い」（一九八〇年一二月八日）と述べている。

これに相対するはずの賛成派も、条例の賛否を除けばきわめて似通った内容のことを言っている。たとえば、徳田議員は府議会において、「青少年の健全な育成には、家庭、学校、社会の三位一体の取組みが必要なことは、誰もが認識しているところ」（一九八〇年一二月九日）だと述べている。また林田知事も府議会の答弁で、「青少年健全育成条例案は、……家庭も、学校も、地域社会も、そうして行政が一体となって青少年の健全育成や非行防止に取り組んでいくに当たりましての基盤となるものと考えておるのであります。この条例の制定を契機といたしまして府民一人一人がそれぞれの立場から青少年の非行化を防止するために何をなすべきか、また何ができるのか、十分にご検討をいただきまする」（一九八〇年一二月九日）ようにと述べている。

以上に共通しているのは、「学校、家庭、地域社会の連携」による「府民ぐるみ」の「自主的」な「健全育成」の必要性である。この「健全育成」というタームは、第一期にはあまりみられなかったタームである。第一期の府議会での条例制定をめぐる議論の中では、「健全なる保護育成」（中川議員、一九五八年六月定例会）、「健全なる育成」（上田議員、一九五九年一二月定例会）、「健全な育成」（上田議員、一九六二年九月定例会）という言い方で、三度ほどしかみられない。府議会における条例制定の議論に限れば、「健全育成」というタームが頻繁に使われだしたのは、第二期、しかも後半以降である。

実際、青少年条例の議論の中では、府政サイドも含めて、条例のことはずっと「青少年保護育成条例」と称されてきた。ところが、制定直前の一九八〇年一〇月三一日に府側が公表した条例の要綱案で、「青少年健全育成条例」の仮称に代わり、最終的に成立した条例も「青少年の健全な育成に関する条例」であった。「保護育成」から「健全育成」への転換。京都府府民労働部青少年課にこの転換の理由について筆者が問い合わせたところ、次のような説明が帰ってきた。すなわち、一九七九年一二月一九日の青少年問題協議会の幹事会において、先にみた一九七九年一一月に出された児童福祉審議会答申に対する修正事項として、全国の条例名称に合わせるとの理由で名称変更が決定された。そしてその議論の中で、京都府としては業者の規制による青少年の「保護」よりも、住民が主体となって青少年を健全に「育成」していく、この「育成」という点を強調するために、名称も「保護育成」ではなく「健全育成」とすることになったという。実際に上程され、可決された条例案に対して、林田知事も府議会で次のような説明を行っている。「いままで制定されておりまする四四都道府県の条例……は、青少年を有害な環境や行為から保護し、規制するという規制型をとっておるのが主でありまして、いわば消極的な条例というのが多い……本府では、青少年が健全に成長していく上で必要な条件整備を図っていくという積極面を盛り込んだ総合条例としておる」（一九八〇年一二月九日）るのだと。

3 「問題行動」と学校教育

以上のごとく、京都府における青少年条例の制定過程の第二期に至って、条例への賛否を超えて「学校・家庭・地域社会の連携」による「健全育成」というコンセンサスが成立した。青少年条例、及びその制定をめぐる議論は、主要には学校外の地域社会の「有害環境」から青少年を「保護（育成）」することをその目的としてきたのであるが、第二期にはそのことに加え、「健全育成」への学校の関与が議論の射程に組み込まれ出したのである。青少年条例制定をめぐる第一期の議論にはほとんど登場しなかった学校教育が、なぜ一九七〇年代後半以降の第二期には登場するようになったのか。

そのことを考えるために、条例制定の根拠として第二期に問題とされた行動はどのようなものであったのかをみておこう。少年犯罪（非行）の増加ということは第一期と同様である。この時期は少年非行の戦後「第三のピーク」と言われた時期であった。ただ、その内容を具体的にみてみると、暴走族、校内暴力、喫煙、シンナー非行などであり、第一期に比べ問題とされる行動の種類が多様化している。たとえば、京都府議会での議論をみてみると、一九七七年一二月定例会において、徳田議員が青少年条例が必要な根拠として、喫煙が女子中学生にまで広がっていることを問題にする（一九七七年一二月一二日）。また、条例案が可決、成立した一九八〇年一二月定例会において、北島利計議員（民社）や山川善三郎議員（公明）、それから先の徳田議員が、校内暴力を青少年条例の必要性の根拠として取り上げている（一九八〇年一二月九日）。また、京都府議会一九八〇年二月定例会では、横田淳太郎議員（公明）が、青少年条例の制定を求める質問の中で、「問題のある行動として、男子中学生の過去一年間に友達とゲームセンターへの遊びやポルノ雑誌を見たことのある数字が高」いことをあげている（一九八〇年二月二五日）。当時はやったインベーダーゲームをやることも「問題行動」とされ条例制定を求める根拠とされていたことがわかる。ここで注目しておきたいのは、第一期と異なって、暴走族など学校外の行動だけではなくて、校内暴力や喫煙など、学校内でもみられる行動も、制定根拠にあげられていることである。

第一期では、校内での行動は条例制定の根拠にあげられず、それらはもっぱら各学校内の「事件」としてとらえられていたのであった。それに対して、第二期における喫煙や校内暴力は、学校内の「事件」であるという認識にとどまらず、広く世間に学校教育のありようとからむ問題であるととらえられていくことになる。

たとえば、喫煙についていえば、「中学生の喫煙が社会問題化している」という記事がみられるように[41]、校内だけの問題とはとらえられておらず、世間に共有された「問題」となっている。また、校内暴力について、『京都新聞』の社説は次のように論じている。「毎年、卒業式を迎えるシーズンになると、先生に暴力をふるったり生徒同士の暴力事件は多発するが、最近の傾向として『校内事件』として教育の立場を重視した保護と補導だけですますことは、もうできなくなっている。……学校を取り巻く周囲の要因が、少しずつでも動かなければならないときにきているのである。教育委員会、育友会、少年補導委員会など、それぞれ教育と児童、生徒の健全育成を願って活動しているが、いま一度、目的と組織と役割を再点検し、教育環境の改革に具体的に乗り出すべきである」[42]。ここでは校内暴力が「校内事件」を超えているということが述べられている。そして「教育環境の改革」に向けて、学校のみならず、学校外の者も含めた社会全体で取り組むべき「問題」として、校内暴力はとらえられているのである。

このように、校内暴力や喫煙などの学校内の行動が、各学校内の「事件」を超えた問題として語られていくとき、これらの行動は少年犯罪など主として学校外の地域社会において問題とされる行動を指し示すタームである「非行」概念ではおさまりきらない。そこでこれらの行動と従来の「非行」を包括する概念である、「問題行動」というタームが生まれた。こうして従来の「非行」も「問題行動」の一種となったのである。「問題行動」というタームは、一九八〇年代に入り、校内暴力、いじめ、登校拒否が問題化されていくなかで定着していく。第二期に問題にされた校内暴力は、学校外における非行などと同列に社会的に共有されて問題とみなされている「問題行動」なのである。

この「問題行動」というタームは、従来の「非行」に限定されない、あらゆる行動を含み込む広い概念である。それゆえ先に述べたように、インベーダーゲームをやることも「問題行動」となり、条例制定の根拠となるのである。このインベーダーゲームを禁止する通達を、京都府、市両教育委員会は各学校に出している(43)。このように、インベーダーゲームは学校外で問題とされたにもかかわらず、学校教育に関係ある問題としてとらえられているのである。「問題行動」への対処を指示する、教育委員会から学校へのこのような通達が、第二期においては頻繁に出されている(44)。他にもたとえば、京都府教育委員会は府内各学校へ通達された一九七八年度の「学校教育指導の重点」において、基礎的な生活習慣の体得やわかる授業をめざすこと、そして教師の自覚を高めることを、非行克服のために取り組むよう指示している(45)。この「学校教育指導の重点」は、翌年度も非行問題への対処として、生命尊重や基礎学力充実などを目標に掲げて通達されている(46)。

ここには、学校サイドが「問題行動」へ対処することが求められていることがわかるとともに、学校教育も「問題行動」の一因として考えられていることがうかがえる。事実、京都市教育委員会は、一九七九年四月に作成し、小中学校の教師全員に配布し、高校、幼稚園にも送付した指導書『生徒指導　理論と実践』において、「おちこぼれ」や集団になじめないなど、「問題行動」の原因が学校教育活動全般に潜んでいるという認識を示している。そしてこのような認識に立ってこの指導書は、「問題行動」が起こってからの対処という従来の対症療法的な生徒指導ではなく、日常の教育活動の中での「予防」に重点を置いた生徒指導へ転換することが重要であることを指摘している(47)。

そしてもちろんのこと、条例制定の議論においては、第一期と同様に、地域社会の「有害環境」にも「問題行動」の原因が求められる。先にみたように、「不良図書」「不良映画」に加え、ポルノ雑誌や煙草の自動販売機等々が新たに「有害環境」として問題にされているのであった。また、家庭にも原因が求められる。たとえば、京都市教委がＰＴＡ代表や校長らを招いて開いた「児童・生徒の問題行動についての研修・懇談会」において、市教委指導部長は、「問題行動」の原因として「家庭教育機能の低下」をあげ、「いまこそ、学校中心の教育機能を、家庭、地域にも移し、それぞれ十分責任を果たさなければならない」と発言している(48)。

要するに、第二期に条例制定の根拠とされた「問題行動」については、学校、家庭、地域社会の三者がすべてその要因を担っていると考えられていたのである。そのことは『京都新聞』が、戦後「第三のピーク」といわれる少年非行の原因について次のように論じていることからも確認できるだろう。「教育が抱える非行の側面として『わからない―つまらない―非行』。生活状況が生む側面として『生活苦―家庭崩壊―非行』。情報化社会の側面として『情報はんらん―刺激―非行』―など結果の分析だけでもあらゆる社会現象の根源に起因しており、一因一果の関係では分析も対策もたてられない」(49)。それゆえ「問題行動」への対処としても、先の市教委指導部長の発言のごとく、今までの学校のみが担っていた「教育」を、家庭、地域社会も担う必要性が説かれ、三者一体となって「教育」する必要があるというふうに考えられていくのである。

第一期においては、条例制定賛成派も反対派も、条例と「教育」は異なるものとしてとらえていた。たとえば、一九五七年に『京都新聞』が行った、青少年条例の是非についてのアンケートにおいて、宮崎一雄府警防犯部長は、「理想としてはあくまで教育の力で悪環境に左右されぬ子供をつくることだが、一方、子供たちを大いに毒している社会環境を取り除くためにはこうした条例があることも必要ではないか」と答え、三浦総一郎紫野高校生徒部長は、「子供の大部分は悪環境に影響されないので、先生の立場からは条例よりも教育にすがりたい」と答えている(50)。これが第二期になり、条例制定が現実味をおびてくるにしたがい、賛成派は条例が「教育」のために必要であるという論理をとるようになる。たとえば京都府議会一九七九年一二月定例会において、青少年条例制定についての質問に対して、林田知事は「青少年の健全育成は教育的課題であり」、それゆえ条例制定の検討を進めていると答弁している(一九七九年一二月一一日)。

第二期に至って成立した「学校・家庭・地域社会の連携」による「健全育成」というコンセンサスとは、「問題行動」が学校教育のありようとも結びつけて考えられ、それゆえに「問題行動」への対処として、学校・家庭・地域社会が三者一体となって「教育」することが必要であると考えられるようになったことを、その背景としているのである。

おわりに

本章では、戦後少年非行の「第二のピーク」と言われる時期と、「第三のピーク」と言われる時期とで、非行への対処をめぐる議論がいかに異なるのかを、学校教育との関係に着目しながら明らかにしようと試みてきた。そこで手がかりにしたのが、「第二のピーク」、「第三のピーク」の時期に重なって起こった、京都府における青少年条例の制定をめぐる議論であった。一九八一年に条例制定をみるまでの過程は、「第二のピーク」に重なる一九五〇年代後半から一九六〇年代前半にかけての第一期と、「第三のピーク」に重なる一九七〇年代後半の第二期に分けることが可能なのであった。

第一期には、条例への賛否を超えて、「環境浄化」によって「有害環境」から青少年を「保護（育成）」する必要がある、という点で一致していく。ただしこの時期の議論には学校教育は登場しない。当時条例制定をめぐる議論のきっかけとなった少年の（性）犯罪の原因とそれらへの対処は、もっぱら地域社会と家庭に求められていたからである。それゆえこの時期には、学校と地域社会は異なるテリトリーをもった場であるととらえられていたと推察できる。

第二期には、「有害環境」からの「保護（育成）」というだけではなくて、「自主的」「積極的」に、青少年を「学校・家庭・地域社会の連携」によって「健全育成」する必要があるというコンセンサスが、条例への賛否にかかわらず成立する。この時期に至って、青少年条例をめぐる議論において学校教育がその俎上に上げられる。「問題行動」の原因とそれらへの対処が、「学校・家庭・地域社会」すべてに求められたからである。この時期には、学校外の地域社会における子どもの行動や「環境浄化」をめぐる議論でさえ、学校教育と結びつけて考えられており、また学校内の行動でさえ青少年条例の制定を求める根拠となり、子どもの「健全育成」のためにいかなる環境を設定するかという議論は、学校のありよう抜きには語れなくなったのである。

このような過程を経て成立した京都府の青少年条例は、「努力義務」主体の「自主規制型」の条例であり、「倫理憲章的な宣言条例」(51)であって、これが直ちに子どもの行動に何らかの規制をかけるものではないかもしれない。ただ、ここで注目しておきたいのは、条例そのものの直接的な「効果」ではなくて、その成立までの過程において、賛否を超えて「学校・家庭・地域社会の連携」による「健全育成」というコンセンサスが成立したということである。

青少年条例の制定過程において成立した「保護(育成)」や「健全育成」というコンセンサスには、従来の戦後教育史が描いてきた「国家対国民」という保革の対立図式は妥当しない。条例への賛否が保革の対立図式によって分かれていたのとは異なり、「保護(育成)」や「健全育成」が必要であるというコンセンサス自体は、このような対抗軸を超えて共有されているのであった。このことは大人、社会の側の「総意」として、「有害環境」といったときの「有害」とは何か、「健全育成」といったときの「健全」とは何かといったことが問い返されることもないままに、個々の子どもの「実態」如何にかかわらず一括して子どもを問題視し、予め「有害環境」が「浄化」された環境の中で、「学校・家庭・地域社会の連携」によって一元的に子どもの行動を「健全育成」という方向に持っていく必要性があるという認識で一致していることを意味している。

それでもまだ第一期には、学校と地域社会が異なるテリトリーを有しているととらえられていたがゆえに、それぞれの場で子どもの行動に対する大人、社会の側の意味づけが異なり、したがって子どもを一括して問題にはせず、子どもを問題視する言説を相対化する場が担保されていた。たとえば、太陽族が問題にされていた当時、『西京高校新聞』は「主張」において次のように論じている。「我々がいくら正しい恋愛によつて人間生活を豊かにしようとしても社会（大人）の理解がなければそれは非常に困難なことだろう。事実、現在でも男女交際において理解のある大人たちは非常に少ない。不純な考えから恋愛を敬遠するのだ。また、女子が男子と同等の立場に立つことに不満を感じるのか、〝恋愛結婚〟というとまるで罪でも犯したようにいう年寄りがよくある。社会はもつと理解をもつて若人に接し、明るい男女交際の育成に努力すべきだと思う」(52)。「正しい恋愛」とか「明るい男女交際」なる言い回しには、「正しい」とか「明るい」とは何をもってそういうのかという疑問があるし、あるいはそうした基準から外れた「恋愛」「男女関係」が新たに排除されていくという秩序志向的な価値観がかいま見えていて、全面的には首肯できない。ただここで着目しておきたいのは、当時の生徒からすれば、学校こそ男女同権をうたう「進歩的」な「輝ける」場であり、大人、社会の側に残存していた「封建的」な価値観のくびきから解放される場として、学校が存在しえていたということである。生徒からすれば、「教育」されるべきはむしろ古くて固い頭をもった上の世代こそであった。このように第一期においては、学校と地域社会（及び家庭）がそれぞれ異なる価値観を有しており、子どもからすれば地域社会（及び家庭）とは異なる場として学校が存在しえたのである(53)。

ところが、地域社会と学校が異なる場としてとらえられなくなりつつある第二期においては、子どもの行動を問題にしたり、その対処として「健全育成」のための環境を設定しようとする、大人、社会の側から自明視された認識は、なかなか相対化されにくいのではないだろうか。いわば子どもの行動は、「学校・家族・地域社会の連携」によって大人、社会の側から一元的に「管理」されている状況である。と同時に学校もまた、大人、社会の「総意」として、学校内外の「問題行動」すべてに対して責任を負わせられ、「教育」によってそれらに対処することが求められている。こうして、子どもも学校も自らの自律性を縮小され身動きが取れぬ状況に陥っているのではあるまいか(54)。そうであるとするならば、「学校・家庭・地域社会の連携」による「健全育成」という、一見疑いようもないほどもっともらしい、そして実際に自明視されて共有されている言説は、一度相対化される必要があるように思う。

さて、少年非行戦後「第四のピーク」と言われる今日、今度はいかなる対処が打ち出されようとするのだろうか。「第三のピーク」時に引き続き、「環境浄化」による「健全育成」という、子どもをいわば「無菌室」に囲い込み、その中で「健全」に子どもを育てようという夢が、今度もまた見続けられることになるのか。それとも異なる対処が打ち出されるのであろうか。

Ⅲ 新制中学校の誕生

◆8 新制中学校の発足とその整備への歩み

菅井凰展

はじめに

第二次大戦後の学制改革、なかんずく「新制中学校」の誕生は日本教育史のうえで画期的なことであったといえよう。大半の子供たちに閉ざされていた中等教育機関が、全ての子供に開放されたのである。公立のそれについて言えば、無月謝であったのはもとよりのこと、誰もが等しく無試験で進学する小学区制、男女共学制で単線型の三年間の中等教育機関である。「中等教育を全ての者に！」の主張は世界の潮流ではあったが、それにしても右のような新制中学校は、ただ単にその流れに棹を差すものであったというより、教育の機会均等などの理念において、より「先進的」であったとさえいえよう。

ところで、より注目したいと思うのは、この新制中学校の実現へ向けての第一歩が敗戦後の未曾有の社会的混迷のさなかで踏み出されたということである。艱難多き道程であったろうこと、推して知り得よう。そこで小稿では、新制中学校の生育過程には具体的に如何なる困難が横たわっていたのか、また如何にしてそれは克服されていったのかということを、京都市の場合について考察したいと考える。そして、この考察を通して、新制中学校が、そこに学ぶ生徒をも含めて実に多くの人々が共有した希望と活力の申し子であったということをも明らかに出来ればと思う。

当時の社会状況を瞥見するに、年々数百パーセントを超える破滅的インフレが歯止めなく進行していた。「栄養失調」が時代の合言葉となり、各企業をはじめ官庁までもが「食糧休暇」の通牒を発し、さらには「飢餓対策国民協会」が結成されるなど食糧事情は深刻を極めてもいた。また、貧困と不衛生の故に結核・伝染病が蔓延し、その年間感染者は二〇〇万人に上ると推定され、結核による年間死亡者が一〇万人を割るには一九五一年（昭和二六年。以下、年代表記は引用文中のそれを除いてすべて西暦。ただし、たとえば一九五一年は五一年と、頭の一九は省くこととする）まで待たねばならなかった(1)。それだけに、多くの人々は敗戦による精神的虚脱感ないしは挫折感を引きずっていたであろうと同時に、日々の生活を守ることで頭が一杯でもあったろう。そんなこんなで、闇市、ヒロポン中毒、パンパン、カストリ雑誌等々、かなり醜悪とも思える文化現象の具体例がゴマンと転がっていたことは否めない。しかし顧みれば、多様複雑で矛盾に富んだ時代ではなかったろうか。他方では、「戦争は終ったんだ」という心理的解放感からくる希望も漲り、本気でやり直そうとする不屈の活力が満ちていたようにも思えるのである。新制中学校の生育の歩みと、それに一所懸命にかかわった人々の姿がそのことを教えてくれるであろう。

なお、考察対象の時期としては、新制中学校誕生前夜から一九五六年度頃までとしたが、五六年度頃で筆を止めたことについて一言ことわっておこう。それは、この年度が新制中学校が発足して丁度一〇周年に当り、そしてまた「神武景気」に沸いて「もはや戦後ではない」と言われ始めた年だからということからだけではない。敗戦後の経済破壊的状況下で、しかも急拵えの学校であったが故に強いられ続けてきた最大の困難、すなわち校舎問題などに一応の目処がついた時点だと考えられるからである。ちなみに、戦後に建築された公立学校建物が、五七年にはその保有総面積の五〇パーセント以上を占めるにいたったこともあって、文部省の教育白書『わが国の教育水準』（五九年三月、七〇ページ）は言う。「戦後から建築に注がれてきた非常な努力」の甲斐あって、校舎は「急速に充実された」と。

1　誕生時前後の苦難

1　生みの苦しみ

新制中学校こそは、敗戦後教育改革の核ないしは花形・目玉であったといっても過言ではない。しかし、そうではあったが、その発足と整備への道程は茨のそれでもあった。先ずは、そもそも誕生そのものが、とても安産というわけにはいかなかった。

六・三制を一九四七（昭和二二）年度から発足させることを教育刷新委員会が建議したのは四六年も年の瀬の一二月二七日、そして文部省決定が発表されたのは同月三〇日のことであった。しかも、ここから一気に事が運んだかというに、そうではなかった。たとえば、四七年の年明けの京都府会を傍聴してみよう。そこでは、新学制実施が大きな関心を呼んでいたが、その見通しについて府知事・木村惇は次のように述べている。

新学制が実施されるかどうかということは、本日の新聞紙上などを見ましても大分怪しくなつてきたようであります。大蔵大臣が財政的に見て実施が不可能だというようなことを公言しているところから見ますると、文部当局と大蔵当局との話がまだついておらぬのじやないかというような気が致します。従いまして、或いは来年度から実施ということは延びるかもしれないと思いますが、……。

(『京都府会会議録』四七年一月一六日)

木村知事の発言が、中央政界の動向を反映したものであったことはいうまでもない。すなわち、文部省決定が発表された一週間後の四七年の一月七日、六・三制経費予算として文部省が計上した七五億円は大蔵省議において全額削除されてしまう。GHQ/ESS(経済科学局)も、この予算の計上に強く反対していた。そして同月一〇―一一日の閣議においても、その実施時期の結論は先送りされる(2)。しかも、この閣議において四七年度実施を強く主張した文相・田中耕太郎は三一日になって突如解任され、後任に高橋誠一郎が任命された。この更迭劇には、吉田茂首相の六・三制実施延期の企図が隠されていたとも考えられる(3)。六・三制の構想そのものに正面切って異を唱える声は稀有であったと思われるが、当時の逼迫した財政事情などからして、その実施時期については尚早論が強かったのである。

しかしながら、教育刷新委員会および文部省は、それぞれの建議および決定を実施に移すよう主張してゆずらなかった。いつまでも政府が正式態度を決定しないのに対して業を煮やした教育刷新委員会は、二月二〇日に安倍能成委員長名で「六・三制義務制度実施断行に関する声明」を発表して、六・三制の四七年度実施を断行するよう迫っている(4)。翌二一日には文部省学校教育局長・日高第四郎も、「民主国家として更生すべき新日本」は「新憲法の実施と同時に新学制の実施を以って出発しなければならない」との談話を発表して執拗に食い下がっている(5)。新制中学校は、ただ単に新学制の目玉であったというにとどまらず、新憲法と対をなす再生「民主国家日本」の象徴として位置づけられていたのであった。

なお、日高第四郎にまつわって、帝国議会での学校教育法案の審議過程における一齣を紹介しておきたい。三月一三日の衆議院本会議で、椎熊三郎は同法案の委員会審議の経過について、おおよそ次のように報告している。

昨日の委員会におきまして、社会党永井勝次郎君よりの熱心な質疑がございましたが、その要点は、いま六・三制を実施いたしますとしても設備、学用品、教科書等はなはだ心許ないものであるが、文部当局においては、これらについて如何なる施策があるかという質問でした。

これに対して日高局長は、敗戦日本は次代の日本を担当する青少年に絶大な期待をかけるほかにない、このため教育の徹底的な改革が必要である。然るに現状はこの子供たちに一冊の教科書を与えることすら出来ない、遺憾千万……との意を漏らされたのでありますが、中途におきまして、局長は言葉が詰まりまして、涙滂沱、ついに発言するに能はず、最後には声を上げて泣きました。委員長はじめ各委員も影響せられまして（拍手）、このため委員会は約五分間一言も発する者なく、寂として声なき状況でありました(6)。

この委員会に政府委員として出席していた学校教育局次長・剣木亨弘も「それはもう悲壮なものでした、その場にいた人全部がもらい泣きしてしまいました」と証言している(7)。

新制中学校の誕生に関わって、いま一つ注目しておきたいことがある。それは、「世論」の動向についてである。新学制に関する法案が帝国議会で論議されていた頃のことであった。「この教育改革にとやかく言ったり骨抜きにするなという、一般の人々からの手紙が六〇〇万通（ちょっと信じられないほどの数だが、この数字に間違いはない）も議員連のところへ舞い込んだ。このほか総司令部にも二〇〇万通ほど来た」という(8)。

「一般の人々」の六・三制にかける熱い思いが伝わってくる。そして、このことは当時の新聞の紙面からも窺知できるであろう。まだ新学制決定以前の四六年末から四七年初にかけての『京都新聞』に目を通してみよう。その紙面は、「教育民主化の頼もしき黎明」（四六年一二月一二日）、「待望久し『広き門』／四月に実現する明朗学園」（四七年一月一日）、「サア揃って進学／四月からの実施本決まり」（四七年一月一二日）等々の記事で賑わっていた。いずれも、世論の熱望を代弁するものであったと考えていいだろう。

「国民もまた飢餓線上にありながら、六三制の断行は『食うや食わずでもやろう』という積極的な気運」が盛り上がっていたのである(9)。

右に見てきたような経緯もあって、財政的に大きな負担をかけないという条件でGHQ／ESSは六・三制の四七年度からの実施を承認し、また閣内の実施消極派も軟化して、漸く四七年二月二六日の閣議で「学校教育法」案の決定を見るにいたった。そして政府は、その法制化へ向けて第九二帝国議会に同案を上程、三月一七日に衆議院で二二日に貴族院で原案通り無事に可決される。これが公布されたのは、実に新年度前日の三一日のことであった。なお、同法の「施行規則」公布は五月二三日で、四月一日に遡っての施行となる。

かくして、義務制は経年学年進行ということで、とにもかくにも新制中学校は四七年度からの発足というところまでは漕ぎつけた。各市町村とも、このことあるを想定して準備に取り掛かっていたではあろうが、それにしても誕生の日までの、いわば懐妊期間はあまりにも短かく「早産」の感を拭い得ない。曲りなりにも既存の母体を持つ小学校あるいは新制高等学校や新制大学などとは違って、ほとんど「ゼロからの出発」であるだけに一層その感を強くする。教具・教材などの調達は間に合おう筈もない。それに何よりも、生徒を収容するイレモノ＝校舎の確保すら覚束ない。

はたせるかな、文部当局が各地方庁より得た報告などによると、全国の「新生」新制中学校総数一二、〇〇〇校のうち独立校舎を有するものは一、九〇〇校で、その比率は一五・八％に過ぎなかった。大部分が仮校舎で「馬小屋・畜舎教室」までもが登場し、二部教授・三部教授など実に四〇％にも上る不正常授業を余儀なくされての門出となった(10)。

京都市について見てみよう。新制中学校の発足に向けて京都市が本格的に始動したのは、新学期までは一カ月とは残されていない三月四日のことであった。すなわちこの日、二月二六日の閣議決定をうけて三月一日に文部省が召集した都道府県教育主管局部課長会議に出席していた神内教育部長が帰洛、そして直ちに「(六・三制は――引用者。以下、引用文中の(　)内の小さな活字の部分は同じ)四月から実施と決定したが、……本府は五月三日の憲法記念日をめどとして諸準備を進める」と発表している(11)。四月実施は時間的に無理だという判断とともに、やはり新学制は新憲法と一対のものであるとの考えが働いていたのであろう。

この発表をうけて、京都市では一〇支部地域に教師と父母代表二〇名からなる市長の諮問機関「新学制実施準備協議会」を組織して協議を重ね、三月二七日に一年間の暫定措置であることを条件に成案を得るにいたる。

その校舎対策について見るに、それは次のようなものであった。①独立校一一校(高等科単独の小学校八校と青年学校三校とを転用)、②併設校四五校(旧制公立中等学校併設一八校、小学校併設二七校)、③その他分教場または分室校舎(12)。

独立校舎をもつ中学校の比率は、全国平均よりやや高いものの、それでも二割にみたない。暫定措置とはいえ、そのあまりの不完全さに不満の声が高まるが、尾形文教局長は述べている。「現在の情勢では六・三制を完全に実施することは無理な話」で、「結局政府がもっと予算を市町村へ与えねばどうすることも出来ぬ有様です」と(13)。

五月五日、当初の予定より二日遅れて、一斉に開校する。ほぼ協議会の成案通り独立校舎を持つものは僅か一一校、他は旧制公立中等学校併設一八校、小学校併設二九校など、それに成安、烏丸、花園、京都商業の私立学校への委託生が一、二〇〇名であった。大多数が「間借り」「居候」の門出である。当時の京都教育界の重鎮の一人であった北村金三郎は語っている。「(発足時の)中学校教育は、全く混沌の一語に尽きます。その原因の第一は、教育施設の不完備——特に校舎の不足ということでした」と(14)。

いずれにしろ、その誕生はかなりの難産であったわけだが、より大きな艱難が誕生後に待ち受けていたわけである。

2 難行する校舎捻出

新制中学校の校舎問題が、京都市会の大きな関心事の一つであったことは言うまでもない。その発足からまだ日も浅い六月ごろから、議場では次のような趣旨の声が聞かれ始める。「本年度は準備なくして取りあえず新学制を実施したるの故を以ってお互いに不便を凌いで」はいるが来年度はそうはいかない、とくに「明年四月には新一年生の入学によって生徒数は倍になり、建物の収容力も倍化しなければならない」が大丈夫なのかというのである。そして、発足時の轍を踏まぬよう早々の対策を立てる必要が叫ばれる。しかし、これに対する市当局の答弁は、おおよそ自信に満ちたものとはほど遠いそれであった。

市長・神戸正雄：新制中学校を完全実施する確信を持とうにも、これは国全体の大きな問題であって、おそらく現在の政府もその確信を持っていないと思います。先ず私としては確信はありません。……校舎などについては、地元の意見を伺う機関と致しまして教育委員会が出来ましたので、これと諮って適切な対策を立てていきたい。（『京都市会会議録』四七年七月二一日。以下、同会議録からの引用は日付のみを記す）

市助役・田畑磐門：校舎設備において一日も早く正規の態勢に致したいと痛感しています。次年度以降の対策に苦慮しておりますが、何分にも経費が膨大で、国家の強力な財政的援助なくしては前途に幾多の暗影を生ずるわけで、全く深憂に堪えない次第です。来年度の対策としては、目下京都市教育委員会にその意見を諮問しており、その答申に基づいて一日も早く方策を立てていきたいと考えています。（四七年九月二九日）

今はただ「教育委員会」にゲタを預けているというわけである(15)。

その教育委員会が市当局から該問題についての諮問を受けたのは八月六日のことで、答申提出の期限は八月末ということであった。委員会の各支部とも、答申の作成に向けて精力的に会合を重ねてはいるが捗々しくなかった。予定された答申提出時期が迫った八月下旬、各支部の校舎捻出計画はどれくらいまで進捗していたであろうか。煩に過ぎる嫌いはあるが、当時のきわめて乏しい財政下での四苦八苦の策とその見通しを振り返っておくことは、あながち無駄とばかりも言えないであろう。

上京東部：目下のところ、二条城、大谷大学、烏丸車庫上ル、出町の各付近に転用可能な遊休施設を求めている。
上京西部：一、二の小学校の転用。私立淑女高女と警察練習所の買収または借用。市立第二商業と二条高女の転用を、当該校の反対にもかかわらず、強行すべしとの意見が強い。
中京東部：二四学級程度の一ないし二の小学校を統合して捻出する意向であるが、どの小学校も転用されることに強い反対態度を示している。
中京西部：遊休施設および私立中学の買収に力を入れており、市立第二商業にも食指を動かしている。
下京北部：二小学校を統合して捻出しようとしたが、猛烈な反対に会い白紙に戻った模様。
下京南部：遊休施設四ヶ所につき交渉中。さらに市立第二工業の転用、私立の東寺中学校と平安中学校の買収、小学校統合による一校転用を考慮中。
左京：第一―四錦林小学校のうちから一校を転用。松ヶ崎簡易保険局借用と松ヶ崎埋立地への新築。
家政女学校はじめ私立中学の買収を要望。
東山：一ないし二校新設。
伏見：師団司令部跡に二校分を希望。元私立菊花女学校などの買収の意向。
右京：府立五中、府立嵯峨野高女、市立四条商業、私立京都商業の各旧制中等学校の転用を強く希望。
三菱桂、梅津樫木原各工場の買収を企画(16)。

以上要するに、各支部の校舎確保計画の主なものは、遊休施設の活用、私立学校の買収、小学校の転用、旧制中等学校の転用の四通りであったといえよう。いずれも相手のある話で、それらは計画というより願望の域を多く出でず、実現の見通しは明るくなかった。

先ずは遊休施設であるが、実際に当ってみると、京都市内には学校の校舎として使い得るようなそれが皆無に等しいことが判ってくる。結局は、ほとんどが画餅に帰すこととなる。

次に私立中学校だが、これに触手を伸ばさんとする動きは、既に新制中学校発足直前の準備協議会でも見られた。すなわち、同協議会は「校舎建築は現実的には非常に難し」いというので、「そこで一策として、現在経営難、定員不足で行き詰まりにある十数校の私立中学校のうち、もし希望があるならば校舎などを一切買収するか、委託校とするかの案を練ってい」た(17)。そして、いよいよ無償の公立新制中学校が誕生ということになって、有償の私立中学校への進学希望者は激減し、私学の「冬の時代」到来を思わせていただけに、この私学「乗っ取り」策が一時は現実味を帯びたことであろう(18)。だが、これまた思惑通りにはいかなかった。私立は所詮「他人の褌」であり、アテは向こうからはずれることになる。

それでは、小学校の転用はどうだったのか。これなら同じ市立であり「他人の褌」ではない。文部省でも、「同一町村内に複数の小学校がある場合、それらを統合」して、それで浮かせた校舎を新制中学校に充てるという方法を例示していたこともあって(19)、市学務課でもこれに活路を見出そうとしていた。「校舎の新築は絶望、遊休施設や私立学校の買収も思うに任せないことから、現在、小学校の統合を最後の案として考慮中」という訳である(20)。

しかしながら、前掲の市教委各支部案の進捗状況を見ても明らかなように、小学校側はこれに強い拒絶反応を示していた。周知のように、一八七二(明治五)年の「学制」頒布に先んじて、京都市では一八六九年に日本の近代学校の魁とも言うべき六四校の「番組小学校」を開校させ、以後それを学区民の力で育みそだててきた。こうした歴史的経緯からして、区民の学区意識がことのほか強烈で、小学校の統廃合を強行することは至難の業に近かったといえよう。『京都新聞』も、「この案の難点は、各学区の父兄に大きな反対があると予想せられること」と指摘し、そして「その場合、(中学校は)来年度は全面的に二部授業をすることも止むを得ない事態になるものと見られる」と悲観的見通しを報じている(21)。

残るは旧制中等学校の転用であるが、これまた容易ではなかった。市当局にとっては、来る四八年度に向けて新制中学校の校舎捻出は必須の課題であったが、旧制中等学校側にとっての課題は別のところにあった。四八年度は新制高等学校の発足の年に当っており、それへの「昇格」こそが重要課題だったのである。新制中学校に「城」を明け渡すことなどは思案の外である。そして府当局の思いも、旧制中等学校と同じであった。

府学務課では、現在の府立旧制中等学校の全部を新制高等学校に昇格させる方針で、各校の校舎・設備・教員陣容の点も十分と見ている。したがって、現在各校に併設されている市立新制中学校は来年度募集できない(22)。

これでは、転用はおろか、旧制中等学校に「居候」中の併設中学校は追い出しを喰いかねない。さらに問題なのは、府のみならず、新制中学校の設置義務を負う市の尾形文教局長までもが、七月三〇日に文部省が新制高校設置の「暫定基準」を示したことをうけて、八月一一日に市立の旧制中等学校のほとんどを新制高等学校に昇格させる意向を表明したことであった。「暫定基準」は、旧制中等学校の大部分が無理なく新制高校になれるよう「最低の程度」の緩やかなものだったのである。このような、「大部分の旧制中等学校を新制高校に昇格しようと考慮中の府学務課や市教育課」に対して、最も「強硬な反発を示した」のが新制中学校々舎捻出の答申作成に頭を痛めていた市教育委員会であったのはいうまでもない。同委員長・木村作治郎は、「(高校に昇格させるには)相当いかがわしいものまでが学校関係者の利己的な意見で昇格しようとするのは首肯けない」と不快感を露わにし、「とくに市としては義務教育に力を注ぐべきで、新制中学校の完成こそは教育の超重点である」と力説した(23)。しかしその後も、「来年四月開校予定の新制高校につき、府教育委員会第一部会で調査研究が開始されたが、……現在の府立中等学校は全部昇格させ……」(24)と、府の方針に変更は認められず、かつ市当局の意向も大筋において然りであったと考えられる。

過般横浜で開かれた五大都市教育局課長会議に出席した尾形文教局長、原教育課長はこのほど帰洛、旧制中学の高校昇格に関し当局の意向は……、ほとんど全部は昇格し得る見込みは十分あり、市としても市立中等学校のほとんどを昇格せしめるよう準備を進めたいと語った(25)。

以上に見てきた如く、市教育委員会各支部案は八方塞がりの状況にあった。しかしそれでも、予定日を遅れること約三カ月の一一月二七日、市教委は答申を市長に手交するにいたる。同委員長・木村作治郎は、その苦心のほどを次のように回顧している。

市当局の諮問をうけて、さっそく校舎転用問題を検討しましたが、旧制中等学校および小学校の新制中学校への転用には大変苦労をしました。府立の学校の転用には、府当局も乗り気でないし、現場の校長、教員はもちろんのこと生徒も保護者も大反対です。当時私は、小学校、旧制中等学校も一歩譲っていただくとともに、新制中学校側も不十分を辛抱して貰う、三方一両損という互譲の精神を主張しました(26)。

市教委の答申が提出されるや、市当局はこの答申を諒として、四八年度の「新制中学校についての構想」を発表する。それは小学校からは八校、旧制中等学校からは五校（うち、府立は五中と嵯峨野高女の二校）を新制中学校の校舎に転用して貰うというものであった。なお、このほかに遊休施設買収で六校、新設八校が見込まれている。これによって、独立校舎を持つ中学校を一一校から三六校にまで増やし、併設校四七校を二六校にまで減じようというのである(27)。市教委が期待した「三方一両損の互譲の精神」

に則った構想といえよう。

しかしながら、各学校関係者がこれに応えてくれる保証はなかった。この構想にとっての最難関は、やはり市立校より府立校の転用であったろう。構想の実現に向けて、たとえば一二月一七日、市長・神戸正雄は府知事・木村惇に宛てて「新学制に伴う中学校の校舎転用について」を申請している。府立五中と嵯峨野高女の二校を新制中学校に転用してもらえるよう「格別の御詮議を煩わしたい」というのであった(28)。だが、色よい返事は得られなかった。それに、小学校側も頑なに抵抗の姿勢を崩そうとはしない。

各学校関係者の間の調整は難航を極めたようで、この年も暮れんとする一二月二四日の『京都新聞』は報じている。「(依然として)小学校は統合絶対反対を叫び、旧制中学側は全校新制高校昇格を固執し、その間における各教育委員会、校長会の態度はさながら利益代表である」と(29)。なお、市の構想の中では新設八校が見込まれていたが、これは後でふれるように、政府の四七年度の追加予算中に新制中学校の新規建築費が計上されて国庫補助が期待されたからであろう。ただ、時間的にも四八年度の新学期に間に合うものとは考えられなかった。

年が明けての四八年一月、事態が一向に進展しないのに業を煮やした市会では、「六・三制に対して熱意がないのではないか」との詰問が市長に浴びせかけられる。これに対して、市長は答えている。「総理大臣の施政方針演説の中でも、(六・三制は)財政の許す限りということが付け加えられているが、これは不完全な設備の下にやって行くんだという意思を表明せられたものと解釈できる」(四八年一月二七日)。

校舎の「不完全」は止むを得ないというわけである。それに、新年度はもう目前に迫っている。二月二日、市長は府教育部長・河合喜代治に宛てて、新制中学校の生徒の収容に苦慮している実情を訴えると同時に、次のように府立学校校舎の一部借用を申し入れることとなる。

来年度においても左記の通り府立学校校舎の借用を煩わし苦境を切り抜けたいと存じますので、特別の御詮議を以って御援助をお願いします

一中＝一〇学級、二中＝六学級、三中＝九学級、桃山中＝一〇学級、府一高女＝一二学級、府二高女＝七学級、桃山高女＝四学級、嵯峨野高女＝三学級。計六一学級分(30)

あらためて断わるまでもなく、これは学校の転用願ではなく、校舎の一部借用願であった。引き続き併設中学校、すなわち「間借」「居候」生活の不便をかこつことが覚悟されていたのである。

2　独立校舎確保への道程

1　公立諸学校の統合再編成

市教委々員長・木村作治郎の苦心の答申は実を結ぶことのないまま、四八年度新学期が迫る。新一年生が加わることで新制中学校の施設条件は、より悪化すること必至かと思われた。ところが、事態は大きく転換し始める。その契機は、京都軍政部の主導の下で二月五日と一二日の二回にわたって第一軍団・軍政

部と府・市両当局との間で協議会が持たれ、ここで軍政部から強権発動ともいうべき勧告がなされたことにあった(31)。

その軍政部の勧告の主旨は、新憲法で保障されている義務教育を最優先させるべきだとの一言に尽きる。すなわち、新制中学校の生徒は独立校舎でもって完全収容されねばならず、したがって二部授業などの不正常授業はもとよりのこと、「併設」も原則的には認められないという。そして、これが実現化のためには市と府との「縄張り争い」などはもってのほかで、市立か府立かの別なく市内の全学校の統合再編成計画を立て、以て新制中学校の校舎を捻出すべきだとする。それで若しトータルとして学校施設の不足が生じたならば、その犠牲は非義務制の学校が負うべきであり、したがって新制高等学校の全面的二部授業も止むを得ないというのであった。

府・市両当局は、こうした軍政部の勧告を受けて数度にわたる協議を重ね、三月八日にいたって「新学制実施要綱案」をまとめ上げ、軍政部との間で最終調整を行ったうえでこれを発表している。新制中学校校舎についての骨子は、次のようなものであった。

①既設の独立校=一一校(一一、〇〇〇名)、②小学校の転用=九校(九、七〇〇名)、③旧制公立中等学校の転用=一一校(一四、七〇〇名)、④遊休施設(深草の旧軍用施設)の転用=一校(七五〇名)、⑤その他小学校併置数校(二、七八〇名)、私立中学校借入および分散委託六校(四、六〇〇名)。

なお、小学校の転用は、「その教育を阻害せぬ程度において」行うものとする。
また、小学校併置校は、「交通不便の僻地および近々の新築予定地域」に限るものとする(32)。

先の市当局の構想と、この実施要綱案との違いは明らかであろう。徹底した公立諸学校の統合再編成を断行することによって、一挙に新制中学校校舎の独立化をめざしたものとなっている。とくに、新制高等学校に生まれ変わる予定であった旧制中等学校の大幅な転用が目を引く。しかも、小学校転用に際しての「その教育を阻害せぬ程度において」などといった配慮もない。まさに非義務制学校が犠牲を蒙ることにおいての、いわば「一方三両損」による中学校の独立校舎確保であった。

府会において、異議が続出したことは言うをまたない。これに対して知事・木村惇および教育部長・河合喜代治は、憲法に保障された義務教育のために尽力することは、われわれの採るべき当然の責務であると、説得にこれ努めた。そしてまた、市の窮状を見かねて急場を凌ぐために「断腸の思い」で府立中等学校の校舎を提供するが「恒久的な措置」ではないこと、遅くも「(昭和)二五年四月までには是が非でも相当見透しのつく程度の新制高等学校は確保したい」旨を述べて議員の理解を求めたのであった(33)。

市会でも、ほぼ同様の論旨で議員の了解が求められ、新年度目前の三月二三日、最終局面を迎える。すなわち、この日の市会において「実施要綱案」にそった「昭和二三年度の新制中学校設置に関する議案」が上程され、「単に形式的」なものでない「真に強い付帯決議」を付しての上で、結局は原案通り議決されたのであった。なお投票結果は、賛成三六に対して反対一七であった。その議決場面を再現しておこう。

森川新太郎（議案事前審議の常任委員会代表）：本案こそ極めて重要性を帯びた案件であります（「その通り」）。我々は提案されましたるこの議案を眺めまするると、決して満点であるとは言い得ないのでありますす（「落第や」）。……しかしながら、憲法に保証されている義務教育の徹底を図る上においては、一応止むを得ないとします。……本案の重要性に鑑みまして、真に強い付帯決議を付しまして、一応この原案を認めたいと思います。付帯決議を朗読しまするけれども、単なる形式的の付帯決議でないということをよく理事者は一句一句肚に染み込んで聴いて頂きたいのであります（「そうだ」拍手）。

付帯決議

今回提案の本市新学制の実施案は不完全の点が少なくない。市会は新年度を目前に控え、止むを得ず暫定措置としてこれを認めるが、市長は即時現校舎の合理的利用、新設並びに遊休施設の活用に努め、一校完成とともに一校復元の原理に基づき、小学校、中学校、高等学校の分布の適正を計り、以って教育の機会均等の徹底化を期すべきである。以上の付帯決議を以って議決いたしたいと思うのであります。

ここにおいて、京都市の大部分の新制中学校は、独立校舎で四八年度を迎えることが約束された。これまで、小学校併設中学校では多くの不便を強いられてきた。音楽・美術・理科などの特別教室の使用は小学校の空き時間に限られ、運動場も幼い小学生との同時使用は危険だという理由で思うにまかせず、始業・終業を報せる合図のカネも頭痛の種等々、とにかく肩身の狭い生活を送ってきた。学校の表門には小学校の門標がかかっていたが、中学校のそれは裏門で、生徒の登下校もそれぞれの門からといった例も見られた。他方、旧制中等学校併設校はといえば、たとえば府立一中併設の洛北中学校では「可能な限り一中生と同じ扱いをすることとして、校章なども同じものを用いるように配慮され」たというが、この「配慮」は裏を返せば、伝統的な「一中の校風」・「一中精神」の押しつけにほかならなかったであろう(34)。

いずれにしても、各併設中学校が置かれていた教育条件の差は大きく、それに何より「新制」中学校としての主体性を生かす余地があまりにも少なかった。その意味で、独立校舎を確保し得たことの意義は、けだし小さくはなかった。たとえ行く手は厳しくとも、やっと「家主」に気兼ねすることなく「新制」中学校としての学校づくりに取りかかるスタート台に立てたということになるだろう。

ところで、ここで振り返って見ておきたいと思うことは、軍政部の介入が始まった頃から三月二三日の市会の議決にいたるまでの、その間の教育界や市民の動静などについてである。

あらためて断わるまでもなく、被占領下のことである。たとえば朱雀中学校々長・村田忠一が「ケーズ氏は、新制中学校が独立校舎を持つように、大変努力してくれて有難かった」と語っているように(35)、学校の統合再編成に当って軍政部の「力」がモノを言った事実は否むべくもない。だが、軍政部の鶴の一声で無風で決着を見たのではなかった。教育長・不破治の言葉を借りるなら、この一カ月余の間は、「京都市教育界を挙げての騒然たる」様相を呈したのである(36)。

新制中学校側は、何としても独立校舎を獲得したい。他方、大幅な転用を阻止したい旧制中等学校はもとよりのこと、七〇ヵ所にもおよぶ大々的な通学区域変更を迫られる小学校でも黙してはおれない。市役所は連日のように陳情団で賑わい、各学区の区民大会は荒れ模様であった。市教委と市当局が開催した公聴会に際しては、軍政部が「公聴会は秩序整然たれ」との事前警告を発せねばならないほど混乱が危惧された(37)。

各学校の生徒たちもまた、座して成り行きを見守ってはおれず、署名活動に乗り出す。

『京都新聞』は報じている。旧制中等学校の生徒たちのそれは、「全面的新制高校昇格運動もたけなわの三月十五日、四条通など三歩行っては署名、五歩進んでは署名で、昨年末の共同募金以上の盛況」だと(三月一七日)。新制中学校の生徒たちも、「ぼくらも真剣だ」と、新学制推進のため署名運動を展開していた(三月一二日)。

生徒たちの署名運動は、当然のことながら市会でも話題になった。たとえば一議員は、「頑是無き子供たちが路上において、雨の降る日に傘をも着ずに署名運動を求めている時に、我々は涙なくしては居れなかった」(三月二三日)と述べている。けだし市政をあずかる議員の感懐として、然もあったことであろう。

学校関係者の間での話し合いは、紛糾に紛糾を重ねていた。

教育委員会委員長・木村作治郎・(旧制)中等学校々長会代表の片岡仁志氏と私の間に激論が続いて、午前九時から夜中の一二時近くにいたったが結論が出ず、翌朝午前九時からまた会議をはじめたが依然まとまらない……。

岡崎中学校々長・今沢美雄：（関係者代表の会議では）議論百出して、遅々として進まない。当時の会議は、菓子はおろか寒中でも火鉢もない。ガラスも破れていて寒風吹き込む中で、（諸学校の統合再編成案を作成するため）京都市地図とニラメッコしながら、何一〇回も会議を開催したがまとまらない……(38)。

右に見たような「騒然たる状態」は、強引さを以って鳴る軍政部教育課長・ケーズをして、「この学校の再編成は、今までの軍政部の活動の中で」最大の反対に遭遇しており、「このプランは危機的状況」だと気を揉ませるほどであった(39)。彼は数度にわたって新聞紙面を借りて、「教育専門家、学生、ＰＴＡその他一般市民」に向かって、「こぞって府市当局や軍政部と協力し、全市民の教育上の権利を保障する最善の方策を考えていただきたい」などと呼びかけている。「世論を好意的なものにするため」である(40)。市長と知事が世論に気をつかったことはいうまでもない。三月一六日、両名は連名の声明「新学制実施について市民諸君に告ぐ」において、「市は誠意をもって遅くも昭和二五年四月までに（転用された学校を）逐次復元すること」を、そして「府もまたこれに全幅の後援を致す覚悟」であることを「公約」し、新学制実施要綱案に対する理解と協力を懸命に訴えた(41)。まさに、全市民的ともいうべき問題になっていたことが分るであろう。

ところで、このように市民を巻き込んで侃侃諤諤の議論が交わされたことは、負よりもむしろ正の効果を生んだと思える。このことを通して、より多くの市民の六・三制に対する意識が一層深まったと考えるからである。学区の変更や校舎の明渡しを迫られた側も、いわば「情」の次元では耐え難かったであろうが、激しい議論のやりとりのなかで、次第に「理」の次元では義務教育である新制中学校に対する理解を深めていったのではないだろうか。一中学校長は、「(反対者の中にも)大局的な見地に立って、新制中学校の立場を理解し、われわれを支持してくれる人も多」くなったと述懐している(42)。新制中学校の誕生そのことは、市民の誰もがこぞって待望したことであった。ただ、その新制中学校の教育が独立校舎で行われるべきだという、このことの重要性についての理解が十分ではなかった。それが理解されはじめたということであろう。「正論」が共有されるようになったと言っていいだろう。

新制中学校には、この後も幾つもの障害が待ち受けていた。そして、それらを克服して整備への道を歩むわけだが、これを可能たらしめたのは軍政部の「力」などではない。追々後述するように、学校関係者の努力とともに市民の協力に与かるところが大であった。そして、その協力意識の形成に少なからず貢献したのが、一カ月余の「京都市教育界を挙げての騒然たる状態」であったと考えられよう。六・三制改革に限らず、ドラスティックな改革が市民の間に根づくためには、「対立」「紛糾」は必須の試練なのかも知れない。

2　校舎建築と国庫補助

とにもかくにも四八年度は、中学生のほとんどが独立校舎で新学期を迎えることが実現を見た。しかし、これでもって校舎問題が解消したわけではない。この年度が始まってまだ間もない頃、市会では次のような質問の矢が放たれていた。

新制中学校の生徒の収容について、四八年度は一応目鼻がついたとはいえ、四九年度はまた二万名近い増加生徒を如何に収容するかという大問題が横たわっている。……また先般、転用校舎の復元について市長が知事と共同声明をされた責任もある。如何なる具体策を持っておられるのか。（四八年四月二八日）

新制中学校の完成年度は、改めて言うまでもなく、四八年度ではなく四九年度である。したがって、その四九年度の新入生の収容対策が講じられねばならなかった。だが、公立諸学校の徹底した統合再編成を終えた京都市では、もはや既設の学校を遣り繰りして校舎を捻出する余地は皆無に近い。それどころか、その際に犠牲になった転用校を復元する「公約」が履行されねばならない。残された道は校舎の新・増築しかない。それも、莫大な費用を要する建築事業であってみれば、国庫補助が頼みの綱であった。ここで、六・三建築に対して国庫補助が支出されるまでの経緯などについて簡単に見ておこう。

六・三制発足時の校舎実態が如何に惨憺たるものであったかについては既に見た。ところが、その四七年度当初の六・三関係の財源措置はといえば、文部省が要求していた七五億円とは程遠い八億余円（内、国庫補助四億五千万余円）で決着を見ている。しかも、この内訳は義務教育年限延長に伴う教員給与関係費、公立学校生徒費、私立学校への生徒委託費などであって、新規建築費は一切見込まれていなかった。六・三教育改革に希望を抱いていた国民が座視していられよう筈がない。七—八月の間に二二四万通にもおよぶ国会への請願書の殺到、日教組の「六・三闘争」、そして教育刷新委員会の再度にわたる建議等々(43)、六・三建築に対して強力な財政措置を講ずることを要求する声が渦巻いた。

こうした声を背に受けて文部省は大蔵省と折衝を重ね、四七年度追加予算中に、四八年度の生徒自然増加分の六・三建築費として最低一四億円の国庫支出を要求した。七月一五日の閣議においてこの額がいったんは了承されたが、折悪しく関東大水害があってその復興費が嵩み、結局は一一月一日の臨時閣議で半額に削減されて七億円ということで決定を見ている。四八年度の生徒自然増＝新一年生に対応するためにだけでも最低一四億円が必要というところを七億円に削られたのだから、これでは四七年度の校舎状況の改善どころか更なる悪化が憂慮されたことは言うまでもない。ただ、とにもかくにも、これを契機に「設置者負担主義」が見直されて六・三建築費に対して国も金を出すという、いわば国と地方公共団体との共同負担関係が確立したことは注目に値しよう。そして四八年、六・三制完全実施を公約に掲げて成立した芦田内閣のもと、五〇億三千万円の国庫支出が約束されることになったのである。

かくして各市町村は、この国庫補助の配分を受けることで、本格的な学校建築へ向けての足場が築かれたといえよう。京都市についても例外ではない。新制中学校建築計画が具体性を持った議案として市会に登場する。

来年度は新たに四〇七学級、二〇、三四〇名の生徒を収容しなければならない。差し当たりは修学院、西賀茂、衣笠、待鳳、山科、桂に一校づつ、朱雀方面に二校、計九校を計画している。これらの校舎建築および買収費、設備費として四七、六一九、八一四円を計上しております。その財源は、国庫補助ならびに起債によるのほか、目下本府で実施している宝くじによる収入金の交付金を充当し、なお若干の不足額は一般財源を以って賄いたいと考えて居ります。

右は、四八年二月二三日の市会に提出された「昭和二二年度歳入歳出追加および更正予算」についての市長の趣旨説明である。ただし、これについては一ヵ月後の三月二三日の「昭和二三年度歳入歳出追加予算」の趣旨説明の中で、「……目下着々準備中でありますので、（新制中学校の）用地買収および校舎の建築関係は一応全額繰り越すことと致した」ということになるが、いずれにしろ、国庫補助によって四九年度へ向けての校舎建築事業が軌道に乗るものと期待されたのであった。

それにもかかわらずである。四八年度も半ばの九月一七日、市会に提出された市教委事務局の「監査結果」の新制中学校の項には、「新築には日暮れて道遠しの感が甚だしい」と報告されている。さらに一一月二五日になっても、市会では「新制中学校新営工事の件ですが、予算化されたうちの、まだ一割程度の工事進捗状況だと聞いているが……」といった質問が聞かれる。建築工事が一向に捗っていなかったことがわかる。何故なのか。その理由は、一つには国庫補助の額およびそのあり方に関わっていた。たとえば、市会での第一助役・田畑磐門の答弁を聞いてみよう。

本年度において新築一五校と増築一四校、明年度において新築一校と増築二九校の計画を立て、十月の市会で必要経費約一億九千六百万円のご決議をいただいた。……建設の裏づけである認証、国庫補助、起債の許可などが計画額通り得られたら完遂できるのですが、最近府側から内示された（国の）認証及び起債許可額は（本市の）計画に対する約六割五分であり、……。（四八年一一月二五日）

学校建築に対する国庫補助は、当時の乏しい資材を効率的に活用するため経済安定本部所管の公共事業費から支出されたが、この経済安定本部の認証工事量が市の計画の工事量を大きく下回っていたのである。

しかも、問題はこのことに止まらない。原則的には認証された工事費用の二分の一が国庫負担ということであったが、その際に国が負担額算定の基礎とした坪当り単価が実際の市場単価より低く抑えられていたことにも大きな問題があった。四七―四八年度について言えば、坪当りの市場単価は約一〇、〇〇〇円であったが、国はその補助単価を五、五〇〇円と定めてその二分の一の二、七五〇円を負担した。これでは、国の負担は二分の一ではなく約四分の一にしかならない。そして、建築費の国庫補助に伴うものとして、それと同額の起債が認められたが、これも国の負担額と同様四分の一となる。

このように、市の実施工事は、その全てが認証されて国がその半額を負担するということにはならず、ここに生じた費用の差額は市の継ぎ足し支出とならざるを得なかったのである。ついでながら、起債は言うまでもなく所詮は市の借金であるが、この起債利率が九分という高いものであったことも目を引く。推して市の財政的負担が大であったこと、したがって建築計画が思うに任せなかったことが察せられよう。ところで、建築が遅延していたのには、いま一つの理由があった。校地獲得に伴う困難という事情である。市会において教育委員長・福原達朗は、校地買収に当って逢着している困難の一つとして、「なにぶんにも農地法にかかる問題であり、耕地の問題ですので、その隘路を打開するためには相当の日子と努力を要します」と答弁している（四八年一一月二五日）。このことを、もう少し具体的に見るため、一つ二つの証言を補足しておこう。

植田幸誼（修学院中学校々長）：（耕作地を校地に転用することには）府知事も府農地部長も農地委員や地元農民と一丸となって強力な反対をされた。とくに、修学院中学校の校地は耕地の中でも一等田といわれた肥沃の土地で農地委員の固い結束による反対には全く泣かされた。幾夜も幾夜も徹夜で反対側の人々と話し合った数ヶ月間は、夜の一〇時より早く家へ帰ったことがなかった。

竹内季一（市が二三年七月三〇日に設置した学校建設本部の副部長であり実質的責任者）：まず予定の土地所有者を調査してみると、……ほとんどが農地で、しかも一つの予定地に二〇数人の耕作者がいる。当時は農地法によって自作農地が強く保護されていましたから、どこへ交渉に行っても剣《ママ》もホロロで相手にしてくれません。一一月半ばになっても、予定地の一ヶ所も解決せず、仕事は遅々として進まない。この時の気持は全く悲壮でした(44)。

当時にあっては「錦の御旗」とも言うべき「農地法」の厚い壁に阻まれて難渋を極めたのである。しかしながら、やがてその努力が報われる日を迎える。続けて竹内の言葉を引いてみよう。

しかし「至誠必ず天に通じる」と、勇気を奮い起こして根気よく繰り返し説得に回りました。地元建設委員の非常な協力と、土地所有者の中にも段々と中学校教育に協力しようという気持が生じてきました。翌年二月に入って、どうにか予定地の買収や整地が済んだのですが、四月の開校まで僅か一ヵ月半しかない。

……奇跡的にも三月三一日には一八ヶ校が軒を連ねて竣工しました。この時の喜びは、全く言語に絶するものがありました。

校地獲得に奔走した市教委の学校建設本部員や学校関係者の努力はいうにおよばず、地元建設委員の協力、そしてまた耕地には殊のほか強烈な執着心を持っていた自作農家の人々の「中学校教育のためなら」ということで下した苦渋の決断等々がなくしては、「言語に絶する」喜びの日を迎えることは叶わなかったであろう。

3　六・三建築に「赤信号」

四七年の発足時には大多数が「居候生活」であった新制中学校も、四八年度には公立諸学校の統合再編成が断行されたことによって、そして加えて四九年度には一八校の新築学校の竣工が成ったことによって、自前の校舎での「独立生活」の実現がほぼ達成された。しかし、その完成の域までには未だしであった。緒についたといえ、緒についたばかりである。

新築の中学校がスタートを切ったとはいえ、実は講堂・雨天体操場などを持たなかったのはもとよりのこと、多くは教職員室に割くスペースすらない「一棟校舎学校」と呼ばれるような未完成品だったのである。運動場もなく、近くの公園を借用してそれに充てている学校もあった。何としても、それらを「完成品」たらしめなければならない。それに加えて、依然として、「遅くも（昭和）二五年四月までには（中学校に転用された学校を）逐次復元する」という市長の「公約」も見通しがつかないままである。

いずれにしろ、更なる校舎の新・増築は必須の課題であり、この課題を遂行するためには、四九年度における相当額の国庫補助が不可欠であった。そして、文部省では前年を上回る六・三関係一〇〇億円（内、中学校拡充費七〇億円）の予算要求を行い閣議もまたこれを了承したことでもあり、これに大きな期待がかけられた。

しかしながら、ここで六・三建築は最大の危機に見舞われることになる。というのは、四八年一二月のGHQ「経済九原則」指令と四九年二月に来日したドッジ公使の「ドッジ旋風」による超均衡予算の煽りを喰らって、右の一〇〇億円はGHQ／ESSの査定段階で全額削除の憂き目を見たのである。このインフレ終息・経済再建のための均衡財政政策が日本経済全体に及ぼした効果についての評価は措くとして、これが軌道に乗るかと思えた中学校建築を一大暗礁に乗り上げさせてしまったことは紛れもない事実であった。

市会での教育委員長・福原達朗の説明および同じく市会で報告された教育委員会事務局の監査結果を聞いてみよう。

福原達朗：経済九原則によって、政府の補助金や起債は認められない、非常に悲観的である。ドッジ・プランによって、……六・三制の学校の拡充については全部削除された。これでは本市におけるところの六・三制に対する設備というものは全然出来得ない状態であり、現在緒についておる学校建設は中途半端で中止しなければならぬ状態です。もちろん高校復元は出来ない状態です。（四九年三月二二日）

市教委の監査結果：（昭和）二四年度において高校への復元、生徒の自然増加などにより一八、〇〇〇坪に新築計画中であるが、経済九原則により二四年度は補助金及び起債は停止されたので、建築は至難である。なお、二三年度に一応完成の中学校舎未完成のもの六校があるが、これの増築も中止となった。（四九年八月二二日）

右に引用した二つ、改めてコメントを付すまでもないであろう。計画中あるいは着手した校舎の建築を放棄・中止するといった事態は、京都市のみならず全国的に見られた。また、あえて工事を強行した市町村では財政が破綻し、市町村の税負担や強制寄付は莫大な額に上り、そのため市町村当局や地方議員の責任問題が噴出し、リコール要求や辞職者が相次いだ。ちなみに、一六道府県を対象にした調査では、六・三制問題で辞職した市町村長二〇七名、市町村会議員八六七名、そして解散した市町村議会は六三におよんでいる。自殺した村長も二名出ている。「きょうしゅつ（食糧の供出）ときょうしつ（教室）とは、市町村長の命取り」といわれた所以である(45)。六・三建築問題をめぐって地方行財政は、まさに収束不可能とも思えるほどの混乱に陥ったといっても過言ではなかった。

いかにGHQが下した決定とはいえ、黙して従っている訳にはいかない。「六・三制を守れ」の世論が澎湃として起こり、これが地方公共団体を突き動かして予算復活を要求する運動が全国的に展開されていく。他の府県会や市町村会と同様、京都府会および京都市会が議員全員の名において意見書を政府に提出したことはいうまでもない(46)。

こうした圧倒的な世論に応えるべく、文部省は六月に施設課を新設して、七月から九月にかけて「公立学校施設実態調査」に取り組むこととなった。その実態が如何に劣悪なものであるかを数字の上で明らかにし、以って予算復活へ向けてGHQ／ESSとの折衝材料を作成するためでもあった(47)。

この文部省施設課の作業は、六・三制確立の歴史の中で、ある種の感動を催す一ページだと思えるので、煩を厭わずその一幕のあらましを、当時の施設課長その人の口を借りて紹介しておきたい。

各県から調査票が戻ってきたのは暑い盛りの七月下旬で、課員四〇人とアルバイト学生延べ数百人が身体を張って集計作業に取り組んだ。それは人力の限界を超えた過酷な作業だった。土曜も日曜もない。

徹夜に次ぐ徹夜。課員たちはバタバタ倒れた。前島暉雄や板橋広蔵氏などは遂に帰らぬ人となる。菅野誠課長補佐や石川二郎係長も倒れ、佐藤課長は肺浸潤を再発する始末。家族の中にも次々と病人が出た。

悲壮な話だ。しかし、施設課の空気は暗くじめじめしたものではなかった。その頃の課員たちは、何時とはなしにこんな歌を作り、景気づけにうたったものである。題して「文部省の六・三娘」。

あの娘可愛や六三娘／朝から晩まで真っ黒くなって／化粧する間も六三六三
ソロバン、ガリバン、お客の接待／これが文部省の六三娘
雨の降る日も六三娘／風の吹く日も終電で帰る／ままよ東京は私のジャングル
虎や狼こわくはないのよ／これが文部省の六三娘(48)。

ついでながら、この「文部省の六・三娘」が、デコちゃんこと高峰秀子が映画「カルメン故郷へ帰る」で歌って大ヒットした「銀座カンカン娘」の替え歌であることは言うまでもない。

「過酷な作業」がもたらした「悲壮」な状況下での、この明るさ。明日の日本を築き上げるのは教育なのだという思いがあればこそであったろう。

それはともかくとして、世論の大合唱や文部省施設課員の文字通りの砕身粉骨の仕事が実を結び、六・三建築に対する国庫補助は復活する。すなわち、四九年一一月二二日に四九年度補正予算として一五億円、そして五〇年度予算として四五億円、計六〇億円が計上されたのである。そして、これと同額の六〇億円

の地方起債も認証されたので、合わせて一二〇億円の財政措置がとられたことになる。かくして、全国的に吹き荒れた六・三制の最大の危機はなんとか回避された。

ところがである。こと京都市について言えば、この復活がなった国庫補助は徒花に終わった。京都市への配分額は四九年度分は何とゼロ、五〇年度分も京都府は四六都道府県中で最低の一八〇〇万余円という惨憺たる額だったのである(49)。では、何故このようなことになったのか。それは、国庫補助の配分・割り当て基準の定め方に関わっていた。これまでは、毎年の生徒数の自然増分に応じて配分額が決められていた。それが、四九—五〇年度分については、文部省施設課の調査による四九年四月現在時点で、生徒一人当り校舎面積が応急最低基準〇・七坪未満の学校に割り当てるという原則で配分額が決定されることに変わったのである。なお、生徒一人当り校舎面積の算出は、個々の学校単位ではなく市町村プール計算方式によった。

表1　中学校建物面積（49年4月30日現在）

	学校数	生徒数	建物面積	生徒一人当り
上京区	12	10,341	9,706	0.94
中京区	9	9,388	11,261	1.20
下京区	9	9,695	11,314	1.17
左京区	10	6,458	7,770	1.20
東山区	4	5,021	4,458	0.89
右京区	8	4,691	5,969	1.27
伏見区	6	5,352	4,542	0.85
計	58	50,946	55,020	1.08

注　建物面積は、講堂・雨天体操場を含まず(京都市教育委員会『学校調査概要』50年および同『教育委員会通信　第4号』53年より作成)。

ここで、表1を見てみよう。表から明らかなように各区とも、そして京都市プール計算でも応急最低基準の〇・七坪を超えている。当然、国庫補助の配分は受けられなくなるわけである。この新たに採り入れられた国庫補助の配分方式は、全国の教育条件の不公平を解消することを狙ったものであろうし、「平等」の原則に適ったものと言えなくもなかった。しかし、問題は残る。四九年一二月に行われた京都、東京、愛知、宮城等の教育長の座談会での幾つかの発言を聞いてみよう。

文部省初等中等教育局庶務課長・内藤誉三郎：今の配分について、〇・七坪ということでやると、今まで非常に熱心にやった府県には国庫補助がいかないで、比較的冷淡であまり新制中学の建築が進行していなかったところに余計に行くことになるので、これは非常に問題があると思う。

京都府教育長・天野利武：これは補助金配分に問題があるので、熱意をもってやったところが莫大な借金を背負っているにもかかわらず、一文の補助金も貰えないということでは……。負担の均衡という点も原則として採り入れていただきたいと思う。

宮城県教育長・三沢房太郎：今までの（自力による）認証外の工事を見てくれなかったら、これから町村長で腹を切ったり首を吊ったりする者が相当あり得るのです(50)。

要するに、京都市のように新制高等学校に多大の犠牲を強いてまで、あるいは乏しい地方財源の中で建築事業に取り組むなどして真面目に六・三校舎の確保に励んできた市町村ほどバカを見た、裏を返せば「怠け者」に手厚い配分方式であったと考えられる。転用された学校を復元するための補償も、なんとか自力で行ってきた認証外の既工事分に対する遡及補助も一切考慮されていなかったのである。

復活がなった国庫補助が徒花に等しく、起債も認められなかった京都市の校舎建築事業は、当然とはい

表2　中学校建築整備費と国庫・起債　(単位：千円)

年度	建築費	整備費	土地・物件費	計	内、国庫	同、起債
47-8	119,621	15,034	13,467	148,122	50,018	57,763
	(12,970)	(62,655)	(46,896)			
49	21,534	–	937	22,471	–	10,000
	(2,146)	–	(1,641)			
50	25,397	–	6,926	32,323	1,837	7,000
	(1,831)	–	(10,220)			
計	166,552	15,034	21,330	202,916	51,855	74,763
	(16,947)	(62,655)	(58,757)			

注　各年度の下段(　)内は事業坪数。付帯工事費は含まず(京都市教育委員会『京都市教育概要』50年、52年版より作成)。

え完全に失速した。四九・五〇年度のその経費額は、表2から見てとれるように、四七・四八年度のそれに比べて目を覆いたくなるほどの激減である。これでは、必要建築量をまかない得べくもない。打つ手はあっただろうか。市会において、一議員から転用校舎復活の公約履行を迫られたのに対する教育委員長・福原達朗の応答からそれをうかがってみよう。

復元については市長の公約の線に沿って善処するのが当然ではありましょうが、実際問題として現在の新制中学校の建築状況が非常に不十分です。それに、本市への六・三国庫補助は微弱です。……市立女子商、二条高女、四条商、第二商業、府立二中などの高等学校への復元についてはは学区制堅持のこともあるので、復元は考慮しておりません。率直に申すなら、我々は公約に掣肘されないという見解を持っています。(五〇年六月八日)

高等学校復元の公約はホゴにして、その転用校を継続使用

表3　中学校生徒数の推移

年度	学校数	学級数	生徒数
49	58	1,056	50,946
50	58	1,063（＋7）	53,128（＋2,182）
51	56	1,045（－18）	51,175（－1,953）
52	58	1,088（＋43）	51,666（＋491）
53	57	1,126（＋38）	54,456（＋2,790）
54	57	1,281（＋155）	62,200（＋7,744）
55	58	1,355（＋74）	66,623（＋4,423）
56	58	1,373（＋18）	67,973（＋1,350）
57	59	1,291（－82）	62,111（－5,862）

注　（ ）内は対前年度に対する増減数（京都市教育委員会事務局調査経理課『学校調査概要』50年3月および京都市教育委員会『京都市教育概要』各年版より作成）。

することで、なんとか現状の維持だけは図ろうというわけである。

4　建物施設問題の解消へ向けて

国庫補助がストップして校舎の新増築が思うにまかせないなか、転用校舎の継続使用、それに折しも生徒数が漸減ないし横這い期にあったという僥倖にも助けられて、五一―五二年度はなんとか二部授業などの不正常授業は回避できた。しかしながら、表3からも明らかなように、五三年度からは生徒数の急増期に入る。『京都新聞』紙上からは、「二部制か不正常授業か／三三教室足らぬ」（一〇月一六日）、「来春入学の中学生／授業は二部制か」（一〇月一九日）、「校舎改築・教室増築／財源に苦しむ市」（一二月一一日）等といった悲観的な見通しを報じる記事が目にとびこんでくる。教室の不足が限界点に達していることは、誰の目にも明らかであった。

ところが、このように謂わば正念場に立たされていた学校建築は、五三年度になってようやく大きな進展を見せ始める。表4を見てみよう。五三年度は、新築の建築量もその経費もともに、五一―五二年度に

表４　中学校の建築状況
（単位：建築量＝坪、金額＝千円〔百円以下は四捨五入〕）

年度	種別	建築量	経費	国庫	起債	備考
51	新営	1,203	27,224	10,289	8,000	木造38室
	買収	1,817	12,905	—	—	木造24室
52	新営	1,269	46,217	8,726	7,000	木造29室、雨体３棟
	買収	708	2,200	—	—	藤森中学
53	新営	3,483	150,013	1,519	100,000	鉄筋14室、木造73室、雨体３棟
	改築	1,179	72,057	12,665	59,000	鉄筋36室
	復旧	220	8,027	—	6,000	木造８室
54	新営	2,233	110,020	26,864	—	鉄筋24室、木造24室、雨体３棟
	改築	590	28,540	6,133	99,000	鉄筋10室、木造８室
	買収	669	20,929	10,362	—	鉄筋14室
55	新営	1,542	82,674	18,205	—	鉄筋18室、木造10室、雨体３棟
	改築	800	36,400	9,690	79,000	鉄筋12室、木造14室
	買収	555	17,326	8,645	—	鉄筋15室
56	新営	1,356	71,618	16,035	16,000	鉄筋11室、木造10室、雨体４棟
	改築	271	10,581	4,581	12,000	鉄筋10室
	買収	813	25,203	12,708	10,000	鉄筋21室
計		18,708	890,197	206,278	470,763	鉄筋185室、木造238室、雨体16棟

注　「経費」額には付帯工事費を含まず。「計」の欄は、50年度以前の分をも合算しての数である（京都市教育委員会『京都市教育概要』各年版より作成）。

比べてかなり飛躍的な伸びを示している。五四―五五年度も、五三年度には及ばないまでも、まずは順調であったと言っていい。またこの間、国庫補助額が伸びていることも注目されよう。実はこの五三年、日本経済が安定期に入ったこともあって、第一六国会において「公立学校施設費国庫補助法の一部を改正する法律」が成立している。これまでの校舎の応急最低基準〇・七坪が一・〇八坪に引き上げられ、かつ市町村プール計算は学校単位計算に切り替えられる等の改善がなされたのである。そして、これによって京都市にも国庫補助増額の道が開かれ、建築実績の伸長を促したといえよう。

五三年度からの生徒増のことを考えれば十分と言い難いことは確かだが、それでも五七年度以降は再び生徒数減に転じ、校舎の狭隘はかなり緩和される。ちなみに、五四―五六年度の生徒一人当り校舎面積は、〇・八三～〇・八四坪と横這いであったのが、五七年度のそれはほぼ一坪に達する。発足時から悩まされ続けてきた校舎問題は、ここに一先ずは解消の目処が立ったといっていいだろう。

ところで、いま一度、表4を見てみよう。五三年度から、新築や買収とは別に相当量の校舎「改築」に着手され始めていたことに気づくであろう。校舎問題というのは、その「量」的不足ということはもとよりであったが、実は改築を必要とする「質」の問題も抱えていたのである。そこで、この改築の問題にも目を通しておきたいと思う。

改築といえば、まずは「老朽」校舎のそれが考えられる。学校の校舎は、戦時中は不要不急の建築物として一切の新・改築が認められず、また敗戦後は混乱の中で荒廃に委ねられてきたために、ずいぶんボロボロともいえる態のものが少なくなかった。とくに京都市のように、「古い歴史」を誇る小学校やそれからの転用中学校にあっては、なおさらである。

また、危険校舎は「老朽」のそれだけではなかった。実は、いわゆる「六・三校舎」＝「若朽」校舎のことも見過ごすわけにはいかない。なにぶんにも「資材不足は底をついていて間に合うものは何でも」というわけで、「二、三日前までその枝で小鳥を鳴かしていた杉の木が今日は学校の柱」ともいわれる。そうであってみれば、「校舎は生木にボルトを通して組み立てたようなお粗末なものだったから、木が乾いてくるとすさまじい音を立てて柱がはじけ、特に夜中に響き渡る音は暗い校内に鳴り響いて何度とび起こされたか分らない」といった宿直の先生の話も肯けよう。とにかく、粗悪材で急を要した突貫工事だからたまったものではない。「建ってから一年ばかりで、もう窓枠がガタガタになり、つっかい棒」、「二階の床が抜けて生徒が下に落ち、下の売店の女店員が気絶」などといった例も珍しくなかったようだ(51)。

こうした問題については、一方では校舎の絶対的な不足に悩まされながらも、すでに早くからPTAなど学校関係者の間で深刻視されていた。市会でも五一年頃から、この件を質す声が高まってくる。そして市長・高山義三も、その対策の必要を痛感していた。

(校舎が狭い云々のことは)暫くご辛抱願いたい。しかし危険な建物に対しては、これは一刻も放っておけない。今回も危険な建物に対する修築につきましては、私は教育委員会からの要求通りの予算を出したのです。まことにこの辛い、少ない金の中から……。(五一年一月三一日)

このように、市長は新・増築よりも危険校舎対策が優先課題であることを強調してはいた。ただ、財政上の隘路の故に小額の費用で済む応急措置的な修築に止まっていたのであるが、それが五三年度頃からは本格的に取り組まれ始めたのである。「公立学校設備費国庫補助法の一部を改正する法律」が校舎の新・増築に弾みをつけたことは先に見たが、この法律が成立したと同じ五三年に「危険校舎改築促進臨時措置法」も制定され、改築に対しても三分の一の範囲内で国庫補助が認められることになった。そして、これを機に改築事業が加速化したものと考えられる。

しかも、表4の備考欄からも読み取れるように、その鉄筋化が目をひく。『京都新聞』も、「増改築進む／増える鉄筋の教室」（五六年九月九日）等と報じている。強度のうえではいうにおよばず、その耐用年数を視野に入れれば経済的にも鉄筋の方が得策であったが、何分にも当面の費用が木造の二倍以上とあって、これまで手が出なかった。それが、鉄筋も国庫補助の対象として認められるようになり、五七年度を迎えた時点では、それは四三％にまで達している。校舎の量的不足に好転の兆しが見え始めるとともに、その質的改善にも明るい陽射しがさし始めたのであった。

いま一つ、校舎ではないが学校にとって欠くことのできない重要な建物施設である講堂兼雨天（屋内）体操場の整備状況について言及しておこう。

五一年一月三一日の市会において、一議員から次のような要求が出されている。

新設の中学校は現在一八校を数えておりますが、いずれも未だに講堂がなくして教育の一貫性を欠いておって、多大の支障を来たしておることは皆さんご承知の通りであります。……これが至急解決こそ教育委員会の採るべき緊要の事業だと考えておるのであります。

当時は講堂・雨天体操場を持つ新設校は皆無だったのである。これの必要性を、より痛切に感じていたのが当の学校関係者であったことは言うまでもない。『京都新聞』は、「講堂が欲しい／新中校長さんらが市へお願い」(五一年七月二一日)、「雨天体操場の新設／高野中学へ代表者ら集う」(五一年一一月三日)などと報じている。校長や育友会代表によって「雨天体操場建設期成同盟会」が組織されて運動に乗り出したのであった。

こうした学校関係者の切実な声が届いて、やはり表4の備考欄に見られるように、五二年度から一年に三校ずつの六ヵ年計画で「雨体」の新設が着手され、五七年度にはその整備を終えることになる。講堂兼雨天体操場に対する国庫補助は、積雪寒冷湿潤地域の学校に限っては五〇年度から認められていたが、その他の地域については五六年度からであった。京都市では、五七年度の四校中の一校分がそれによるもので、他の全ては市の財政的努力によるものであった。五七年三月一日の市会議場、高山市長は胸を張って報告している。

宝くじの収益を年々これ(講堂・雨体)の建設に充当して鋭意努力してまいったのでありますが、本年度は高野、月輪、深草、大原の四校に雨天体操場を建設することとし、本年度をもって一応全部の整備が完了する運びとなった。

教育長・川瀬章一もまた、『市政だより』のなかで、「新制中学校の全部が雨天体操場を持」つということは「全国に例がありません」と、誇らしげに語っている(52)。ちなみに、当時の全国の「雨体」整備状

図　中学校建築の財源別および工事別内訳（47—56年度）

（単位：100万円）

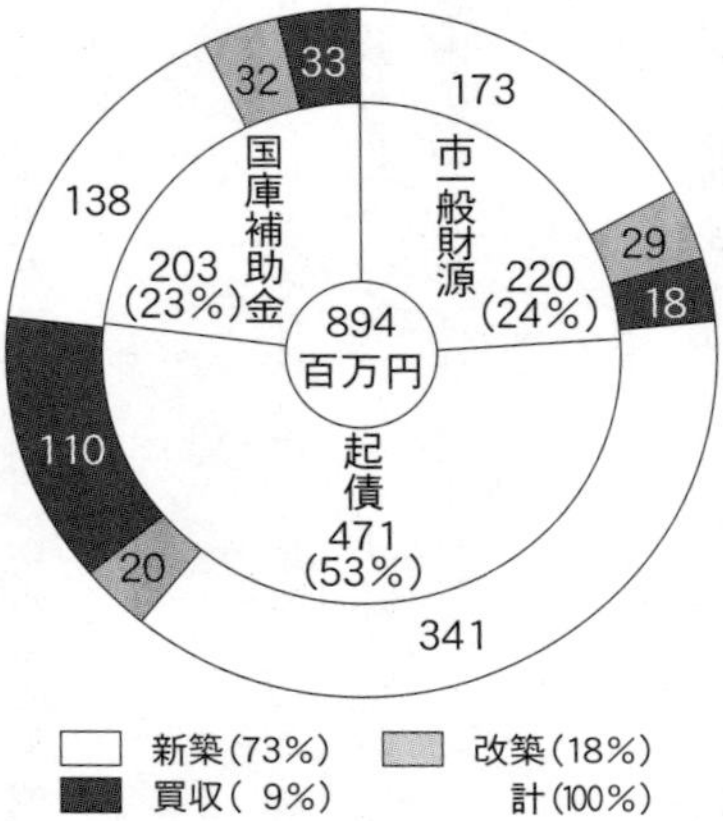

（京都市教育委員会「京都の教育」58年2月より作成）

況を見るに、全くこれを持たない公立中学校は積雪寒冷地域でも五三％、その他の地域では七九％にも上がっていた(53)。

五〇年代の半ば、京都市の新制中学校は、校舎のみならず校舎以外の講堂などの整備も進められていたのであった。講堂が完成した学校では、生徒たちが「劇場みたいや」と目を輝かせ、また「真ッサラの講堂」で卒業式を迎えた生徒たちは「このまま卒業していくのが惜しい気がした」と回想している(54)。

以上、新制中学校の建物施設の整備過程を見てきた。京都市の場合、既存の諸学校の校舎をヤリクリすることで早々に多くの新制中学校の校舎を捻出したところに特徴があったといえようが、それにしても新設学校などの建築事業が不可欠であったこと、他の市町村と変わりがあったわけではない。この節を終えるに当って、その建築事業に要した経費額とその出所とを明らかにしておきたいと思うので図を添付しておこう。もとより国庫補助が果たした役割が大であったことは否めないが、それにしても建築諸経費の中で占める割合は四分の一に満たない。あらためて市の財政的努力が大きかったことを思い知らされよう。

3　設備・備品などの整備と「学校づくり」のこと

1　私費と市費

これまでは、殆どもっぱら校舎等イレモノの整備過程について考察してきた。そこで次にこの節では、そのナカミなどについて検討を加えたいと思う。まずは、発足時における証言を一つ二つ聞いてみよう。

三木正雄（市教委調査課）：開校はしたものの、……机も椅子もなく、床板の上に坐って、教科書も完全に行き渡らない中で授業を受けるという状態が二ヶ月も続いた。

林清一（上京中学校長）：市役所も多数の中学校のことですから、紙、インキ、チョーク、帳簿等の整備についてはなかなか手が回らない。もちろんのこと机、椅子もなく、長い間生徒を作法室に坐らせて授業させるという状態でした(55)。

多くの新制中学校は、すでに見たように、いわば借家ずまいでの門出であったが、この借家は「家具」付きではなかった訳である。しかも、この借家へほとんど身一つの徒手での入居だったといえよう。世帯道具なしの新世帯であったといっていい。

その発足時、市文教当局の試算によれば、取り敢えず市内六三中学校で机の不足九、〇〇〇脚五〇〇〇万円や壁・ガラスの教室改修費二〇〇〇万円等、少なく見積もっても一、〇〇〇万円が必要とされた。だが、市にはそのような財政的余裕はない。国庫補助はといえば、京都市への割当て額は男女共学クラス模様替え費として一学級当り二、二〇〇円ほかで、総額で約一三〇万円でしかなかった。起債も一切認められていない(56)。これでは、市文教局としては机の発注も出来ない。頼みの綱は「私費」ということになる。

清水秀一（市教委事務局）：かかる窮状打開の重責をもって誕生したのが保護者会である。寄付金を集めたり会費を支出するなどして校舎の修理、机、腰掛け、備品、教材などの整備に積極的に協力した。

梶浦亦吉（待賢中学校長）：裸一貫で新所帯を持った気持で出発した学校も多かったが、その後の経営にも手元不如意で消耗品、備品の調達にもない知恵をしぼったことである。その補充策としては保護者会に依存するほかはなかった(57)。

ついでながら、市教委調査課の三木正雄は、「新しい机と椅子、それも粗末なものであったが、配給されて教室に運び入れた時の生徒たちの嬉しそうな顔を思い出すと感慨深いものがある」(58)と回想している。粗末な机一つに雀躍した中学生、今昔の感ひとしおである。

ところで、こうした私費頼みの実態は、発足当初に限られたことではなく後々までも尾を引くことになる。文部省『教育白書』の一節を引いてみよう。

整備の責任を持つ市町村は専ら当面する学校建築に追われ、設備にまで手が回らないものが多く、勢いＰＴＡその他の寄付金や学校徴収金などが、本来公費で負担すべき教具・教材の購入に多く充てられるようになり、これが習慣化するとともにその傾向は年々増大してきたため、何らかの施策を必要とする声が高まってきた(59)。

建築は市町村費で、そして設備・備品及び教具・教材は私費で充足させるという構図が「習慣化」していたこと、しかも批判の声が高まるほどにまで私費が肥大化しつつあったことがわかる。もとより、京都市が設備・備品等の整備・充実を専ら私費に委ねて手を拱いていたとばかりは言えない。市会において、寄付の弊害を指摘して学校教育費の増額を迫る議員たちに対する市教委々員長と市長の答弁を聞いてみよう。

教育委員長・福原達朗：去年において幸いにして五大都市の最高水準をゆく予算を獲得しまして、……神戸、大阪あるいは横浜、名古屋に比べて決して遜色のあるところの予算でないと考えておるのであります。市負担の予算においては、京都市が最も多いのであります。生徒一人当り京都においては一、四五〇円、それから名古屋は六六七円、こういうように沢山書いてありますが、どうかこれを読んで貰ったら結構であります。

市長・高山義三：むしろ私に言わせれば、京都市の実際の財力から見れば、よくもやっていると本

表5　五大市の一般市費中に占める教育費の割合 (単位＝千円)

年　度	京都市	横浜市	名古屋市	大阪市	神戸市
53歳出合計	8,178,082	7,449,935	9,257,721	24,166,236	8,062,077
教育費	1,094,729	649,385	1,048,430	1,874,536	1,073,620
千分比	134	87	113	78	133
54歳出合計	10,763,451	9,488,787	11,657,165	28,956,968	9,523,481
教育費	1,291,977	1,189,261	1,347,888	3,216,580	1,368,792
千分比	120	125	116	111	144
55歳出合計	10,088,203	9,951,881	11,228,242	27,741,045	9,500,882
教育費	1,288,781	1,271,577	1,585,481	2,948,408	1,188,666
千分比	128	128	141	105	125
56歳出合計	8,376,004	10,181,951	12,519,551	28,349,250	9,799,733
教育費	1,540,356	1,401,867	1,830,338	3,492,533	1,243,220
千分比	184	138	146	123	127
計歳出合計	37,405,740	37,072,554	44,662,679	109,213,499	36,886,173
教育費	5,215,843	4,512,090	5,812,137	11,532,057	4,874,298
千分比	139	122	130	106	132

(京都市会事務局『京都市会史』59年より作成)

当はおっしゃっていただきたい。……五大都市の予算を実際比較なさったら分る。ですから、私は教育に対しましては、財布の底をはたきながら今日まで努力いたしております。……教育に関する限り私は自分で十分満足いたしております。

右の二つの答弁のうち、前者は五一年三月一日の、後者は五六年三月三一日のそれである。一般市費の中で教育費が占める割合において、ほぼ一貫して京都市は他の四大都市を凌駕しているのだという自負があったようだ。表5からうかがうに、その自負も肯けなくはない。五大都市の中では、税収入の伸びが最も少なく決して豊かではなかったことを考え合わせるなら、大健闘であったと言ってもいいだろう。そうではあったが、この京都市でも寄付などの私費問題から目をそらすことは出来ない。この五〇年代は、実は寄付が公然化した時期でもあり、私費への依存度が肥大化しつつあったと考えられるのである。

義務教育費は公費負担であるというのが筋である。それに、私費は多分に劣悪な教育条件を見るに見かねた父母の弱みを衝いたもので浄財とばかりは言えず、また教育の機会均等を歪め、あるいは教育のボス支配を許す土壌になる危険もはらんでいる。こうしたことから京都市では、軍政部教育課長・ケーズの強い勧告もあって(60)、六・三制発足時からＰＴＡ等の寄付はタブー視されていた。高山市長も、当初はこれに禁欲的であることを看板としていた。しかし、それも五一年頃から変化の兆しが現れたようだ。

市会において、議員から「寄付絶対反対の看板を掲げておいでになるところの高山さんが、こんなことでは一層今年は寄付の重圧に拍車をかけようとなさるのか」という詰問が浴びせかけられるようになる。これに対して高山市長は、「私は依然として寄付を強制するということには反対であります」とはいう。だが同時に、強制されてではなく好意的・任意的な寄付ならば、これを受けてもいいのではないかということを仄めかす。この市長の答弁をうけての教育委員長・福原のそれは、より直截であった。

若し余裕があって好意的に寄付せられるならば、委員会としてはこれを拒否する理由はないと思うのであります。……一概にＰＴＡの寄付を排除するという点は、私はやや緩和したいと考えておりま

表6　中学校教育費中の市費と私費　(単位=千円)

年度	市費	私費（寄付金＋学校徴収金）
50	140,771	35,324（5,234＋30,090）
51	162,007	42,078（13,841＋28,237）
52	181,530	55,538（28,047＋27,491）
53	190,990	83,740（22,929＋60,811）
54	310,737	110,850（33,816＋77,034）
55	225,452	135,045（？）
56	228,117	190,528（？）

（京都市教育委員会『京都市教育概要』各年版より作成）

表7　中学校PTA会費の使途　(単位=円)

年度	ＰＴＡ本来の活動	教員研究費	施設・設備費
50	6,410,798	1,706,541	
51	5,927,427	1,565,202	4,144,178
52	7,568,164	1,822,593	4,916,656
53	8,418,054	2,733,676	8,867,639
54	9,278,459	3,520,321	10,637,492
55	10,742,768	4,085,900	9,101,212

（京都市教育委員会『京都市教育概要』各年版より作成）

す。（五一年三月六日）

では、ほとんど明らかにしようもない発足当初のことはおくとして、五〇年代における寄付等の私費はどれ位の額に上っていたのであろうか。

毎年の寄付額は、表6から明らかなように、教育委員長が寄付規制を「緩和したい」と語った五一年度から急伸している。また、寄付に学校徴収金をプラスした私費の合計額の市費に対する割合は増加の一途をたどり、五六年度には拮抗せんがばかりの勢いであった。

ところで、いわゆる私費はこれにつきない。たとえば、PTA会費の流用である。表7を見てみよう。会費の使途が、その本来の活動にあてられる割合が少ないのに驚く。そして、公費から支出さるべき教育施設・設備費や教員研究費にその過半が使われているのであった。

その他、オモテには現れない私費も相当額に上がっていたのではないかと思われる。五五年七月四日に市会の文教委員会は小中学校長代表三〇名を招いて懇談会を催しているが、その席上で中学校々長代表は「設備費の三分の二、経常費の半額を育友会などの援助に仰いでいる」と述べている(61)。この辺りが私費の実態であったとも考えられる。

いずれにしても、市当局の財政的健闘にもかかわらず、私費の果たした役割が如何に大きかったかを窺い知り得よう。重ねて言うが、紛れもなく、義務教育費は公費負担であるべきだ。そうではあるが、私費が直接的に公費の不足を補い、学校の円滑な教育活動を助けたこともまた紛れもない事実であった。項をあらためて、その具体相に迫ってみたい。

2 PTAなど地域住民の学校援助・協力活動

まずは、三つの中学校の略年表を掲げておこう。その一つは、発足時は小学校併設中学校であったが、四九年度には新築校舎で新たなスタートを切った山科中学校である。二つめは小学校転用校、すなわち小学校の庇を借りての誕生であったが、一年後の四八年度にはその母屋をも乗っ取ってしまった郁文中学校である。そして三つめは旧制中等学校転用校、すなわち市立第二商業の併設校としての門出であったが、これまた一年後には家主を追い出して独立した北野中学校である。以上、三タイプの新制中学校の略年表である(62)。

【山科中学】

四七年　五月　五日　創立＝山階小学校に併設

午前と午後の二部授業→隔日授業

六月　四日　保護者会結成

四八年　一月二三日　新校舎敷地に標柱

九月一一日　「校舎建設委員会」結成。設備充実のため寄付金募集

四九年　三月三一日　第一期校舎竣工（第二―八期は付図を参照）

四月一三日　新校舎に移転、再出発

五一年　一月一六日　校地拡張の整地工事

五二年度　倉庫竣工、校門新設など

五三年度　排水溝構築、便所新設など

五五―五六年度　「講堂建設準備委員会」及び「講堂整備会」結成

五七年　四月二〇日　講堂兼雨天体操場竣工祝賀会

【郁文中学】

四七年　五月　五日　開校＝郁文小学校に併設。間もなく保護者会生まれる

四八年　四月　一日　郁文中学校として独立。この年、育友会（保護者会を改組）第一回総会

五〇年　九月　　運動場拡張運動始まる
　　　一〇月　　「育友会オール委員会」及び「実行委員会」成立
五三年　二月二二日　運動場拡張工事竣工式
五四年一二月　　木造校舎の「改築実行委員会」発足
五五年　三月二五日　寄付金募集活動開始
五六年　三月末　　第一期建設完成（四階建て四教室）

〔付図〕

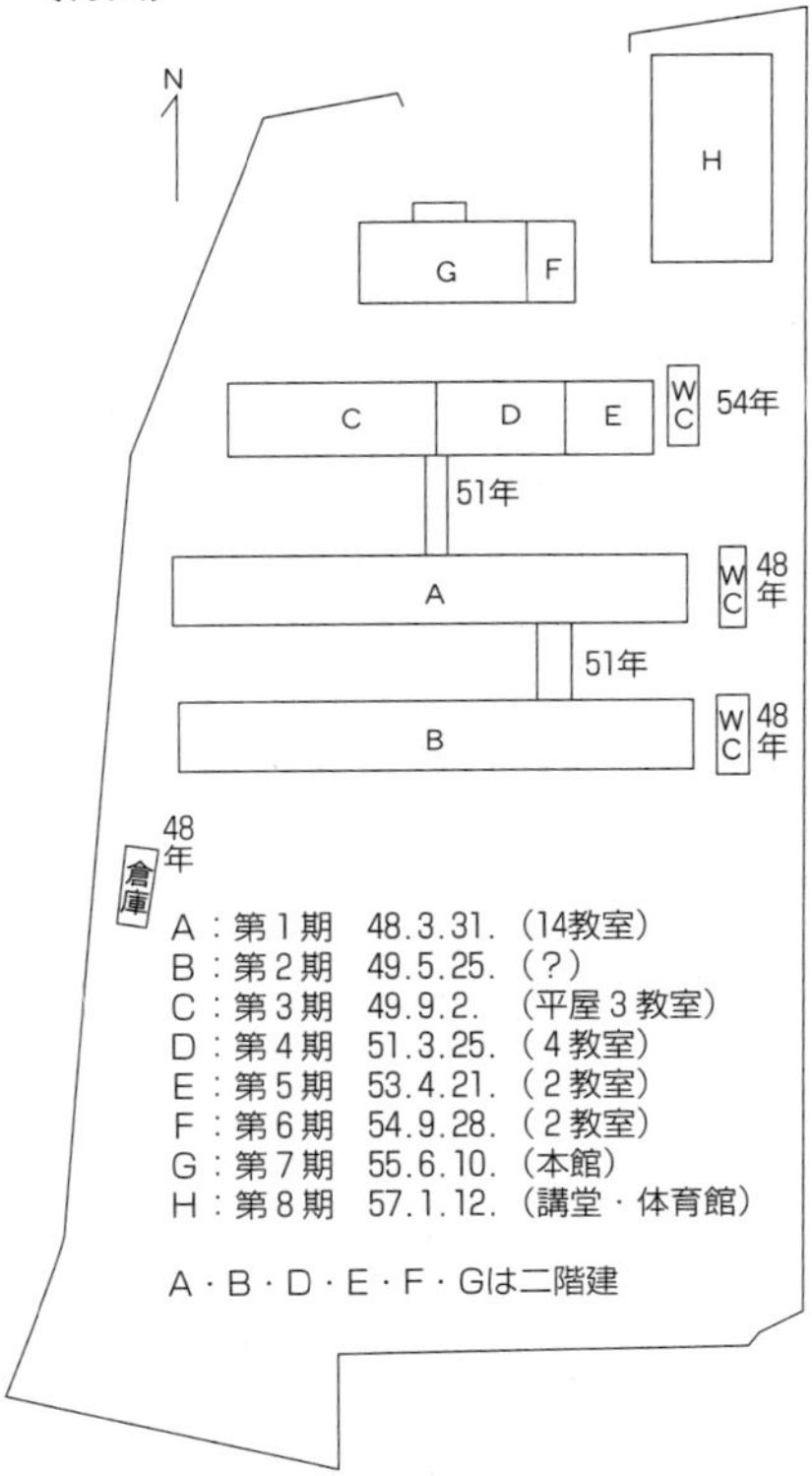

五七年　七月一五日　第二期建設竣工式（八教室）

【北野中学】

四七年　五月　五日　開校＝市立第二商業学校に併設

四八年　五月　一日　独立

五四―五五年度　講堂を四教室に間仕切り。会議室を教室に転用。倉庫を職業科教室に転用

五六年　四月　八日　旧二商同窓会館を教室に転用

〔付表〕　生徒数の推移

四八年度＝一、五四八人　四九年度＝一、六四七人　五〇年度＝一、七〇五人

五一年度＝一、六四九人　五二年度＝一、七八六人　五三年度＝一、九五八人

五四年度＝二、二七八人　五五年度＝二、五三四人　五六年度＝二、四九九人

いずれも、味も素っ気もない略年表ながら、それでも幾つかのことが見えてくる。

まずは、新築校である山科中学校から見ていこう。

八期にわたる建築事業を通して、「未完成品」から「完成品」への努力が積み重ねられたことが読み取れるであろう。四九年に独立校舎が新築され、併設時代の二部授業や隔日授業などの逆境から解放されたとはいえ、当初は「二棟校舎学校」であった。付図から読み取れるように、八期にもわたっての「完成

品」への道程は短くはなく、また平坦でもなかったのである。

すでに最初の校舎建築を前にして、「校舎建築委員会」が結成されて寄付金集めが行われている。初代育友会長・蒲原昌夫は、「専ら寄付集めに努力」したと述べている。集まったその金額は一世帯平均三〇〇円、計一三七万円であった。さらに、校地も一市民からの寄付であった。ついでながら、この種の市民からの土地提供は稀有ではなかったようである。たとえば皆山中学校では、土地の所有者七名から「教育のためならば無償で提供しよう」との申出があって、これでもって校庭拡張工事が可能になったという。

山科中学校では、その後の度重なる増築に際しても、その度毎に育友会が「内部施設などについて援助」しなければならなかった。たとえば、第六期校舎増築時の育友会長・岩本健一は、「私が（会長に）選ばれたのも、施設の充実に多くの期待がかけられたからだろうと思う」と回顧している。岩本は市会議員であったが、集金能力に長けていたのであろう。

講堂建築の時もまた然りであった。この時には、約二〇〇万円の募金獲得に成功しているが、時の育友会長・奥田政次郎は次のように語っている。

やっと講堂建設が決まり、やれやれと思うのも束の間で、……内部設備や付帯工事等については、全て当該校でその経費を負担しなければならず、そのために育友会を中心として結成した「講堂準備会」によって、資金の調達を図らねばならなかった。……育友会員、保護者は勿論のこと、校下全地域の居住の方々にまで多大のご協力をいただくことになった。

めでたく講堂竣工祝賀式を迎えた時の育友会長・中野次郎も、「緞帳、暗幕、演台、長椅子、映画室等々、高額の費用を要したが、全費用（校下の方々の）ご協力ご援助の賜物である」と、感謝の気持をこめて述べている。

右に見てきたようなPTAなどの校舎等の建築に際しての援助は、新築の新制中学校に共通するそれであった。一例だけ補足しておこう。中京中学校では五五年の校舎増築の時、一階は防音装置の完備した放送室と保健室、二階はあらゆる実験にも不自由しない理科室、三階は防音完備の音楽教室、そして屋上にも気象観測用の風向計・風力計の設置等と、見事ともいえる整備を完工している(63)。これらは全て、育友会をはじめ校下の住民から多額の「浄財」が寄せられたからこそのことであった。

次に、郁文中学校について見てみよう。

同校は小学校を転用したものであり、一応は「完成品」であったから、山科中学校のような校舎増築に関わっての苦労は、あまりなかったと思われる。だが、校舎の改築と運動場拡張という大きな課題を背負わされていた。校舎は老朽化が甚だしい木造のそれであり、また運動場は生徒一人当り〇・四坪という狭さだったからである。

まずは、木造老朽校舎の改築である。五四年に市の起債によって校舎の一部改築の見通しが立った。しかし、それは八教室に限られ、あまりにも中途半端なものであった。そこで、改築実行委員会を組織して、市政協力委員の協力をも得て、「生徒の保護者であると否とを問わず」広く寄付を募ることによって、より徹底した改築事業に取りかかることにしている。目標額は二〇〇万円であり、その趣意書には次のように書かれていた。

（市の起債による）これら八教室完成の暁は、この新教室で勉強できる生徒たちはどんなに幸福であろうかと今から楽しみにして居ります。翻って旧北校舎を見るに、これは昭和二年の建築で……今や天井の漏水の跡や壁面の剥げ落ちなどで甚だ見苦しい状態であり、その上床板も弱って所々落ちる有様です。……就きましては、今回校舎改築のできる機会にこの北校舎も整備充実して、全ての生徒が同じ喜びの気持で勉強できるように致したいと考えて居ります。

募金は目標額を突破して二二五万円が集まり、これでもって北校舎修繕のほか、放送設備、暖房用ガス配管、ガスストーブの購入等の整備をも図ったのであった。

郁文中学校のいま一つの課題は運動場の拡張である。これに際しても、実行委員会を結成して、市への陳情や地主との交渉と同時に、資金の募金に取り組んでいる。四条大宮付近の土地は時価で坪三万円であったが、市の補助は「公定価格」である坪一万円を基準とするものであった。実行委員会の責任者・松崎秀雄は、「地代の折り合いがつかない、市は公定相場以上で買収するわけにはいかぬ、……（土地所有者はそんな値段では）首を吊るという、……金がいる、そんな金を地元が出」したと述懐している。

実行委員会では募金目標額を六〇万円と定め、この時もやはり、「直接お子様を郁文中学校に通学させて居られると否とを問わず」広く校下の人々に協力を呼びかけた。募金は目標額を超えて、六七万円に達している(64)。

校舎の老朽化と運動場の狭隘に対する悩みは、郁文中学校に限らず、多くの小学校からの転用中学校に共通したそれであったものと考えられる。したがって、それらの学校では校舎の改築と土地の獲得が主要課題であった。ここでも一例を補足しておこう。初音中学校では、五四年に木造老朽校舎を鉄筋三階建ての校舎に再生させる改築工事に着手している。

「さて校舎が出来ても設備が……」などと心配するにはおよばない。「任しておけ」とばかりにＰＴＡが立ち上がった。改築委員会を結成、「わが中学校のために、わが子のために」と暖かい支援を惜しまない(65)。

最後に三つめの北野中学校。

北野中学校は、さすがに旧制中等学校を転用したものであっただけに、鉄筋造りで普通教室以外の諸施設をも保有し、校地も広くて相当に恵まれていた。しかし、これが却ってウラメに出て、次々と生徒定員増を押しつけられる。略年表に見られるように、せっかくの講堂を始めとする諸施設を次々と教室に模様替えさせられ、加えてプレハブ校舎まで建てさせられている。こうした工事に要した諸経費は小額とは言えず、父母たちの負担もまた軽くなかったと思われる。

なお、右のような拡張工事の結果として、付表から見てとれるように、優に二、〇〇〇名を超えるマンモス校となった悩みも小さくなかったであろう。前身の市立第二商業学校時代の生徒定員が約一、〇〇〇名であったことを考えると、適正規模を超えているばかりか甚だしい過剰収容である。教育条件改善のための市への陳情など、こうした面での父母たちの苦労も並大抵ではなかったことが察せられよう。

以上、校舎の出生の由来を異にする三つのタイプの中学校を選び、それらが如何にＰＴＡなど地域住民の援助によって支えられていたかの一端を考察してきた。ただ、その援助の重点を寄付行為に置き過ぎてきた嫌いがする。そこで、寄付とはまた一味違った形での援助・協力についても、簡単に見ておきたい。

まずは蜂ヶ岡中学校における五五年の講堂建設時のことである。時の育友会々長・片岡三作は、「寄付、寄付でしたので、それにかわるものとして芝居をやった」と語っている。すなわち、同校育友会は、南座や北野会館を借り切って一〇回連続で素人歌舞伎の公演を打ち、一五―一六万円を稼いで、これを講堂建設資金の一部に充てたのであった。なお、出演の役者は西陣の織屋さん仲間ほか京都素人歌舞伎のメンバーで、無報酬協力であったという。

同じように、興行精神の逞しいところでは、九条中学校の例がある。五三年、ＮＨＫラジオの人気番組にあやかって「『歌謡三つの歌大会』を催し、入場券を発行して一般聴衆を募」り、その収益金を「学校の施設整備に充当」したという。いま一例、伏見中学校の例をあげておこう。同校では、かの人気俳優・長谷川一夫の「母校愛」からの協力で、「天下一品の図書館」をつくり上げている。図書館整備資金が不如意であることを聞かされた長谷川一夫が、「それでは母校のためにステージに立ちましょう」と申し出て、日高澄子、大友千春等の芸能人二〇余名で大演芸会を催し、「これの純益一〇万余円を寄金として」図書館の基礎が固められたという(66)。

その他、バザーによる資金作りは、多くの学校育友会の常套手段であった。たとえば月輪中学校では、「毎年バザーが催され、その収益で屋根がつき、道路にコンクリートが流され、……各教室の前にはゲタ箱、カサ立ても置かれ」たのである。

桃陵中学校の「運動会その他の学校行事」の時には定まっての「売店経営」。これまた多くの中学校で見受けられた光景である。ついでながら、「運動会の時に売店にウドンが出ていて、その利益で校舎なんかを直すんだといわれて精出して食べた」という生徒もいた。これは下鴨中学校の一卒業生の回顧談であるが、当時の中学生なら、自らの体験の有無はともかくとして、誰もがそのような生徒の存在に思いあたるであろう。

ところで、「学校づくり」への援助・協力は、何も財政的なそれだけとは限らない。「汗の奉仕」である。瞥見しておこう。草創当時の洛北中学校や桃陵中学校では、「大勢の父兄の奉仕活動」で、「校庭の整備に努力し、池を掘り、石を運び、松を植え、車寄せを作り、山羊小屋を建てる」などの仕事に精を出したという。このような「汗の奉仕」も、その他ほとんどの学校で目にすることが出来た佳景であったといえる。

こうした事例を追い続けていると、PTAなどの援助・協力活動の大きさ・幅の広さをあらためて思い知らされる。そして、父母たちのPTA活動に対する関心も低くはなかったと思われる。

毎月ＰＴＡの総会を開くのですが、いつも四〇〇人あまりの生徒に対して、三〇〇人以上の出席がありました。……質問や討論も盛んで、壇上を降りると八方から質問攻めで、帰りは七時、八時になることがザラでした。（四八、九年頃の下鴨中学校）

（育友会の）会議は白熱的論議が展開されましたが、それでも問題の解決に至らなかったことも再三あったことも思い出される。喜びと悲しみ、怒りと微笑、憂いと悩み……。（五〇、一年頃の郁文中学校）

いつ頃までＰＴＡ活動が活発であったかは定かではない。ただ、五三―五五年当時の中京中学校々長・辻礼三は、「弁論大会や生徒大会は運動場でやっていたが、道往く人々は、中学生の発表に足を止めて激励や野次を飛ばし、……」と語っている。五〇年代半ば頃には、まだ地域住民の人々の暖かい目が新制中学校に注がれていたと考えていいようだ。

3　生徒と教師の手による「学校づくり」

新制中学校の整備・充実に対する国や市の財政的支出が十分でないなか、これを補うものとしてのＰＴＡなど学区民の援助が果たした役割は大きかったが、その負担も決して小さいものでなかった。それだけに、教師や生徒たちは「どんなことでもＰＴＡに縋ろうとする観念をなるべく捨て」ようと心がけたであろう。そうした心がけからも、彼ら自らも自らの手で教育条件の改善に、そしてさらには目的意識をもって「学校づくり」に取り組んでもいた。以下では、そうした彼らの姿を、主として各学校史・誌ならびに当時の『京都新聞』に「語り部」となってもらい、その語りに耳を傾けながら考察していきたいと思う。

まずは、運動場の整備である。

校庭とは名ばかりの、草の茂った原っぱに黒いコークス灰がまかれただけのお粗末なものでした。それでも自分たちの学校だという意識は強かったようで、みな一所懸命に運動場のローラ引きや石拾い、草を引いてテニスコートなどを整理……。（高野中学校）

もちろん珍しい話ではない。醍醐中学校でも「自分たちに出来ることは自分たちでしよう」と、草刈りや石拾いをして運動場をつくり上げており、また山科中学校では「箱を引き、河原のような石を拾い、先生や生徒も運動場造りに毎日一生懸命に」働いていた。こうした光景は、下鴨中学校、洛北中学校、藤森中学校、蜂ヶ岡中学校等々、とくに発足当初の新設中学校の何処ででも見受けられたそれであった。なお、近衛中学校では、運動場を掘り返して整地をしていたら「芋が沢山でてきた」という。この校地の前身は地域住民の飢餓をやわらげてくれた芋畑だったのだろう。当時ならではの微笑ましい逸話である。

運動場の次は花壇造りである。

この作業は、蜂ヶ岡中学校などでは授業の間の「勤労奉仕」であった。さぞかし、「作業の後に飲む一杯の水がうまかった」ことであろう。藤森中学校では、園芸クラブの生徒が中心であった。薄暗い教室に飾りつけられた花壇の花々は、「生徒たちの心の中に蛍光灯のようなやわらかい明るさを投げかけた」ものであった。ついでながら、このころ「蛍光灯」は「明るさ」の象徴であったようだ。

さて、校舎の外から、目をその内に移そう。

全く寿命の過ぎた老朽校舎。机、椅子、教卓、ガラス窓などはおろか、校舎外部の大修理、便所ドアのカギまで修理。……「七回壊しても八回修理しよう」を合言葉に。……数えればキリがない。工作室の椅子、図書の修理、全て生徒の手によるもの。

机が壊れればこれが実習の対象となり、椅子も完全に直してしまう。廊下の床板の修理・修繕や簡単な備品、たとえば掲示板や戸棚なども生徒の手で(67)。

このようであってみれば、「私たち、ずいぶん校舎を大切にしました。鉛筆を削るにも、家からマッチ箱を持って来ていてそれに削りました」という。このころの中学生なら、ほとんどの者が家からタワシや米ヌカを持参して教室の床や廊下を磨くといった類の経験を持っているであろう。そして、まま「美化のコンクールのようなこと」(月輪中学校)を行って、クラスが競って環境作りに精を出したことも。

彼らは、自らの手で学校の設備・備品を修理・修繕してこれらを大切に扱うといったことに止まらず、それらを新たに作り出していく作業に汗を流してもいた。

「無から有を生」もうとばかりに、醍醐中学校のグラウンド用のベンチ作り、洛東中学校の家庭科教室の腰掛作り、尚徳中学校の針金による星座球や電気実験用メーター類の製作等々。また、松原中学校では、ラジオやスピーカーはもとよりのこと、各教室に張り巡らされた配線にいたるまで全て生徒の手によって行われ、業者の手を煩わせたものは一つとしてなかったようだ(68)。

こうした中にあって、次のような烏丸中学校の自慢の理科標本室は特に有名で、全国各地から参観者が続々と押し寄せ、誰もが一様に目を見張ったと報じられている。

充実した理科の教材は、ほとんどが廃品の利用ばかり。穴のあいたアルマイトの弁当箱は水素発生の実験の原料に、切れた電球を化学実験用フラスコに、壊れたオモチャのバネを弾性の実験に利用……。生物では紀元前百年前の想像動物などが、いずれも廃品で作られ……(69)。

このように見てくると、学級全体、いや学校全体に漲っていた明るい活力を感じる。そしてそれは、相対的に元気に欠けた生徒にも吹き寄せ続けて、その生徒の眠っていた活動力を呼び覚ましたことであっただろう。

ところで、この辺で少し視点を変えて、教師と生徒たちの手による「学校づくり」の目標に見られた幾つかの特徴を考察していきたいと思う。

まずその一つめとしては、地域社会に根ざした学校づくりということをあげ得る。すでに見たように、地域社会の人々の目は少なからず新制中学校に注がれていたのであるが、新制中学校の目もまた少なからず地域社会に向けられていたのであった。ここに、当時の新制中学校の一つの大きな特徴があったと言ってもいい。

洛東中学校の場合を見てみよう。同校では、全校生徒の三分の二以上の家庭が何らかの形で陶磁器産業との関わりを持っていた。そこで、こうした地域的特色を生かして、全ての教科に陶磁器のことを採り入れた「地域社会に基礎を置いた新しいカリキュラム」の作成に取り組んでいる(70)。嘉楽中学校も同様、地場産業が仲立ちとなって学校と地域社会が結びついた例であった。すなわち、ここの校区は西陣織のマチである。地域有志者の寄贈になる織機を活用して西陣織物の製造実地指導を行うとともに、完備した「西陣織標本室」は実物や模型でもってその製造工程が分るような工夫が凝らされていた(71)。

学校教育を地域社会に結びつける仲立ち役となったのは、こうした地場産業だけとは限らない。自然や歴史なども また、その役割を果たす。その実践例として、上桂中学校の「地域教室」と蜂ケ岡中学校の「郷土室」とを覗いてみよう(72)。

前者は、歴史的には長岡の文化遺跡、自然的には丹波古生層より流れ出る桂川や豊富な動植物から取材した総合陳列室である。また後者は、地域の自然のほか、嵯峨の民芸品などの地域文化を一堂に展示したものであった。それらは「オールクラブ員が学校の行き帰りに道端にまで注意を怠らなかった賜物」であり、「集められたものは、その一つ一つに生徒の血が通っている労作」だったのである。

彼らは、身近な地域の産業および自然や歴史に親しみ、そこから多くのことを学び、その学んだことを通してさらなる地域への関心や親しみを育んでいったのではないだろうか。

「学校は地域と共に歩む」という理念に立って、自校を「東九条の文化センター」たらしめようとする陶化中学校の取り組みもまた見落とせない。「地域の生活改善と向上を目指」して婦人会に呼びかけて、「家庭の模範的な台所とは」等といったテーマで勉強討論会を催したのも、そうした取り組みの一つであった(73)。高野中学校もこれと似たケースであったといえよう。同校は、採光や設備において「市内一を誇る図書館」を有していたが、この図書館は生徒のためにだけのそれではなく、「学区の文化向上に一役果たす」べく、広く学区の人々に開放することを志向していたのであった。ちなみに、この図書館の整備に際しては、学区有志の「教育助成会」が三〇万円の寄付を行っている(74)。学校と学区民との息の合ったキャッチボールと言い得よう。

高野中学校の図書館のことが出たところで、注目しておきたい二つめの特徴である学校図書館のことに移ろう。右の高野中学校に限らず、他の学校のPTAなどでも図書館整備には随分と尽力していたが、これはまた学校自身の重点課題でもあった。

岡崎中学校の校長は、「三〇余坪の図書館を新設し、その苦しい予算の中から巧みに経費をひねり出し、次々と蔵書を増やして今日では七、〇〇〇余冊の各種図書を完備」するにいたっていた(75)。教師たちが拠出した本をベースとして図書館が生まれたケースも少なくない。九条中学校などでは、それをベースとして生徒たちも「本を持ち寄って図書館を作り」上げていったようだ。また、加茂川中学校では、図書館長の先生が少ない予算の中で、「生徒諸君に少しでも多く良い本を」との願いから、足を棒にして「古本屋を探し歩く」という苦労を重ねている。図書館は生徒にとって「何よりの憩いの場所」であり、「生徒の読書意欲は盛ん」であったからこその苦労であった。その盛況ぶりを『京都新聞』は、「閲覧室は常に超満員で、休には閲覧者が廊下に溢れる」(五四年三月二一日・嘉楽中学校)、「連日超満員で一時は整理券を発行」(五四年四月一日・衣笠中学校)などと報じている。活字離れなどといった言葉が生まれる以前の、活字に飢えていた当時の中学生の姿が目に浮かぶ思いがする。

「学校図書館法」が成立した五三年頃、学校間格差はあっただろうが、京都市内の中学校図書館の平均蔵書数は一、九二七冊であった。生徒一人当りの冊数にすると、一・九冊の勘定になる。当時の全国平均が〇・五冊であったことからいえば、京都市の中学校図書館はかなり充実していたといえそうである(76)。

なお、市教育当局もまた、「学校図書館法」制定以前の早い時期から、図書館教育を教育の三大目標の一つとして重視していたことを付言しておくべきだろう。自己宣伝に過ぎるきらいもあるが、当時の教育委員長であった北村金三郎の話を引いておこう(77)。

昭和二四—五年頃には、ずいぶん青少年の心を蝕む不良図書が多かった。そこで、よい図書を子供に与えなければならないということになり、図書充実のため三万円程を各校へ配分しました。今日、本市の図書館教育が他都市に一歩も二歩も先んじているのも、この当時の基礎があったからこそです。

どのような本が集められていたかは定かではないが、学校図書館がサマをなし始めた五一—五二年頃の中学生のベストセラーは『やまびこ学校』や『原爆の子』等であったという。この頃、各中学校ではしばしば映画鑑賞会が催されており、『ひめゆりの塔』『若草物語』のほか『やまびこ学校』『原爆の子』の評判が高かった。生徒たちの読書欲を触発した一つに映画があったことをうかがわせてくれよう。そこで、以後の映画鑑賞会の主なところを拾ってみると、五三年は『ひろしま』『ふしぎの国のアリス』『禁じられた遊び』等、五四年は『二四の瞳』『若草物語』等、五五―五六年は『青い大陸』『失われた大陸』『赤い風船』『黒い牡牛』等であった。

さて三つめの特徴として、健康に留意した「学校づくり」ということをあげておきたい。各学校ともが、ことのほか「体育」教育に力を入れていたのが目を引く。これには、多分に「戦後の社会事情からくる生徒の体位の低下を運動によって向上させよう」という意図と同時に、保健衛生への配慮が強く働いていたと考えられる(78)。

たとえば松原中学校では、体育重視の「舞台裏には保健思想」が「根本」に置かれていたのであった。その一環として「月々の寄生虫検査を実施」しているが、見事に四九年から五三年の間に有卵者を大幅に減少させるという成果を収めている。柳池中学校でも、「(昭和)二四年当初、全生徒の八八パーセントが寄生虫を保有」していたのを五三(昭和二八)年には「僅か五パーセント」にまで激減させることに成功したという。

なにぶんにも、国民の九〇%が寄生虫を持っており、寄生虫病は国民病の一つといわれた時代だった。それが、こうした各学校の「絶え間ない努力」によって、一〇年ほどの間に「全市の平均が一〇パーセント前後となった」という。そして市の健康教育課は、「この成績は、全国のどの地域と較べてみても、また一般大人の場合と較べてみてもはるかに優れた値」だと胸を張っている(79)。いずれにしても、今日の「体育」教育とは趣を異にしたネライで、いかにも敗戦後の社会事情下での笑えぬ教育的努力であった。

この当時らしい教育的営為をいま一つ付け加えておこう。生徒の就職指導に係わってのそれである。最も多く見られたのは、桃陵中学校のように、「就職に備えて」商業実践クラブを立ち上げてソロバン実習等に力を入れるといったケースであった。また、二条中学校のように「就職にきわめて有利」との判断から、当時は「贅沢品」と考えられた「小型四輪車」一台を敢えて購入すると同時に「それの実物そのままの実験用運転台も製作」し、自動車部の活動を支援するといった類の例も、まま見られる。

いずれにしろ、まだ進学率があまり高くなく、「どうして進学させるか」ではなく、「どうして就職させるか」に心を砕いていた当時の新制中学校の一つの教育的努力といえよう。藤森中学校などでは、三年生担任の教師は一、二月ともなると、「親と火鉢を囲んで子供の進路を相談し、夜遅く大阪や枚方の工場街」を訪ねてまわったり、「生徒と職場を求めて、夜九時までも歩きまわ」り、そして「(生徒たちの)就職決定が終われば、校門に『完全就職御礼』という立看板を立て」ていたことが語り伝えられている時代である。

右に見たように、まるで保健所でもあり職業安定所でもあり等々といったように多くの機能を抱え込むことが、学校本来の姿として好ましいのか否かは別問題ではあろう。ただ、学校と地域社会との連携が密であったこと、また当時の社会事情のことを考慮するなら、こうした新制中学校の教育活動もまた評価してもいいのではと考える。

教師と生徒による「学校づくり」のいま一つの大きな特徴として、四九年度頃から活発化し始めたと思われる戦後「民主教育」の申し子＝「生徒会」のことを見ておかなければならないであろう。これについての評価は、難しくはある。ただ、その役割が、ただ単に学校内の仕事の分担処理に終始したものでなかったこと、そして生徒の主体性が大事にされていたことは言い得よう。まずは、その成立について見てみよう。

全教師の討論会で「生徒会結成指導委員会」が設けられたのが五〇年三月の終わりであった。当時、教師側にもその進め方または本質について十分理解がなく、早速他校の状況を生徒と共に視察研究して帰ったり、研究図書輪読会を毎日の如く六時ごろまで行い、生徒会の必要性とその価値についての認識を高めることにした。（郁文中学校）

生徒会を作ろうとしたが、生徒会とは何か、どうして作ればよいのか、雛型がないわけです。どんな会則を作ればよいのかさっぱり分らない。それで、福田先生のご指導の下で、何人かで毎日遅くまで……一所懸命こしらえた。先生と共に会則などを幾日も幾日も夕方まで考え合ったり、運営方法などを若き情熱をぶつけ合って討論し合ったものです。（月輪中学校）

右の二つの引用文のうち、前者は教師の、後者は生徒の回顧談であるが、他の中学校でも大同小異であったろう。いわば未踏の地への一所懸命の挑戦であったこと、そしてまた生徒会の誕生に際しては教師の指導が不可欠ではあったにしろ、生徒の側も受身ではなく能動的であったことが読み取れよう。そうした生徒側の姿勢は誕生後も然りであったと考えられる。

役員選挙などは、ほとんど全て生徒の手に委ねられていたケースが多く、下級生をも含めて役員になり手が少なくて困るといったこともなかったようだ。「五倍の激戦で、一年生が四人も当選して、ビックリさせました」（下鴨中学校）という例もあった。幾つかの生徒会の役員選挙の風景を眺めてみよう。

（選挙の立会演説会では）全生徒は椅子を持って整列。各候補者は白だすきをかけて熱弁をふるった。（蜂ヶ岡中学校）

（候補者は）白だすきをかけ、墨で太く自分の名を書いて、校内を廻った。学級あるいはクラブなどで推薦された候補者は、休み時間は数名の応援者を引き連れて、各教室や廊下を廻って「清き一票を」と叫びまわった。二階からは下まで届く垂れ幕が下がり、まさに校内は選挙一色に塗りこめられた。（加茂川中学校）

生徒会に対する生徒たちの積極的な関心は、生徒会旗や生徒会歌への愛着からも見て取れる。生徒会旗の製作に当っては、「みんなが一円以上持ち寄り」、あるいは「みんながおやつ代を節約して」費用を捻出した例も珍しくなかった。多くの生徒たちにとって、それは「仰ぐシンボル」であったようだ(80)。生徒会歌についても同様で、その歌詞は生徒の手になるものも多く、「皆、自分たちの作ったものだという実感で、とてもよく歌われた」(月輪中学校)とか、「(歌詞は公募で)酒井晃君が当選。……十分な設備のない当時の中学生に、どれだけの勇気と希望を与えたことか」(蜂ヶ岡中学校)等といった回想が目につく。

生徒会の具体的な活動内容はというと、文化祭、体育大会、キャンプの企画と実施等々と、かなり多彩であった。ただ、ここでは新制中学校の発足から三、四年が経って漸く実施が可能になった泊りがけの修学旅行に際して、各学校に野火の如く広がった一つの活動例を紹介するに止めたい。

皆が参加できるようにしようというので、セッケンを各家庭に売りに行って、その利益で行けない人も参加できるようにしようという運動が生徒会で始まった。(月輪中学校)

生徒会が石ケンを売って、(貧しくて)修学旅行に行けない友人やら、病気などで行けない人に買ってくるお土産代をつくったりした。(加茂川中学校)

「みんなが揃って楽しく旅行へ」と、先生や生徒たちが立ち上がり、洗濯石ケンやチリ紙を友のために売り歩いた。趣旨に賛同してか飛ぶように売れた。(嵯峨野中学校)

修学旅行の時、費用のない子を援助するため、洗濯石鹸を売りに歩いた。(藤森中学校)

修学旅行に参加できない貧しい友達のために、全校生徒が石ケン販売を行って友愛の情を発露。(洛東中学校)

修学旅行に行けない学友のため、石ケン・電球・ノート売り。そして廃品回収も。(高野中学校)(81)

中学校時代の仲間関係は、小学校時代のギブ・アンド・テークを中心とする協力関係（co-operation）を卒業して、仲間の喜びのために自分は何ができるか、何を為すべきかといった他者への関心・思いやりが中心となる協同関係（collaboration）へと移っていくものだといわれる。いわば、同年輩の仲間との間での同一化や帰属が達成されるべきだということであろう。学校の花形行事であった修学旅行は、彼らの「見聞」を広める機会であったのみならず、そうした新しい「人間的かかわり」のあり方を陶冶する好機ともなったのではないだろうか。そうだとすれば、右のような生徒会を中心とする「学校づくり」活動の意義、けだし小さくはなかったと言っていいだろう。

稿を了えて――「おわりに」にかえて

新たに全国五〇〇万人の中学生の校地校舎を整備するためには、多額の資金と莫大な資材と広大な土地を必要とする。したがって、敗戦直後の逼迫した財政事情の下で、新制中学校を生み育てていくということは容易ならざる大業であり、その遂行の道程は荊棘のそれであった。小稿では、京都市におけるその棘路の実相と、それに立ち向かった人たちの姿を明らかにすることをこころみてきたつもりである。

ところで、「戦後京都における教育」研究会でこの章＝「新制中学校の誕生」を担当することになった時点では、敗戦当時にあって新制中学校がかくも翹望されていた学校であったとは、迂闊にも思い及ばなかった。それだけに、その翹望の実現のために、文部省や地方自治体のお役人の中にも心血を注いだ人たちが居たということもさることながら、父母・地域住民や生徒たちが頑張っていた姿などをあらためて知り得たということは望外の収穫であったといえよう。

新制中学校の円滑な教育運営に資するところ大であった父母・学区民の援助・協力のありようは多様であったが、それらは概して地域ぐるみの活動で、自分の子供だけではなく他人の子供たちの成長にまで心を砕いての、いわば「共貧共生」の気持ちからのそれであったように思える。生徒たちの新制中学校に対する思い入れも強く、自分たちもまた「学校づくり」の主体の一員なのだという英気に溢れた様々な実践に取り組んでいた。それらの実践を通観して感じた。学校で彼らは、「友だちと共に、ここにいる」といった空気に包まれていたようだと。こうした学校の空気は、おそらくは、陰湿ないじめや校内暴力などといった罪過を抑制すると同時に、さらなる「学校づくり」の活力を触発する働きをも持っていたことであろう。

註

第1章

1 佐々木享『高校教育の展開』大月書店、一九七九年、二六ページ、参照。
2 村松喬『教育の森1　進学のあらし』毎日新聞社、一九六五年、二二―四〇ページ、参照。
3 佐々木前掲書『高校教育の展開』一七ページ、参照。
4 文部省『昭和二七年度公立高等学校入学者選抜実施状況および学区制に関する調査報告』一九五二年九月、六六ページ、参照。
5 『京都新聞』の以下の記事を参照されたい。「共学の全面実施」一九四八年八月三日、「新制高校再編」一九四八年八月一七日、「新制高校」一九四八年八月二九日、「来月中旬発足」一九四八年九月九日。
6 『歩み――京都府公立高等学校十周年記念誌』一九五八年、一〇ページ。
7 「学制改革」を記録する会編『ああ朱雀』かもがわ出版、一九九三年、六二ページ。
8 『近代日本教育制度史料』第六巻、講談社、一九五六年、四九九ページ。

9 「綜合考査には賛成」『京都新聞』一九四一年一一月二三日、参照。このような考え方は、戦後においても存在している。たとえば、一九五三年一一月七日の府会における芦田重左衛門教育委員長の発言を参照されたい。
10 「目指すは適正第二」『京都新聞』一九四一年一二月二七日、参照。
11 田村義雄「京都府の実施した中等学校入学考査法」『文部時報』第七八二号、一九四三年一月、参照。
12 増田幸一「中等学校入学者選抜法の変遷」前掲『昭和二七年度公立高等学校入学者選抜実施状況および学区制に関する調査報告』参照。
13 田村前掲論文「京都府の実施した中等学校入学考査法」参照。
14 「学区制は廃止――総合考査で選抜」『京都新聞』一九四五年一二月二八日、参照。
15 たとえば府会議員の細川馨（民主党）は、「入学志願者を一体として綜合的なる考査を行つて、そうしてそれを地域的に配当して文部省から非常に推賞されたということがあります。あれは何故ああいうふうな面倒な方策を採つたかともうしますと、入試に伴うところの不正事件が続発して、それに困り切つた結果ではないかと存ずるのであります」（一九四八年三月一二日）と、府会で述べている。その他、芦田重左衛門教育委員長の一九五三年一二月一二日、一九五五年三月七日の府会における発言も参照されたい。
16 前掲『歩み』二九―三〇ページ。
17 GHQ／SCAP文書、CIE（D）01859、参照。
18 「新学制発足時の関係者座談会速記要旨」『京都府教育史』一九五六年、六〇三ページ。
19 「高校進学・府市妥協成らず」『京都新聞』一九五一年二月一日、や、「通学区制も廃止か」『夕刊京都』一九五一年二月二日、を参照。
20 「市内高校の通学区域変更」『京都新聞』一九四九年三月五日、参照。

21　「高校の新通学区域決る」『京都新聞』一九五〇年三月一六日、参照。
22　「教委長をつるし上げ？」『京都新聞』一九五〇年三月一四日。
23　「高校入試に望む」『京都新聞』一九五一年二月一五日。
24　「定員超過は他校へ」『京都新聞』一九五一年三月一四日。
25　教育統計課「京都市内公立高等学校通学区域について」『教育展望』一九五四年一月。
26　高等学校々長会「京都府における綜合制、地域制、共学制について」『教育展望』一九五二年七月。
27　毎年三月の『京都新聞』の学区の変動を伝える記事によると、一九五五年から一九七四年までの間、高校の新設が行われた一九六三年と六四年を除いて、京都市域の学区の変動は、九学区から二六学区に止まっている。
28　「高校通学地域制について」『京都新聞』一九四九年五月一二日。
29　「〝高校通学地域制について〟に答う」『京都新聞』一九四九年五月二三日、参照。
30　「高校の通学区外さず」『京都新聞』一九五二年四月二〇日（夕）。
31　「社説　高校入試をめぐる問題点」『京都新聞』一九五一年一二月二七日。なお『京都新聞』は、同様の主張を一九五三年一月一九日の「社説　公立高校入学難をかく見る」においても行っている。また、一九六四年になっても、施設や設備において学校格差が存在することを指摘した記事が掲載されていた。詳しくは、「激動期に直面する高校教育」『京都新聞』一九六四年一月二八日（夕）、を参照されたい。
32　「モグリ入学締め出し」『京都新聞』一九五二年二月四日（夕）や、「モグリ入学、初の断」『京都新聞』一九五二年四月四日、参照。また、「区域制入学破る親心」『夕刊京都』一九五二年三月一〇日、には、一九五二年度入試において、「保護者から提出された入学願について府教委調査統計課が調査したところ特定の高校入学を希望したり、逆に特定の高校入学を回避するために一時的に転居したり、形式的な寄留をしたものが相等《ママ》数あることが発見され」、三月一〇日までに訂正がなければ不正志願として入学資格を取り消すと報じられている。
33 前掲「モグリ入学締め出し」。
34 調査統計課「京都市内公立高等学校通学区域について」『教育展望』一九五四年一月。
35 「一六人が越境入学」『京都新聞』一九五五年八月四日。
36 「府下公立高、合格者を再調査」『京都新聞』一九五八年三月二一日。その他、「父兄と面接、受け付け」同、一九六〇年一月二〇日、「公立高校入試特別越境きびしく審査」同、一九六一年一月一九日、も参照されたい。
37 詳しくは、「〝教育の自由侵害〟」『京都新聞』一九五五年八月七日、「提訴を取下げて転校」同、一九五五年八月一二日、を参照されたい。
38 このような、高校三原則は軍政部からの押しつけであるという議論に対して、芦田重左衛門教育委員長は、戦前の経験にふれたうえで、次のように反論している。「これは単に終戦後アメリカから押しつけられたという意味でございませず、戦後の教育にどういう形の教育を打ち立ててゆきますことが大事かという、教育理論の上に立つて出発したものである」(一九五三年一二月一四日)。
39 『京都府会議事録』一九五二年三月一一日、一九五三年一一月七日、一九五三年一二月一二日、参照。
40 文部省初等中等教育局『公立高等学校入学者選抜実施状況に関する調査報告書(昭和二九、三〇、三一年度)』一九五七年九月、参照。
41 「〝京に高校増設〟」『京都新聞』一九五三年一一月一日。
42 「商業コースを統廃合」『京都新聞』一九五三年一二月九日(夕)、参照。
43 同。
44 「私学側から横ヤリ」『京都新聞』一九五三年一二月一〇日(夕)。

45 「高校商業科統合に反対」『京都新聞』一九五三年一二月一一日。
46 調査統計課「京都府立高等学校の現行制度に関する世論調査について」『教育展望』一九五二年七月。
47 「教育三原則を再検討」『京都新聞』一九五六年一〇月七日。また、高校生急増対策として高校を増設する際にも、蜷川知事は「現在の学区制も再検討しなければならない」(「積極施策は来年度に」『京都新聞』一九六二年五月三一日(夕))と発言していた。
48 「ねりなおす〝三原則〟」『京都新聞』一九五七年五月二四日、参照。この記事によれば、一九五七年二月の市会予算委員会では、通学区域制の撤廃意見も出ていたという。このような市教委の動きに対して、総評京都地評や教員たちは三原則堅持の運動を展開している。詳しくは、「〝三原則は崩すな〟」『京都新聞』一九五七年六月二六日、「京で先生ばかりの銀輪デモ」同、一九五七年七月二四日、参照。また一九五五年一〇月から、府・市会や産業界、大学、PTAなどの代表者から、高校教育制度について意見を聞く府公立高校制度懇談会が何度か開かれているが、そこでは、「通学区域制については学校差をなくするためにも必要であるとの声が高かつたが、局部的には通学に不便な地域もあると技術的な改善を要望」する声があったと新聞に報じられている(「大学側は〝単独制〟」『京都新聞』一九五五年一一月九日)。「高校の教育制度再検」同、一九五五年一〇月四日、も参照されたい。
49 「公立高校の自由通学を望む」『京都新聞』一九五八年三月三日。
50 一九五七年一二月一三日における笹谷慎一郎(社会クラブ)の発言や、一九五八年六月三〇日における汐瀬吉蔵(自由民主クラブ)の発言を参照されたい。
51 「投書　高校地域制の緩和を望む」『京都新聞』一九六三年三月一六日。また、大学進学問題を総合制の問題とからめて論じた、「親泣かせの公立高校」同、一九六三年四月一八日、という投書もあった。
52 「府教委はモテました」『京都新聞』一九六六年一二月二九日。他に、「全国から〝聞き合わせ〟」同、一九六八年四月一〇日（夕）、も参照されたい。

53 「腰すえた『総合選抜制』」『京都新聞』一九六七年九月一四日（夕）。

54 また、一九六八年七月一六日の府会では、教育委員長職務代理の手嶋正毅が、府下の高校から平均して大学へ入っており、「他府県との比較においても、必らずしも京都が進学率において落ちているという結論は出てまいりません」と答弁している。

55 「大学受験こうありたい――京の学区制に是非論」『京都新聞』一九六五年一一月一五日。

56 「進学戦争（10）アルバイト先生」『京都新聞』一九六五年六月二五日、参照。また一九七三年六月二六日の府会においても、浅川亨（共産党）が教師のアルバイトについて発言を行っている。

57 この特集は、一九六八年四月一三日から四月二七日まで一〇回にわたって行われているが、かなり反響を呼んだらしく、一九六八年七月一六日の府会で取り上げられている。また『京都新聞』では「続 これでよいのか 京の高校教育」と題した二五回にわたる特集も、一九六八年六月一日から六月二九日まで行っている。

58 「悩む高校・校長会、府教委と『学力』論争」『京都新聞』一九六八年四月二三日。

59 「高校教育〝三原則〟にメス」『京都新聞』一九六八年四月二七日、参照。そして実際には、一九六九年二月四日、京都府高校教育研究協議会が発足している。詳しくは、「よりよい高校教育へ」『京都新聞』一九六九年二月四日（夕）、参照。

60 「公費補習を検討」『京都新聞』一九六八年五月一六日、参照。

61 「京の高校教育――府教委、新方針を打ち出す」『京都新聞』一九六八年五月一四日。

62 ただ、府教委の底上げ補習に対して、市教委の補習には底上げ補習、就職補習、受験補習が含まれていたという。詳しくは、「京都府・市教委の〝公費補習〟構想」『京都新聞』一九六八年七月一〇日（夕）、参照。

63 「〝手をつなぎ〟学力向上へ」『京都新聞』一九六八年一二月八日、によれば、府教委は中・高の連携を意欲的に進めた高校として一五校をあげているが、その中で京都市内の高校は、山城高校と朱雀高校しか入っていない。
64 「蜷川から林田へ (5)」『京都新聞』一九七八年四月一五日、参照。
65 「府の新年度予算案から」『京都新聞』一九七九年二月一三日 (夕)。
66 「2倍以上、一三校に」『京都新聞』一九七一年二月一四日。
67 「私学の『専願制』その周辺」『京都新聞』一九七五年三月九日、参照。
68 「高校入試を振り返って」『京都新聞』一九七六年三月二八日。
69 「〝公立離れ〟を暗示」『京都新聞』一九七九年二月二三日。
70 「増える志願者、〝門〟も広いが……」『京都新聞』一九七九年二月二七日 (夕)。
71 「公立高予想外の広い門」『京都新聞』一九八三年二月二五日。
72 各年度の『京都市統計書』によれば、京都市内の中学生数にしめる上京区・中京区・下京区の中学生の割合は、一九六五年に三三・四%だったのに対して、一九七〇年―二九・四%、一九七五年―二五・二%、一九八〇年―二一・四%と、年々減少している。それに対して、伏見区・右京区・西京区の中学生数の割合は、一九六五年―二四・九%、一九七〇年―二八・五%、一九七五年―三三・一%、一九八〇年―三七・八%であり、増加が著しい。
73 たとえば、「公立高の新通学区域」『京都新聞』一九八二年三月一七日、参照。
74 「『京の教育』父兄の意見聞く」『京都新聞』一九七八年九月一日、「父母から現実的な意見、要望しきり」同、一九七八年一一月一四日、「学力向上に意見集中」同、一九七九年二月二日、参照。
75 「初めて、行政マン」『京都新聞』一九七九年三月二九日。
76 この運動をまとめたものとして、京都の教育を考える府・市民の懇談会編『どの子にもたしかな未来を』あゆみ出版、一九八四年、が出版されているので参照されたい。

77 「岐路に立つ高校三原則5」『京都新聞』一九八二年一二月五日、参照。

78 「高校教育懇談会まとめ」『京都新聞』一九八三年一月一四日。

79 「『高校三原則』崩れる」『京都新聞』一九八三年三月二五日、参照。

80 ここで、三原則では地域制であって、京都で行われてきたのは小学区制であるから、三原則とはかかわりがないと言及されているが、これは明らかな誤解である。

81 「京都の新高校教育制度大綱・詳報」『京都新聞』一九八四年三月二八日（夕）、参照。

82 「京の高校制度を改革」『京都新聞』一九八四年三月二八日（夕）。

第2章

1 国民教育研究所・京都教育センター監修『民主教育――戦後京都の教育運動史――』民衆社、一九七四年、一八六ページ。

2 木下春雄「高校三原則と民主的高校教育の探求――京都の高校教育――」国民教育研究所編『全書・国民教育 10 民主的高校教育の創造』明治図書、一九六七年、二八ページ。

3 京都高校教育問題研究会編『これからの高校教育――小学区制に基づく京都の実践と提言――』明治図書、一九七九年、一四ページ。

4 より正確に引用すれば、「京都府の教育は、あらゆる困難の中で、一貫して高校三原則を堅持してきた」（京都府教育委員会「学校教育指導の重点解説」『教育展望』一一二号、一九七五年、九ページ）、「京都府の教育は、多くの困難の中で、一貫して高校三原則を堅持してきた」（同『教育展望』一一三号、一九七六年、七ページ）、「京都府の教育は、さまざまな困難のなかで、一貫して高校三原則を堅持してきた」（同『教育展望』一一四号、一九七七年、七ページ）、「京都府の教育は、さまざまな困難のなかで、一貫して高校三原則を堅持してきた」（同『教育展望』一一五号、一九七八年、八ページ）。

5　但馬卓『教育の軌跡――大正生まれの一教師の足跡――』柳原書店、一九八四年、一二九―一三〇ページ。

6　府教委調査統計課「京都府立高等学校の現行制度に関する世論調査について」『教育展望』第三七・三八号、一九五二年六・七月号、四一―四二ページ。

7　京都公立商業高等学校設置促進協議会『商業教育の新展開――京都公立単独制商業高校実現のために――』一九六一年（京都府立資料館所蔵）、一二七ページ。

8　「これでよいのか　京の高校教育（七）　僕たちのナマの声を（上）」『京都新聞』一九六八年四月二四日。

9　京都の「高校三原則」に関しては、注2・3にあげた研究の他に、全国高等学校長協会綜合部会『京都府の総合制について』一九六八年（京都府立資料館所蔵）、村田晃治『総合制高等学校の考察』私家版、一九七八年（京都府立資料館所蔵）、松村啓一「京都の高校三原則の発足と日本側の対応」『日本教育史研究』第九号、一九九〇年などの研究があるが、総合制の理念と現実が十分に解明されているとは言いがたい。

10　天野利武「京都府教育改革七年の回顧（二）」『教育展望』第四四号、一九五四年三月、一〇ページ。

11　阿部彰『戦後地方教育制度成立過程の研究』風間書房、一九八三年、三九九ページ。

12　同前。ただし、同時に阿部は、「来るべき社会において、狭い技術者よりむしろ広い教養を身につけた人材が要求されるとの見通しや地域学校としての性格から必然的にどの学校も多様な課程を備えておくことは当然である、との立場から、学校単位総合制の推進に積極的な取り組みを見せる日本側教育行政関係者も少なくなかった」（同前）と述べ、その根拠史料の一つとして天野利武（京都府教育長）『京都府公立高校創立十周年記念誌』を挙げている。とすれば、阿部は、京都の総合制を単なる「つじつま合わせ」と考えてはいないようでもあるが、それ以上に踏み込んだ考察はなく、詳しいことは述べていない。

13 「新制高等学校整備について」（九月二日部長会議決定案）京都府公立高等学校長会『歩み――京都府公立高等学校十周年記念誌――』一九五八年（非売品、京都府立資料館所蔵）、一〇ページ。

14 「新学制発足当時の関係者座談会速記要旨」京都府教育研究所『京都府教育史』一九五六年、六〇三―六〇五ページ。

15 「座談会 回顧十年」、京都府公立高等学校長会『歩み――京都府公立高等学校十周年記念誌――』一九五八年（非売品、京都府立資料館所蔵）、三五ページ。

16 同前、三九ページ。

17 同前、三六ページ。

18 ただし、「家庭」については、本書の第四章で触れられているような事例もあり、資料によっては「家庭」課程の設置を記載していない場合もあるので、どこまで独立した課程と見なすことができるかはよくわからない。

19 洛陽工高百年史編集委員会編『洛陽工高百年史』一九八六年、二八八ページ。

20 「京都教育界三課題 六・三・三制五年目の現状」『京都新聞』一九五一年一月一七日。

21 京都府産業教育七十周年記念会編『京都府産業教育七十周年記念誌』一九五九年（京都府立資料館所蔵）、二六四ページ。

22 京都市立西京商業高等学校編『創立三十周年記念誌』一九七九年、一七一ページ。

23 洛陽工高百年史編集委員会編、前掲書、三一五ページ。

24 京都府立公立高等学校長会『京都府における綜合制、地域制、共学制について』一九五二年（ゼロックス複写版を京都府立資料館が作成・保存)、二ページ。
25 「座談会　回顧十年」前掲書、三九ページ。
26 府教委調査統計課「京都府立高等学校の現行制度に関する世論調査について」『教育展望』第三七・三八号、一九五二年六・七月号、四一ページ。
27 「京都府産業教育審議会の答申（昭二七・一二・一三）」京都府教育研究所『高等学校総合制教育課程に関する研究基礎資料』一九七二年（京都府立資料館所蔵)、五三ページ。
28 京都府公立高等学校長会『京都府における綜合制、地域制、共学制について』前掲書、六ページ。
29 「商業コースを統廃合」『京都新聞』一九五三年一二月九日（夕刊)。
30 「高校商業科統合に反対」『京都新聞』一九五三年一二月一一日。
31 京都市内においては、商業課程の入学許可者の総数を一二五〇名とし、府立鴨沂・洛北・朱雀・山城・桃山・洛東・市立堀川の七ヵ校全日制は各一五〇名、西京二〇〇名と定められた。普通課程の定員は総数四六五〇名となった。
32 全国高等学校長協会綜合部会『京都府の綜合制について』一九六八年（京都府立資料館所蔵)、六ページ。
33 『生徒指針』京都市立西京高等学校、一九五一年、四ページ。
34 同前、一二ページ。
35 京都市立西京商業高等学校編、前掲書、一六九―一七〇ページ。
36 洛陽工高百年史編集委員会編、前掲書、二九七―二九八ページ。
37 校史編集委員会編『京一中洛北高校百年史』一九七二年、五六一ページ。
38 京都府立洛北高等学校『学校要覧』一九五四年、二九ページ。
39 同前、二六ページ。

40 京都市立日吉ケ丘高等学校『三〇年史』一九八一年、四五ページ。
41 全国高等学校長協会綜合部会、前掲書。
42 「昭和三一年改訂に対する高教組から府市教委に対する申入書（昭三〇・七・一二）」京都府教育研究所『高等学校総合制教育課程に関する研究基礎資料』一九七二年（京都府立資料館所蔵）、三三ページ。
43 「高校教育課程改訂に伴う京都府の実施方針（京都府プラン）（昭三〇・一二・二七）」京都府教育研究所『高等学校総合制教育課程に関する研究基礎資料』一九七二年（京都府立資料館所蔵）、四〇—四一ページ。
44 「高校教育課程問題についての教育研究全国集会での京教組報告書（昭三一・二）」京都府教育研究所『高等学校総合制教育課程に関する研究基礎資料』一九七二年（京都府立資料館所蔵）、四七—四八ページ。
45 中原克巳・鈴木集蔵・折目和子編著『高校教師は発言する』明治図書、一九七〇年、一六〇ページ。
46 全国高等学校長協会綜合部会、前掲書、九—一一ページ。
47 「座談会　回顧十年」、前掲書、三九ページ。
48 京都市会事務局調査課編『京都市会史』一九五九年、四七〇—四七一ページ。
49 「市教委は難色示す　商業高校の設置」『夕刊京都』一九五四年一一月六日。
50 「崩れるか高校教育三原則」『夕刊京都』一九五五年一一月一四日。
51 「総合制？　単独制？　公立高校制度　府教委きょうにも結論」『夕刊京都』一九五五年一二月二三日。
52 「共学廃止は見送り　高校制度　来年も現行通り」『京都新聞』一九五六年一月八日。
53 「商業高校新設不可能」『京都新聞』一九五六年三月二〇日。
54 小山静子「京都府議会における高校教育論議——一九六〇年代前半における高校生急増への対応——」『立命館教育科学研究』第一三号、一九九八年。

55 「座談会　石原高校の生れるまで」京都府立石原高等学校『京都府立石原高等学校創立十周年記念誌』一九七三年、四七―五一ページ。

56 京都府教育委員会「学校教育指導の重点解説」『教育展望』一一二号―一一五号、一九七五年―一九七八年。より正確には注4参照。それが、林田府政に変わった翌年の一九七九年からは「京都府の教育はその課題をふまえて、さまざまな困難のなかで一貫して高校三原則を大切にしてきた」(同『教育展望』第一一六号、九ページ)と微妙に表現を変えている。

57 「商、工業高校を独立さす　京都市が注目の方針を発表」『京都新聞』一九六一年一二月二六日。

58 「府立大の桂校舎跡　単独商業高校に」『京都新聞』一九六二年一一月一〇日。

59 「悩み深い商業教育　京都の現状を見る」『京都新聞』一九六二年一一月二三日(夕刊)。

60 永田照夫『ある戦中派教師の戦後体験――西京高校二三年――』栄光出版社、一九七四年、一九八ページ。

61 永田照夫『日吉ケ丘の緑陰から――続・ある戦中派教師の戦後体験――』(非売品、京都府立資料館所蔵)一九八二年、二一二ページ。

62 京都市立西京商業高等学校編、前掲書、二八〇ページ。

63 同前。

64 永田照夫『ある戦中派教師の戦後体験――西京高校二三年――』前掲書、三七六ページ。

65 京都府立洛北高等学校『学校要覧』一九五六年、三三ページ。

66 京都高校教育問題研究会編、前掲書、三〇ページ。

67 鈴木集蔵『高校生は発言する』エール出版社、一九六九年、一九六ページ。

68 「新しい時代に向かって　高校三原則のゆくえ」『京都新聞』一九六五年一〇月一一日(夕刊)。

69 同前。
70 「苦悩する京の高校　職業教育（二）」『京都新聞』一九六九年三月一一日。
71 同前。
72 「苦悩する京の高校　職業教育（八）」『京都新聞』一九六九年三月一九日。
73 「レポート京の教育　公立高校職業科はいま（七）」『京都新聞』一九八二年一一月一一日。
74 「レポート京の教育　公立高校職業科はいま（三）」『京都新聞』一九八二年一一月六日。
75 「苦悩する京の高校　職業教育（五）」『京都新聞』一九六九年三月一六日。
76 「続これでよいのか　京の高校教育　〝中学〟を考える（一一）」『京都新聞』一九六八年六月一四日。
77 山本拓「田辺高校の創設の頃」、京都府立田辺高等学校『京都府立田辺高等学校創立三〇周年記念誌』一九九三年、七二ページ。
78 京都高校教育問題研究会編、前掲書、六八ページ。
79 山本拓、前掲回想、七二ページ。
80 但馬卓、前掲書、一二五ページ。
81 同前、一二七―一二八ページ。
82 京都高校教育問題研究会編、前掲書、一四三ページ。
83 同前、三〇―三一ページ。
84 中原克巳・鈴木集蔵・折目和子編著、前掲書、一六一―一六二ページ。
85 鈴木集蔵、前掲書、一四一―一四九ページ。ただし、生徒の「回想」はすべてを引用するには長すぎるので要所のみ引用。

86　中原克巳・鈴木集蔵・折目和子編著、前掲書、一六三ページ。
87　京都高校教育問題研究会編、前掲書、一四六ページ。
88　同前、一四九―一五一ページ。
89　「改訂高等学校教育課程審議委員会答申」一九七二年、京都府教育委員会『京都府立高等学校　教育課程編成要領』一九七二年（京都府立資料館所蔵）。
90　京都高校教育問題研究会編、前掲書、一一四ページ。
91　京都府産業教育審議会答申「京都府における高等学校の職業教育の改善について」一九七五年、京都府産業教育振興会『京都府産業教育この一〇年のあゆみ――九〇周年を記念して――』一九七六年（京都府立資料館所蔵）。
92　京都府立高等学校教職員組合『京都の高校教育』第三号、一九七五年（京都府立資料館所蔵）。
93　「続これでよいのか　京の高校教育　〝中学〟を考える（一）」『京都新聞』一九六八年六月一日。
94　全国高等学校長協会綜合部会、前掲書、六ページ。
95　その結果、たとえば一九六九年二月に京都府商業教育研究会が開いた「鴨沂方式検討会」の席上、西京商業高校の商業担当教諭から「全人教育は総合制でないとだめだというが、単独制商業高校でも全人教育には変わりない」という発言が出ているように（「鴨沂方式　〝商業〟の悩み浮き彫り」『京都新聞』一九六九年二月二六日）、「全人教育」に対する理解には人によって大きな違いが生じている。
96　小山静子、前掲論文、三六ページ。
97　「高校教育課程問題についての教育研究全国集会での京教組報告書（昭三一・二）」京都府教育研究所『高等学校総合制教育課程に関する研究基礎資料』一九七二年（京都府立資料館所蔵）、五一ページ。
98　木下春雄は一九六七年の時点で「京都市内でみると（小学区・総合選抜で府立と市立の区別はされないから府・市

立をならしてみて）、普通高校五校、商業高校一校、工業高校二校、総合制高校八校となる。（中略）このように、京都の総合制は、現在の時点では京都の高校教育制度としてはくずされてきている」と認めながらも、「しかし、だからといって、三原則はもうなくなって、京都にあるのは二原則だけだ、総合制はなくなった、とみるのは正しくない。現実に、総合制高校は、問題点をはらみながらもなお京都の高校教育の主流として存在するし、一方でその問題点の解決に積極的にとりくみつつ、また一方で、これ以上の単独制高校の出現をゆるさない、というかまえが堅持されている」と述べている（木下、前掲論文、八〇―八一ページ）。本論で明らかにした総合制の実態からすれば、かなり苦しい評価であると言わざるを得ない。

99　京都高校教育問題研究会編、前掲書、三二ページ。

100　一九七七年になって、府教委の出している「学校教育指導の重点」の解説書から「全人教育」の四文字が「概念としてあいまいだ」という理由で消えたと『京都新聞』は報じている（「レポート京の教育　公立高校の悩み（六）」『京都新聞』一九八二年一〇月九日）。たしかに、一九七六年までの「学校教育指導の重点解説」（京都府教育委員会『教育展望』）には「全人教育」という言葉が使われているが、一九七七年の『教育展望』に掲載された「学校教育指導の重点解説」からは「全人教育」の四文字が消えている。とはいえ、どれほど「抽象的であいまい」であったとしても「全人教育」という理念（「人間教育」というカンバン）が掲げ続けられたことにはそれなりの意味があったとも考えられる。なぜなら、理念（カンバン）が掲げられている以上、常にその理念と現実との乖離が問題にされる可能性があるからである。実際、理念と現実との違いがあまりにも大きくなりすぎた時には、理念に見合う現実を作り出そうとする動きが出てきていた。その実例が、本論で見たように一九六〇年代後半からいくつかの学校で始まった「真の総合制」実現への模索である。京都府下全域で一九七三年からカリキュラムを自主編成して「家庭一般」を男女共修にしたことも、そうした試みの一つであると言えよう（詳しくは、黒瀬卓秀「一九七〇年代の京都の公立高校

『家庭一般』の取組み――『生活者』として職業を選ぶということ――」『慶応義塾大学大学院　社会学研究科紀要』第五三号、二〇〇一年)。

101　加納正雄「今こそ徳育教育の実践を」、教育の明日を考える会編『われら新制高校生――戦後教育の原点を検証する』かもがわ出版、一九九九年、一五四ページ。

第3章

1　『近代日本教育制度史料』第二三巻、講談社、一九五七年、一七ページ。

2　同、二四九―二五二ページ。

3　同、三三二ページ。

4　同、三九五ページ。

5　大照完『新制高等学校の制度と教育』旺文社、一九四八年、二二三ページ。

6　橋本紀子『男女共学制の史的研究』大月書店、一九九二年、三〇三ページ。

7　「新学制発足当時の関係者座談会速記要旨」『京都府教育史』一九五六年、五九一ページ、参照。

8　『戦後京都教育小史』一九七八年、三七ページ。

9　たとえば、再編前の鴨沂高校での同居生活について、次のような記述がある。「鴨沂高校などで男の生徒と女の生徒が親しく(多少はにかみながら)テニスをやっている光景を見ればだれでも楽しい和やかな思いに誘われるだろう」(高田清「新しい学校の出発」『京工新聞』第一〇号、一九四八年一〇月七日)。

10　京都府公立高等学校長会『歩み――京都府公立高等学校十周年記念誌』一九五八年、一〇ページ。

11 松村啓一「京都の高校三原則の発足と日本側の対応」『日本教育史研究』第九号、一九九〇年。

12 たとえば、「謝つた中川府議」『京都新聞』一九四七年二月七日、参照。

13 男女間の問題を女性の「問題」としてとらえるこのような見方は、中川源一郎特有のものではなく、木村作次郎府教育委員長も「男女の間違いは女性の教養、人格が低い場合におこる」(「新制高校に対立する意見」『京都新聞』一九四八年二月四日)と述べていた。

14 前掲「新制高校に対立する意見」。

15 「男女共学こそ自然——京都軍政部発表」『京都新聞』一九四七年八月二一日。また、「男女共学こそ自然——京都軍政部見解」同、一九四八年二月二二日、も参照されたい。

16 前掲「新制高校に対立する意見」。なお、この新聞記事には天野利武の「必ずしも共学にせねばならぬこともない」という談話も載っており、木村作次郎の発言と好対照をなしている。

17 社説「新制高校と男女共学」『京都新聞』一九四八年四月一〇日。

18 前掲「新学制発足当時の関係者座談会速記要旨」六〇四ページ。

19 「学制改革」を記録する会編『ああ朱雀』かもがわ出版、一九九三年、六二一ページ。

20 『鴨沂の歩み——生徒と教師の証言』一九九三年、九五ページ。

21 前掲『ああ朱雀』一五一ページ。

22 なお、京都市内の全日制私立高校は、一九六四年より京都商業高校(現、京都学園高校)、一九八八年より立命館高校が共学になったほか、一九九〇年代後半から共学化する高校が増え、二〇〇二年度現在、大谷高校、京都成安高校、京都橘高校、京都西高校、京都明徳高校、京都両洋高校、花園高校、洛陽総合高校が全面的、あるいは一部のコースで共学化している。

23　前掲「男女共学こそ自然――京都軍政部見解」。なお、同様な主張は、「共学半年の成果」（『京都新聞』一九四九年五月四日）にもみてとることができる。またこれと同趣旨でより詳細な内容が、「男女共学実施の効果について」として、一九四九年六月の『教育展望』に掲載されている。

24　「高校生がみた共学一年」『京都新聞』一九四九年一一月二三日。

25　岡田茂「封建観念より脱皮」『洛陽新聞』第一号、一九四八年一二月二二日。

26　高等学校校長会「京都府における綜合制、地域制、共学制について」『教育展望』一九五二年七月。

27　調査統計課「京都府立高等学校の現行制度に関する世論調査について」『教育展望』一九五二年七月、参照。またこれを紹介した「理解されてきた三原則」という記事が、一九五二年一〇月二〇日の『京都新聞』に掲載されている。

28　「男女共学是か非か」『京都新聞』一九五六年七月一六日。この発言は、高校二年生の女生徒によるものである。

29　男女共学成立時における、共学をめぐる認識枠組みがどのようなものだったのか、詳しくは、拙稿「男女共学論の地平」『教育学年報7　ジェンダーと教育』世織書房、一九九九年、を参照されたい。

30　前掲、調査統計課「京都府立高等学校の現行制度に関する世論調査について」。

31　「中等生の感想は」『京都新聞』一九四七年二月七日、「恋愛論も一くさり」同、一九四七年二月九日、「中等学生の男女交際」『京一中新聞』第二号、一九四七年三月、を参照されたい。

32　前掲、岡田茂「封建観念より脱皮」。

33　社説「共学と交際」『洛陽新聞』第一号、一九四八年一二月二二日。

34　鈴木時春「隠蔽より解放を」『洛陽新聞』第一号、一九四八年一二月二二日、参照。

35　前掲、高等学校校長会「京都府における綜合制、地域制、共学制について」。

36　前掲、調査統計課「京都府立高等学校の現行制度に関する世論調査について」。

37 前掲「高校生がみた共学一年」。
38 「共学二ヶ月を顧みる」『洛陽新聞』第一号、一九四八年一二月二二日。
39 坂田昌子「共学雑感」同、第一〇・一一合併号、一九四九年一一月七日。
40 たとえば、前掲『ああ朱雀』、『あゆみ――鴨沂高等学校三期生卒業四十周年記念論文集』一九九二年、前掲『鴨沂の歩み――生徒と教師の証言』、『鴨沂の歩み――新しい教育像を求めて』二号、一九九五年、を参照されたい。
41 「さあ共学への第一歩」『京一中新聞』号外、一九四八年四月二〇日。
42 「共学是か否か」『洛陽新聞』第一号、一九四八年一二月二二日。
43 「よき共学へ生徒の声」同。
44 「どうみる？ 再編後の学校」『洛陽新聞』第二号、一九四九年一月二五日。
45 「超短波」『鴨沂新聞』一九四九年二月一三日、参照。
46 前掲、高等学校校長会「京都府における綜合制、地域制、共学制について」。
47 「大学側は〝単独制〟」『京都新聞』一九五五年一一月九日。
48 『京都新聞』には、重松俊明や望月衛による共学論や文相発言をめぐる座談会が掲載されているだけでなく、投書欄にも、数本の男女共学をめぐる賛否の意見が載せられている。詳しくは、同紙、一九五六年七月一四日、一六日、二四日、二八日、を参照されたい。
49 「〝共学廃止考えぬ〟」『京都新聞』一九五六年八月二一日。
50 重松俊明「明暗・禍福の認識を」『京都新聞』一九五六年七月一六日。
51 望月衛「共学と別学」『京都新聞』一九五六年八月一二日。
52 「高校の教育制度再検」『京都新聞』一九五五年一〇月四日。

53　たとえば「一律的な男女共学に反対」という投書では、「高校は完全な社会人、職業人をつくるところですから、男女別にしてそれぞれの特色を発揮した方がよいと思います」（『京都新聞』一九五六年七月一六日）と述べられている。

54　「公立中学　バランスとれぬ共学制」『京都新聞』一九六一年四月一五日。

55　前掲、望月衛「共学と別学」。

56　「ふえている共学高校」『京都新聞』一九五六年七月一二日、参照。また、一九五〇年代後半から六〇年代にかけての男女共学をめぐる議論に関しては、拙稿「一九五〇〜六〇年代における男女共学問題」『教育学年報10　教育学の最前線』世織書房、二〇〇四年を参照されたい。

57　「男女共学の再検討を——高校長協会　文部省などに要望」『京都新聞』一九六四年一二月一日。

第4章

1　朴木佳緒留「戦後初期の家庭科教育における主婦養成教育——高等学校職業課程『家庭課程』の成立」『年報・家庭科教育研究』第一二集、一九八四年、参照。

2　第三章「男女共学制」を参照のこと。男女共学制実施に伴い、男女特性論をめぐる議論中様々な「女らしさ」の具体例が述べられている。

3　家庭科の男女共修をすすめる会編『家庭科、なぜ女だけ！』ドメス出版、一九七七年、参照。

4　前掲朴木論文「戦後初期の家庭科教育における主婦養成教育——高等学校職業課程『家庭課程』の成立」、佐々木享「高校の学科家庭科に関する覚書」『名古屋大学教育学部紀要（教育学科）』第三四巻、一九八七年。なお、一九五〇年代以降の女子特性教育論の動向については朴木佳緒留が別の論稿で論じている。詳細は、朴木佳緒留「女子特性論教育からジェンダー・エクィティ教育へ」（橋本紀子・逸見勝亮編著『ジェンダーと教育の歴史』川島書店、二〇〇三年）を参照のこと。

5 谷村信武「新潟県における女子教育振興策について」『産業教育』一九五八年四月号、三七ページ。新潟県では、一九五七（昭和三二）年に女子教育振興協議会を発足させ、女子特性教育の重視を女子教育振興の中心課題とする教育政策の方針をうちだした。この新潟県における女子教育をめぐる動向は、前掲朴木論文「戦後初期の家庭科教育における主婦養成教育――高等学校職業課程『家庭課程』の成立」の中で紹介されている。

6 京都府に関する研究中女子特性教育に関連するものとしては、教育改革期における男女共学制実施経緯を明らかにした、本書第三章「男女共学制」や、職業課程家庭科設置の実態を明らかにした、阿部彰『戦後地方教育制度成立過程の研究』風間書房、一九八三年、があげられる。阿部は、一九四八（昭和二三）年八月二八日に京都府教育委員会より出された、「新制高校設置の基本原則」中の総合制に関する記述から京都府の総合制実施に関して、以下の指摘を行っている。「学校単位の総合制を奨励する教育官の指導に対して、普通科に家庭科を組み合わせることによって総合制としてのつじつまを合せた」（前掲書、三九九ページ）。なお、この「新制高校設置の基本原則」を受けて示されたと考えられる「新制高等学校整備について（九月二日部長会議決定案）」の中では、「家庭科」について以下のように述べられている。「総合制は一つの学校に二つ以上の学科課程を有することをいうのであるが、財政的負担を考慮して、比較的軽少な経費で実施できる普通科、家庭科の併置を行い、年次を追って完全な総合制を実施する」（京都府公立高等学校長会『歩み――京都府公立高等学校十周年記念誌』一九五八年、一〇ページ）。

7 赤塚康雄『戦後教育改革と地域――京都府におけるその展開課程』風間書房、一九八一年、参照。

8 京都府内政部学務課『京都府学事要覧』一九四四年一一月、参照。

9　「私立中高校にわびしい春」『京都新聞』一九五〇年三月一日。
10　『京都成安女子学園六〇年史』一九八七年、五〇四ページ。
11　京都府私立中学高等学校協会「私立中学校・高等学校の特色について」『京都府私立中学高等学校要覧』一九五三年、ページ数なし。
12　『同志社百年史　通史編二』一九七九年、一三九八ページ。
13　『京都市勢統計年鑑』より算出。
14　前掲『京都府私立中学高等学校要覧』中、同志社女子高等学校（一九ページ）、ノートルダム女学院（二一ページ）の学校紹介より。
15　同前、精華女子高等学校、一一ページ。
16　同前、京都手芸高等学校、五ページ。
17　同前、同志社女子高等学校、一九ページ。
18　同前、京都聖母女学院高等学校、一三ページ。
19　同前、大谷高等学校、二ページ。
20　同前、花園高等学校、二二ページ。
21　『京都市勢統計年鑑』より算出。
22　一九六〇年代前半の高校生急増問題における私立学校の位置付けは、次の先行研究で明かにされている。小山静子「京都府議会における高校教育論議」『立命館教育科学研究』第一三号、一九九八年。
23　『近代日本教育制度史料』第二四巻、一九五七年、講談社、三四三ページ。
24　前掲『京都府学事要覧』参照。なお、「中等学校進学者」は、男子については「中学校、商業学校、工業学校、農業学校」進学者を表し、女子については「高等女学校、実科高等女学校」進学者を表している。女子の実業系学校の入学者数の項目は存在しない。

25 前掲『戦後教育改革と地域――京都府におけるその展開過程』を参照されたい。

26 京都府教育委員会「新制高等学校設置の構想に関する意見」一九四八年三月一六日、『戦後京都教育小史』一九七八年、三七ページ。

27 松本泰蔵「定時制分校の経営」京都府教育研究所『教育研究』九号、一九五二年中の「分校の実態調査の報告」「第一表位置及び設置状況」一九五二年六月一日現在、参照。

28 『和知分校三十三年の歩み』一九八一年、一二ページ。

29 京都府教育委員会「定時制教育に対する対策――教育委員会法施行1周年記念公聴会資料」前掲『戦後京都教育小史』七三ページ。

30 『記念誌　京都府立須知高等学校桧山分校』一九八一年、九ページ。

31 松本泰蔵「定時制分校の経営」京都府教育研究所『教育研究』一一号、一九五四年、三七ページ。

32 『京都府立峰山高等学校弥栄分校定時制課程閉校記念誌　三十七年のあゆみ』一九八五年、一〇七ページ。

33 すでに述べたように、京都府下において総合制完全実施のため比較的低予算で設置できる職業課程として「家庭科」の設置が当局によって奨励された。その結果、一九四八年一〇月の時点で、京都市内において職業課程家庭科は、府立全日制五校中五校、府立定時制五校中二校、市立全日制五校中四校、市立定時制二校中二校、京都市外においては府立全日制一六校中一五校、府立定時制本校一四校中一四校、府立定時制分校二一校中二〇校に設置されており、高い設置率であった(府立高校に関しては、京都府告示第六九九号、一九四八年一〇月二九日より。市立高校に関しては、『京都府教育便覧』昭和二四年度版より)。

34　本書第二章「総合制」を参照のこと。「総合制」下における京都府下公立高等学校の「教科目の選択」に関しては、一九五六（昭和三一）年の教育課程改訂以前より、かなりの学校でコース制的な教育課程を導入していた実態が指摘されている。

35　京都府産業教育八十周年記念会『京都府産業教育のあゆみ――八十周年を記念して』一九六九年、一四五ページ。同書によれば一九五六（昭和三一）年四月に、京都府下に設置された公立高校職業課程の家庭に関する課程は、京都市内で府立定時制本校一校、京都市外で府立全日制六校、府立定時制本校九校、府立定時制分校一九校であった（同前書、一五〇ページ）。

36　前掲『京都府立峰山高等学校弥栄分校定時制課程閉校記念誌　三十七年のあゆみ』五七ページ。

37　『京都府立綾部高等学校　創立百周年記念誌』一九九四年、一三〇ページ。

38　前掲『京都府立峰山高等学校弥栄分校定時制課程閉校記念誌　三十七年のあゆみ』一〇七ページ。

39　前掲松本論文「定時制分校の経営」『教育研究』一九五四年中の「分校の実態調査の報告第二十一表教育課程に就いての意見」（一九五三年二月一日現在）より。

40　学校教育法第四八条第三項。

41　短期修了課程に関しては、学校教育法中の高等学校別科に関する規定のような厳密な法律上の規定は存在せず、実施形態についても各都道府県で様々であったと考えられる。一九五六（昭和三一）年、文部省は、「別科で行われる産業教育の方は明確であるが、定時制における短期の産業教育の方は、一般の課程と明確な区別を行い難い面もある」という見解を示している（職業教育課「高等学校における短期の産業教育実態調査の結果について」『産業教育』一九五七年一月号、三八ページ）。

42　鮫島文男「高等学校の定時制課程の現状」『文部時報』九〇六号、一九五三年、三七ページ。

43 和住靖子「高等学校定時制短期修了について」京都府教育研究所『教育研究』九号、一九五二年、八四―八五ページ、参照。
44 同前、八四ページ。
45 同前。
46 前掲『記念誌 京都府立須知高等学校桧山分校』九―一〇ページ。
47 和住前掲論文、八四―八五ページ、参照。
48 和住前掲論文、八二―八四ページ、和住による京都府下定時制主事を対象とした「別科並に二期制についての意見調査」の結果。
49 同前、八二ページ、同上調査結果中定時制主事の意見より。

第5章

1 山本キク「昭和二十四年以後の家庭科」『家庭科教育』第三〇巻四号、家政教育社、一九五六年。
2 「高等学校生徒の選択科目選択状況および卒業単位取得状況について(その一)」『中等教育資料』一(一一)、一九五二年、一二〇ページの第一表参照。
3 全国高等学校長協会「高校教育改善についての調査」『時事通信・内外教育版』時事通信社、五五六号、一九五四年、参照。
4 『高等学校学習指導要領 家庭科編』昭和三一年度改訂版、三ページ(『文部省 学習指導要領』一五巻、日本図書センター、一九八〇年、復刻版)。

5　文部省『高等学校学習指導要領』一九七〇年、七ページ。

6　家庭科の男女共修をすすめる会編『家庭科、なぜ女だけ！——男女共修をすすめる会の歩み』ドメス出版、一九七七年、八〜一四ページ参照。

7　家庭科の男女共修をすすめる会編『家庭科、男も女も！——こうして拓いた共修への道』ドメス出版、一九九七年、六ページ参照。

8　前掲『家庭科、なぜ女だけ！——男女共修をすすめる会の歩み』一三ページ参照。

9　前掲『家庭科、男も女も！——こうして拓いた共修への道』八ページ参照。

10　同前、一九九七年、一九六ページ。

11　前掲『家庭科、なぜ女だけ！——男女共修をすすめる会の歩み』四一—四二ページ参照。

12　『京都市立堀川高等学校定時制創立五〇周年記念誌』一九九九年、三五ページ。

13　安田雅子「『家庭一般』の自主編成〈男女共修〉」『民主的家庭科教育の創造』家庭科教育研究者連盟、一九七四年、二八六ページ。

14　森幸枝『男女で学ぶ新しい家庭科——京都における歩みと実践』ウイ書房、一九八六年、四四—四五ページ。

15　湯浅晃「京都における高校三原則と高校教育課程審議委員会の活動」『国民教育』一三号、一九七二年、七六—八五ページ参照。京都高校教育問題研究会『これからの高校教育　小学区制に基づく京都の実践と提言』明治図書、一九七九年参照。

16　横山文野『家庭科教育政策の変遷——教育課程における女性観の視角から——』東京大学都市行政研究会研究叢書一五、一九九六年、一〇七ページ参照。

17　前掲、湯浅晃「京都における高校三原則と高校教育課程審議委員会の活動」七七ページ。

18　前掲、横山文野『家庭科教育政策の変遷――教育課程における女性観の視角から――』一〇七ページ参照。
19　前掲、森幸枝『男女で学ぶ新しい家庭科――京都における歩みと実践』四四ページ参照。
20　京都府立高等学校教職員組合『京都の高校教育』（府高版）、一九七三年、三五ページ参照。
21　京都府教育委員会「改訂高等学校教育課程審議委員会答申」『京都府立高等学校教育課程編成要領』一九七二年一月二四日、一三ページ。
22　前掲、森幸枝『男女で学ぶ新しい家庭科――京都における歩みと実践』四一ページ。
23　前掲、森幸枝『男女で学ぶ新しい家庭科――京都における歩みと実践』（表二―五）。
24　前掲『これからの高校教育――小学区制に基づく京都の実践と提言――』三五、三六ページ参照。
25　前掲、森幸枝『男女で学ぶ新しい家庭科――京都における歩みと実践』四三ページ。
26　同。
27　池田悠子「京都府立高等学校の実践から」『家庭科教育』第四八巻一二号、一九七四年、二六一ページ参照。
28　安田雅子「わかる授業をめざして」『家庭科教育』第五一巻三号、一九七七年、参照。
29　京都府立高等学校家庭科研究会資料作成委員会『家庭一般：男女共修：資料』一九八一年改訂版（初版一九七七年）市ヶ谷出版社、二～五ページ参照。
30　前掲、森幸枝『男女で学ぶ新しい家庭科――京都における歩みと実践』一八五ページ。
31　前掲『男女共修家庭一般　資料』一三〇ページ。
32　「揺れる京の教育界」『京都新聞』一九八一年七月一日参照。
33　前掲「揺れる京の教育界」。
34　同。

35　副読本をめぐる府教委と府立校長会のやりとりについては「継続使用は不適当」『京都新聞』一九八一年八月一三日参照。
36　「副読本など補助教材取り扱い規則を制定」『京都新聞』一九八一年八月一九日参照。
37　「教育への不当な介入」『京都新聞』一九八一年九月一〇日。
38　前掲、森幸枝『男女で学ぶ新しい家庭科――京都における歩みと実践』一八六ページ。
39　「高校家庭科　選択制導入見直せ」『京都新聞』一九八四年五月一二日。
40　前掲「高校家庭科　選択制導入見直せ」。

第6章

1　文部省学校教育局『新制高等学校教育課程の解説』教育問題研究所、一九四九年、四ページ。
2　文部省学校教育局『新制中学校新制高等学校　望ましい運営の指針』教育問題研究所、一九四九年、八九ページ。
3　文部省『学習指導要領　一般編（試案）』一九五一年、三六ページ。
4　宮坂哲文「日本近代学校における課外活動の発達」『宮坂哲文著作集』第三巻、明治図書、一九七五年、二四一ページ。
5　佐藤正夫「生徒会活動の性格はどう変わったか」現代中等教育研究会『高校の生徒会活動（現代の高校教育3）』明治図書、一九六六年、二一四ページ。
6　京都府教育研究所『生活指導の計画化・構造化をめざして』京都府教育研究所、一九七九年、三一ページ。
7　京都府教育研究所『戦後京都教育小史』京都府教育研究所、一九七八年、七七ページ。

8　子どもの「学校参加」の権利を基礎に置く「学校参加」論の観点から生徒の自治活動に注目した近年の研究として、戦後初期の文部省著作物を通して「教育方法としての生徒参加」論が見られると分析した藤田昌士「戦後教育改革と生徒参加の理論――戦後初期の文部省著作物に即して」（喜多明人他編『子どもの参加の権利――〈市民としての子ども〉と権利条約』三省堂、一九九六年）、神奈川県の県立高等学校三九校の「学校史誌」を使って「生徒会」以前の「生徒自治会」の形成過程を明らかにした喜多明人「戦後日本における生徒自治会の形成と意義――神奈川県の学校史を中心に」（喜多明人他編前掲書所収）や喜多明人「子供の参加の権利と生徒参加史研究――戦後日本における生徒自治会形成過程の検討を中心に――」（『教育学研究』第六二巻三号、一九九五年）などがある。しかし、これらの研究は、新制高等学校発足以前の生徒自治活動に関する分析に比重がかかっているため、一九四九年ごろの生徒会成立当時の状況を必ずしも十分に知ることはできない。また、長野県の新制高等学校生徒会の成立・展開過程を学校新聞や校内史料などを使って具体的に明らかにしようとする研究として田中清一「戦後初期における生徒自治活動史の研究――長野県下新制高校生徒会成立・展開過程にみる『民主主義』受容」（筑波大学大学院修士（教育学）学位論文、一九九八年一月）も登場している。活動内容が具体的に紹介されていると同時に戦前との比較も試みられている点が注目されるが、史料的な制約から新制高等学校発足前後の生徒自治活動の実態についてはあまり扱われていない。なお、京都における新制高等学校の生徒自治活動全般に関わる研究としては、京都府教育研究所『戦後京都教育小史』（京都府教育研究所、一九七八年）、京都市立高等学校生徒指導研究会『研究報告　生徒会指導一〇年のあゆみ』（京都市立高等学校生徒指導研究会、一九六〇年三月）、永田照夫「政治教育としての高校生徒会活動」（『教育』国土社、一九六七年三月号）、永田照夫『教育基本法第八条（政治教育）小史　教育法社会学的考察序説』（西村信天堂、一九八五年）、『洛陽工高百年史』（一九八六年）、『京一中洛北高校百年史』（一九七二年）、『京都市立西京商業高等学校創立三十周年記念誌』（一九七九年）などがあるが、本章で扱う生徒会発足前後の状況が十分明らかにされているとは言いがたい。

9　前掲『洛陽工高百年史』三三八ページ。

10　一九四八年に府立第一中学校を母体として設置された府立洛北高等学校（第一次）は新制中学に校舎をあけわたしたために府立鴨沂高等学校（母体は府立第一高等女学校と嵯峨野高等女学校）校舎に移転して鴨沂高等学校とともに二部授業を実施して両校生徒の交流が行われている。さらに、同年一〇月の高等学校再編によって洛北高等学校はいったん廃校になっている〔なお、一九五〇年四月に再設置（第二次）〕。高校再編の小学区制、男女共学によって旧洛北高等学校の生徒は学区ごとに各校に散らばったが、鴨沂高等学校にも多数移ってきている。このような意味から、高等学校再編後の鴨沂高等学校の生徒会は、再編以前の洛北高等学校の生徒自治組織と関わりが深いということができるだろう。

11　西弘「後半期に漸く光明　生徒委員会一年の回顧」『京工新聞』第四号、一九四八年三月二〇日。

12　前掲『洛陽工高百年史』三三六ページ。

13　「中央委員会　公聴会、講演会等　三学期の事業を立案」『京工新聞』第二号、一九四八年二月九日。

14　西弘「後半期に漸く光明　生徒委員会一年の回顧」『京工新聞』第四号、一九四八年三月二〇日。

15　肥田幸彦（教官）「校内機関紹介2　生徒自正　既に五回開く　生徒の積極活動望まる」『京工新聞』第二号、一九四八年二月九日。

16　「伏見　洛陽　生徒規定」『京工新聞』第七号、一九四八年六月二八日。

17　「生徒委員会　総辞職案否決さる　職員会議の席上で」『京工新聞』第八号、一九四八年七月一九日。

18　「一中自治会々則」『京一中新聞』第一号、一九四七年二月。

19　同右。

20　同右。
21　『京一中新聞』第二号、一九四七年三月。
22　「生徒申合せ事項」『京一中新聞』第三号、一九四七年五月一三日。
23　「下級生に上級生の補助員」『京一中新聞』第三号、一九四七年五月一三日。
24　「自治委員諸氏に」『京一中新聞』第二号、一九四七年三月。
25　「初の立候補を実施　牛込邦三君当選　生徒の自由なる意思反映」『洛北高校新聞』第一号、一九四八年（月日は判読不能）。
26　「京都府立洛北高等学校自治会々則」『洛北高校新聞』第三号、一九四八年七月。
27　参与委員とは、京都府立洛北高等学校自治会々則のなかで、「各学年代表委員校友会委員を除き、二名ずつ学年の総意によつて選出し委員会の構成員をなし議決事項中代表委員及び校友会委員の活動に関し積極的なる援助をする」と規定されている。
28　「自治会低調化　無関心主義より脱せよ」『洛北高校新聞』第二号、一九四八年六月。
29　『洛陽新聞』第一号、一九四八年一二月二二日。
30　前掲『洛陽工高百年史』三三九ページ。
31　「来年に持ち越す　自治委員の選挙」『洛陽新聞』第一号、一九四八年一二月二二日。
32　「自治会々則原案」『洛陽新聞』第二号、一九四九年一月二五日。
33　「初代自治委員長公選　ついに決戦投票に持越す」『洛陽新聞』第二号、一九四九年一月二五日。
34　前掲『研究報告　生徒会指導一〇年のあゆみ』二五ページ。
35　「生徒会則漸く生る？　あす生徒大会で発表予定」『洛陽新聞』第八号、一九四九年七月一八日。

36 「どうみる？　再編後の学校　学校側で世論調査」『洛陽新聞』第二号、一九四九年一月二五日。
37 『洛陽新聞』第二四号、一九五〇年一〇月一日。
38 「会長議会を弾劾　会長不信任も一時持上る」『洛陽新聞』第一〇・一一合併号、一九四九年一一月七日。
39 この史料から、生徒会機構の整備を急ぐことに関しては学校側の指導があったことがうかがわれる。しかし、これをもって学校側の指導内容が従来の生徒自治会が行っていた活動の範囲を狭めようとしたものであるとみなすことはできないだろう。
40 梅原勉「洛陽版〝ペン偽らず〟」『洛陽新聞』第一七・一八号、一九五〇年三月七日。
41 安藤満洲穂「議会規定第××条により声明す」『洛陽新聞』第一七・一八号、一九五〇年三月七日。
42 「生徒会新発足す　延々四日間の会則審議終る」『鴨沂新聞』第二号、一九四九年六月一三日。
43 「会長に小笠君当選」『鴨沂新聞』第二号、一九四九年六月一三日。
44 「論説　生徒会再発足に際して」『鴨沂新聞』第二号、一九四九年。
45 「中央委員会流会を重ねる醜態」『鴨沂新聞』第六号、一九五〇年二月八日。
46 なお、「教育の明日を考える会」は、京都市内と静岡市内の公立高校一九五〇年度卒業生（新制高等学校で三年間学んだ初めての学年）を対象に一九九八年から一九九九年に行った意識調査のなかで、「生徒会（自治会・学友会等）活動に積極的に参加しましたか」という設問を設けている。この設問に対する京都の新制高等学校卒業生の回答は、「はい」が二八・六％、「いいえ」が六二・三％であった。「いいえ」が六割を超えたというこの結果は、卒業後五〇年近く経過してからの調査でありながらも、本章でみたような状況を反映しているといえるだろう。
47 前掲『新制中学校新制高等学校　望ましい運営の指針』九一ページ。
48 同前掲書、八九ページ。

第7章

1　全国で制定されている青少年条例の名称は、「青少年保護育成条例」、「青少年健全育成条例」、「青少年愛護条例」、「青少年のための良好な環境整備に関する条例」等々さまざまである。京都府における条例制定の議論においては、後述のごとく、第一期、第二期を通じて「青少年保護育成条例」と呼ばれてきたが、制定直前に「青少年健全育成条例」という名称が登場し、最終的に成立した条例は「青少年の健全な育成に関する条例」である。以下、煩雑になるので、特に必要のない場合は「青少年条例」と記す。

2　中村泰次「青少年条例の歴史」清水英夫ほか編『青少年条例』三省堂、一九九二年を参照。

3　大村英昭『新版　非行の社会学』世界思想社、一九八九年、鮎川潤『少年非行の社会学』世界思想社、一九九四年、などを参照。

4　前掲『青少年条例』、『法律時報増刊　青少年条例』日本評論社、一九八一年など。

5　小林信彦『現代〈死語〉ノート』岩波書店、一九九七年、三―五ページ。

6　「〝太陽の季節〟に物言い?」『夕刊京都』一九五六年五月三〇日。

7　「激増する少年の性犯罪」同、一九五六年七月五日。

8　「青少年保護へ　府条例制定を検討」『京都新聞』一九五六年七月二六日。

9　「深夜喫茶　〝府条例で取締りを〟」同、一九五七年一一月二八日（夕）。

10　同右。

11　京都府青少年問題協議会事務局『京都府における青少年の保護育成に関する条例制定参考資料』一九六三年、一ページ。なお、青少年問題協議会とは、一九五三年に青少年問題協議会設置法に基づいて設置されたもので、青少年の指導、育成、保護及び矯正に関する総合的施策のための調査審議と連絡調整を任務としている。一九五九年四月現在の会長は蜷川知事で、先の条例制定を求める請願書を受理し審議することとなった府議会の警察衛生、民生労働、文教商工の三委員会委員長、府の関係部局の長、ＰＴＡ協議会長、大学教授などが委員をつとめている（京都府青少年問題協議会『京都府青少年問題要覧』一九五八年度を参照）。

12　「青少年の保護育成　条例制定は慎重に」『京都新聞』一九五八年二月七日。

13　たとえば、「社説　青少年保護条例に代るものを」では、「青少年問題も、条例立案よりは、関係業者の自粛と世論の推進による成果が第一であろう」と述べられている（同、一九五八年六月二五日）。他に「社説　青少年条例に慎重たれ」（同、一九六〇年七月三〇日）を参照。

14　「窓〝青少年条例〟の制定に疑問」同、一九五八年六月二七日。

15　「悪からこどもを守るには　京都青少年問題協議会から」同、一九五八年六月二八日。

16　「社説　慎重を要する青少年条例」同、一九五七年一二月七日。

17　「府会にも時期尚早論　青少年保護育成条例」同、一九五七年一二月七日。

18　一九六二年八月に京都市少年補導委員会らが府に対して陳情を行った際に述べた意見（「条例制定に関する最近の動き」前掲『京都府における青少年の保護育成に関する条例制定参考資料』三ページ）。

19　「京の少年犯罪は全国二」『夕刊京都』一九五八年二月一五日。

20　「夜の盛り場〝太陽族〟取締り」『京都新聞』一九五六年八月一四日。

21　「深夜喫茶⑤　現地ルポ」同、一九五七年一二月二日。

22　服部義治郎「高校生の悩みの調査について」京都府教育研究所『教育研究』一五、一九五六年一一月。

23 「〃太陽族〃とは縁遠い」『京都新聞』一九五六年八月八日。
24 北尾孝義「青少年補導は困難」『洛陽新聞』一九五七年一〇月四日。
25 西京高校における「純潔教育」の動きについては、『京都市立西京商業高等学校創立三十周年記念誌』一九七九年を参照。
26 「不良グループの横行」『洛陽新聞』一九五八年一月二〇日。
27 服部、前掲論文。
28 「ひんぱんに起る不祥事件」「論説　暴力問題と厳罰主義」『鴨沂新聞』一九五九年一二月一五日。
29 一九五六年から一九六〇年にかけての毎年の京都府における高校進学率は、順に六〇・四%、六〇・一%、六二・二%、六三・八%、六五・八%である（『京都府統計書』各年版より算出）。また京都市に限っても、順に六五・五%、六五・一%、六七・五%、六八・七%、七一・九%である（『京都市勢統計年鑑』各年版より算出）。
30 「恐るべき子供たち」『京都新聞』一九五七年五月二二日（夕）。
31 「少年の性犯罪、急テンポで激増」『夕刊京都』一九五八年九月二二日。
32 「頻々起る校内暴力事件」『洛北高校新聞』一九五七年一二月三日。
33 「ひんぱんに起る不祥事件」「論説　暴力事件と厳罰主義」『鴨沂新聞』一九五九年一二月一五日。
34 「学期末　ふえる暴力中学生」『夕刊京都』一九五九年三月一六日。
35 京都府議会一九七七年二月定例会における渡部議員の発言（同年三月二日）、あるいは、京都府議会が一九八〇年一〇月七日に受理した請願第一九四号を参照。
36 「取り締まりより自主規制」『京都新聞』一九七九年一一月三〇日。
37 京都府児童福祉審議会答申「京都府において青少年の保護育成に関する条例を制定するうえで考慮すべき事項につ

いて」一九七九年一一月二九日（『京都府議会週報』七九五、一九八〇年三月三一日、一―七ページに所収）。

38　京都府の青少年条例は後に改正され、そのことについては別途検討を要するが、少なくとも制定当時においては「自主規制型」の条例であることを、青森、栃木、広島などとならんでその特徴としていたといえるだろう。たとえば、中村泰次「『都道府県青少年対策担当者に対するアンケート』『全国都道府県条例分析』解題」前掲『法律時報増刊　青少年条例』を参照。

39　京都府児童福祉審議会、前掲答申。

40　京都弁護士会「京都府青少年保護育成条例制定に対する意見書」一九八〇年三月三一日（前掲『法律時報増刊　青少年条例』三五四―三五五ページに所収）。

41　「〃たばこの誘惑〃負けないぞ!!」『京都新聞』一九七八年一〇月二九日。

42　「社説　凶悪化する校内暴力」同、一九七九年三月一三日。

43　「インベーダー　子供だけでさせるな」同、一九七九年五月二五日、「〃インベーダー〃事実上禁止」同、一九七九年七月一日。

44　このことを第一期と比較してみよう。京都府教育委員会が出している『教育展望』に掲載されている「教育委員会主要通知一覧表」において、一九五七年度中に各学校宛に出されている生活指導に関係のある通知は、八〇件中「府下高等学校生徒指導研究集会について」の一件のみであった（『教育展望』六二号―六八号を参照）。

45　「落ちこぼれ　非行　克服へ」『京都新聞』一九七八年三月一一日。

46　「生徒に〃生命の尊さ〃教えよう」同、一九七九年三月八日。

47　「生活指導　守りから攻めへ」同、一九七九年四月二八日。

48　「非行の芽、家庭が温床」同、一九七九年一二月一二日。

49 「第三のピークの少年非行」同、一九七九年二月一日。

50 「不良化地帯（完）青少年を明るく育てるために」同、一九五七年八月二六日。

51 「〝抑止〟より〝育成〟」同、一九八〇年一〇月三一日（夕）。

52 「新しい恋愛のモラルをきずこう」『西京高校新聞』一九五七年一一月一八日。

53 家庭については、本章では直接検討の対象とはしてこなかったが、当時家庭と学校とがそれぞれ異なる価値観を有する場であることを明らかにした調査として、一九五八年に京都府教育研究所が実施した「道徳的価値観調査」がある。この調査の結果について、京都府教育研究所の調査員は次のようにまとめている。「父母と教師の間には、相当な価値観の相違があるように思われる。……父母層をみれば、一般社会には、まだ旧時代的な封建色が濃厚に残存し、保守的色彩が強いということも出来よう。……教師の価値観なり考え方は、個人尊重に傾きすぎ、革新的であり、進歩的であるとみられるであろう。……児童生徒の傾向をみてみると、低学年の間は、父母の傾向と同じであり、学年の進むにつれて、教師の傾向に近づきつつあり、高二年では特にその傾向が顕著である。……彼らが、中学校、高等学校と進むにつれ、自我の意識に目ざめ、所謂、青年期の反抗時代に入ってくるに従って、教師の考え方に近づき、父母の考え方を、保守的旧時代的感覚と意識するようになる」（服部義治郎「道徳的価値観調査について」京都府教育研究所『教育研究』一九、一九五九年二月）。

54 伊藤茂樹は、「いじめ」というタームの成立によって、いさかいや喧嘩など対立をともなうような人間関係がすべて「いじめ」というカテゴリーに包摂されていくようになった結果、「いじめ」とみなされないために生徒が人間関係そのものから退却するという「無難」な選択を強いられているのではないかと指摘する。さらに、学校が「いじめはあってはならない」という外部の言説、認識枠組みに拘束され、自らの自律性が縮小されざるをえないことについても指摘している（「『いじめは根絶されなければならない』――全否定の呪縛とカタルシス」今津孝次郎ほか編『教育言説をどう読むか』新曜社、一九九七年）。また阿部耕也は、戦後の新聞報道における教育記事が、一九七〇年代以後、それまでの後追い的な「時事（報告）型」「論評型」の記事から、先回り的に読み手の学校や教育に対する認識枠組みを規定する「発掘型」「問題構成型」の記事へと変容していったことを明らかにし、読み手である大人がそのような認識枠組みでもって子どもにかかわることで、報じられた「問題」をより強固に「現実化」する可能性があることを指摘している（「高等学校をみる社会的視線の変容」門脇厚司ほか編『高等学校の社会史』東信堂、一九九二年）。このように、大人、社会の側に共有された教育言説が、各々の生徒の行動や学校の日常を単一的に規定してゆく状況が、一九七〇年後半以降の状況なのではないだろうか。

第8章

1　敗戦後の社会状況については、『近代日本総合年表』岩波書店、六八年、『一億人の昭和史・5　占領下時代』毎日新聞社、七五年、ジョン・ダワー『敗北を抱きしめて・上』岩波書店、二〇〇一年などを参照。

2　「週間教育ニュース」『時事通信・内外教育版』四七年一月一五日。

3　日本教育新聞編集局『戦後教育史への証言』教育新聞社、五二年、七四ページ。

4　「六・三制断行せよ」『時事通信・内外教育版』四七年二月二六日。

5　「学制改革実施の理由を明示」同右。

6　内閣官報局『帝国議会衆議院議事速記録・86・第九二議会　下』東京大学出版会、七二年、四〇四―四〇五ページ。

7　前出『戦後教育史への証言』七八ページ。

8　ジョン・ガンサー「マッカーサーの謎」（前出『戦後教育史への証言』七六ページより再引）。

9 「時の問題」『時事通信・内外教育版』四七年六月二六日。

10 「週間教育ニューズ」同右、四八年六月三日。

11 「六・三制京都の方針はこれです」『京都新聞』四七年三月五日。

文部省は、二月二六日の閣議決定をうけて直ちに「義務教育三ヵ年延長実施計画案」を発表。三月一日に、新制中学発足に必要な諸措置について準備の万全を促すため、都道府県教育主管局部課長会議を召集している。まだ議会で法案が審議中のことである。すなわち、議会における法案審議より行政が先行していたのである。緊急措置として止むを得なかったと言えばそれまでではあろうが、新制中学校の誕生が如何に急拵え・「早産」であったかを推して知り得よう。

12 「春からの新制中学／学校が決りました」同右、四七年三月二八日。

13 「父兄まかせで新制中学開校迫る」同右、四七年四月二二日。

14 「当時の中学校教育は混沌の一語に尽きる」京都市教育委員会『京都の教育』五八年二月、二九ページ。北村は四八年一一月に初代教委に公選。以後、三度にわたって教育委員長に就任。

15 ここでいう「教育委員会」は、四八年七月に公布される「教育委員会法」によるそれではない。学校教育委員会(設置責任者＝学校長)→市町村教育委員会(市町村長)・地方教育委員会(地方事務所長)→府教育委員会(知事)の四段階からなり、それぞれ所轄の教育問題について研究審議して設置責任者に意見を具申し、またはその諮問を受けて答申することを目的として設置されたところの「京都限りの教育委員会」である。決議執行機関ではない。京都市教育委員会は四七年七月一五日に設置され、小中学校の教師・保護者からの各二名、さらに市内一〇支部の教師・保護者からの各二名によって構成されていた。

16 「新制中学再編へ動き／入り乱れる買収工作／狙われる遊休施設、私立中学」『京都新聞』四七年八月二八日。

17 「私立中学に助け舟／お望みならば市で買収か委託」同右、四七年五月一二日。

18 『京都新聞』紙上には、次のような記事が頻出していた。「私立中学校に暗い影」（四七年三月一二日）、「いよいよ私立中学経営難」（三月一五日）、「定員にも達せぬ／私立中学の嘆き」（四月二日）、「教室がら空き／有償中学の嘆き」（五月三日）等。

19 文部省学校教育局「新学校制度実施準備の案内」四七年二月一七日。

20 「ハミ出る新制中学生／楽じゃない教室探し／カギは小学校の統合に」『京都新聞』四七年七月一四日。

21 同右。

22 「旧制府中全部昇格」同右、四七年六月二日。

23 「旧制中学校昇格をめぐって意見対立表面化／府市は高校に昇格させたい、委員は足らぬ義務中学へ転用だ」同右四七年八月二七日。

24 「府立は全部昇格／新制高校に／府の方針」同右、四七年一一月二日。

25 「旧制中全部を高校に／昇格見込みと尾形局長語る」同右、四七年九月一〇日。

26 木村作治郎「校舎転用問題に苦心して」前出『京都の教育』一一七ページ。

27 京都府教育研究所『京都府教育史　戦後の教育制度沿革』五六年、一一三ページ。

28 同右、一〇一―一〇二ページ。

29 「今年に拾う話題集」『京都新聞』四七年一二月二四日。

30 前出『京都府教育史　戦後の教育制度沿革』一〇二ページ。

31 「新学制はこれで行う」『京都新聞』四八年二月六日。「軍政部発表＝六・三制完全実施／公立旧制中学は二部制か」同、四八年二月一三日。

32 前出『京都府教育史　戦後の教育制度沿革』一三〇―一三一ページ。
33 『京都府会会議録』四八年三月一二日・一六日。
34 校史編集委員会『京一中洛北高校百年史』七二年、三三〇―三三一ページ。
35 「座談会　歴代校長会長をかこんで」前出『京都の教育』一三―一四ページ。
36 不破治「波瀾に富んだ教育長時代」同右、三一ページ。
37 「市民の声をきく／一九日府一女で公聴会」、「公聴会は秩序整然たれ／京都軍政部」『京都新聞』四八年三月一七日、「六三制公聴会／再検討して善処」同、三月二〇日。
38 前出「座談会　歴代校長会長をかこんで」一三、二七ページ。
39 CIE (D) 01849 : KYOTO MILITARY GOVERNMENT TEAM, Monthly Mililtary Government Activities Report, Period ending 29 Feb.1948. Prepared by Mr. E. R. Cades.
40 「六・三制に協力を」『京都新聞』四八年三月二四日。京都軍政部「中等諸学校の再組織について」前出『京都府教育史　戦後の教育制度沿革』一二七―一二九ページ。
41 木村惇知事・神戸正雄市長「新学制実施について市民諸君に告ぐ」前出『京都府教育史　戦後教育制度沿革』一〇二―一四ページ。
42 前出「座談会　歴代校長会長をかこんで」一三ページ。
43 第四回建議「義務教育延長に伴う緊急措置」四七年六月一六日。第五回建議「文教施設の整備に関すること」四七年七月二三日。
44 植田幸誼「十年一昔」前出『京都の教育』三六ページ。竹内季一「中学校校舎建設の思い出」同、三二―三三ページ。

45　文部省教育施設研究会『文化国家の建設は六・三制学校施設の整備から』教育弘報社、五〇年九月二五日、四五―四六ページ。

46　市会＝「六・三制予算復活要望に関する意見書」四九年六月二八日。府会＝「新制中学校建築助成要望に関する意見書」四九年六月三〇日。

47　かねがねGHQは、教育関係予算の立て方に信を置いていなかったと思える。たとえばそれは、「予算（budget）は御祝儀（gratuity）と同意語ではない」「予算という言葉は日本の教育関係者には新しい概念である」（全国四六都道府県の Survey & Statistics Section のチーフ会議、五〇年一〇月二七日、於・京都）等といった彼らの発言の端々からもうかがえる。ドンブリ勘定ではない、「正確で最新の情報に基づく統計」に裏打ちされた予算請求が求められていたのである。CAS (A) 02933：HEADQUATERS KINKI CIVIL AFFAIRS REGION, Monthly Affairs Activities Report, Period Ending31 Oct.1950. Prepared By L. D. Langley.

48　前出、佐藤薫『六・三制』一四二―一四三ページ。

49　『京都年鑑　昭和二五年版』都新聞、五〇年一二月一日。

50　「教育長座談会・昭和二五年教育界の課題」『時事通信・内外教育版』四九年一二月二七日。

51　『加茂川　一四号』六四年、一七ページ。『山科中学校　育友会二〇年の歩み』七〇年、五二ページ。前出『京都の教育』三七ページ。中京中学校『なかぎょう　創立四〇周年記念誌』八八年、二三ページ。加茂川中学校生徒会『加茂川・一四号』八九年、一七ページ。山科中学校育友会『育友会二〇年の歩み』七〇年、一六ページ。

52　「すすむ学校設備の拡充」『京都新聞』五七年一二月一〇日。

53　文部省調査企画課『教育財政研究報告第４部　公立学校における建築費と土地費』五七年三月。

54　桃陵中学校『桃陵　創立一〇周年記念』五九年、二八ページ。下鴨中学校『下鴨一〇周年記念特集』五九年、二七ページ。

55　京都市中学校長会会長・林清一「十年の歳月は流れて」前出『京都の教育』一二ページ。市教委事務局調査課長・三木正雄「中学校教育十年の歩み」同、一五ページ。

56　「京都でも費用難」『時事通信・内外教育』四七年四月二三日。

57　京都市教委事務局社会教育課・清水秀一「満十歳を迎えた中学校ＰＴＡ」前出『京都の教育』一〇ページ。待賢中学校長・梶浦亦吉「中学校経営十年の歩み」同、二二―二三ページ。

58　同(55)。

59　『わが国の教育水準』五九年、七五ページ。

60　ケーズ教育課長らの目には、ＰＴＡはtop-down systemの古い体質を引きずっていて、その機能はschool-supporters' associationあるいは学校のfinancial organsであると映っていたようである。そして、ＰＴＡの寄付問題には殊のほか過敏に反応し、しばしば該問題に容喙している。二、三の資料をあげておこう。

①　CIE (D) 01847 : KYOTO MILITART GOVERNMENT TEAM, Monthly Military Government Activities Report, Period Ending 31 January 1948. Prepared by Mr. E. R.Cades.

②　CIE (D) 01855 : HEADQUARTERS KYOTO MILITARY GOVERNMENT TEAM, Monthly Military Government Activities Report, Period ending 31 May 1948. Prepared by Mr. E. R. Cades.

③　CAS (B) 04520 : KINKI MILITARY GOVERNMENT REGION, MonthlyMilitary Government Activities Report,. Period Ending.31.Oct.1947.

61　「充実した教育できぬ／中小学校長代表／市会で予算不足を訴う」『京都新聞』五五年七月五日。

62　略年表は、『山科中学校　育友会二〇年の歩み』七〇年、『山科中学校二〇年の歩み』六七年、『山科　創立四〇周

年記念誌』八六年、『郁文　一〇周年記念』六八年、『郁文　一二〇年誌』八九年、『双樹・北野中学校四〇周年記念誌』八八年から作成。

なお、以下の各中学校に関する記述は、右書をはじめ各中学校の手になる刊行物に負うところが多い。同刊行物掲載の回顧談の類も、何人もの異口同音のそれともなると、その信憑性も増すと考えていいだろう。なお、同刊行物を出典とする記述については註記を省き、ここにそれらを一括して掲げておくこととする。引用した箇所がそれらの中で一度ならず二度三度にわたって散見されることもあり、度毎に註を付すの煩を避けたいと思うからである。

『加茂川　一四号』六四年、『下鴨　創立一〇周年記念特集』五九年、『下鴨　創立二〇周年記念号』六九年、『下鴨　創立四〇周年記念号』八九年、『高野中学校　創立三五周年記念誌』八四年、『近衛　創立二〇周年記念』六八年、『岡崎　創立五〇周年記念』九八年、『中京中学校二〇年誌』六九年、『なかぎょう　創立四〇周年記念誌』八八年、『四条創立五〇周年記念誌』九七年、『成徳一二〇年誌』八九年、『月輪　創立三〇周年記念誌』七八年、『はちがおか　創立二〇周年記念誌』六九年、『はちがおか　創立三〇周年記念誌』出版年不詳、『はちがおか　創立四〇周年記念誌』八九年、『九条校百年の歩み』七三年、『桃稜　創立一〇周年』五九年、『ふじのもり　創立三〇周年記念誌』七八年、『ふじのもり　創立四〇周年記念誌』八六年、『五〇年の歩み　醍醐中学校創立五〇周年記念誌』九八年。
63　「新校舎完成　防音も完備」『京都新聞』五五年九月二〇日。
64　「隣接地買収話し合い成立／近く保護者などの寄付へ」同右、五二年六月一八日。
65　「改築委員会を結成／初音中学」同右、五五年六月一三日。
66　「天下一品の図書館」同右、五二年六月二六日。なお、長谷川一夫は、伏見中学の前身である彰徳高等小学校を大正七年に卒業。
67　「学校設備は生徒の手で」『京都新聞』五四年六月一日。「老朽化校舎いたわる工作班」同、五四年一二月一八日。

68 「備品は生徒の手で」同、五五年二月九日。「教材・実験道具作り」同、五四年一月二八日。
69 「古弁当箱も実験材料」同右、五五年三月九日。
70 「郷土産業と固く結ぶ」同右、五四年九月一二日。
71 「ぼくらの手で西陣織」同右、五四年四月二一日。
72 「充実めざましい郷土室」同右、五四年一一月一〇日。「資料ギッシリ　地域教室」同、五四年二月二六日。
73 「地域と共に歩む学校」同右、五四年四月二七日。
74 「図書館拡充募金目標超す」同右、五一年一〇月七日。
75 「市内で最年長の名校長」同右、五四年九月七日。
76 「学校図書館の現状」同右、五三年一〇月二二日。「京都学校図書館の現況」同、五四年六月二四日。
77 北村金三郎、前出「混沌の一語に尽きる」三〇ページ。
78 「生活の向上は体育から」同右、五三年一二月五日。「教科と共に養う保健思想」同、五四年一月三〇日。「健康教育へ力強い歩み」同、五四年一〇月三一日等。
79 前出『京都の教育』九ページ。
80 「生徒会旗／みんながおやつ代節約して作る」同右、五一年一一月七日。
81 「修学旅行カンパ」同右、五三年一二月一四日。「美しい友愛のカンパ／喜びや悲しみは共に」同、五三年一〇月三一日。

参考文献

史・資料

『京都府（議）会会議録』
『京都府議会週報』
『京都市会会議録』
『京都府統計書』
『京都市勢統計年鑑』
『京都市統計書』
京都府内務部学務課『京都府学事要覧』一九四四年
京都府教育委員会『教育展望』
京都府教育委員会『公立学校基本数調査』一九六二―一九六五年
京都府教育委員会『京都府立高等学校　教育課程編成要領』一九七二年

京都府教育庁『活力とうるおいのある新しい高校教育を目指して』一九八四年
京都市教育委員会『京都の教育』
京都市教育委員会『京都市教育概要』
京都市教育委員会『学校調査概要』一九五〇年
京都市教育委員会『教育委員会通信』第四号、一九五三年
京都府公立高等学校長会『京都府における綜合制、地域制、共学制について』一九五二年
京都府公立高等学校長会『歩み——京都府公立高等学校十周年記念誌』一九五八年
全国高等学校長協会綜合部会『京都府の綜合制について』一九六八年
京都府教育研究所『高等学校総合制教育課程に関する研究基礎資料』一九七二年
京都府教育研究所『教育研究資料　生徒会指導の計画化・構造化をめざして』一九七九年
京都府産業教育七十周年記念会『京都府産業教育七十周年記念誌』一九五九年
京都府産業教育八十周年記念会『京都府産業教育のあゆみ——八十周年を記念して』一九六九年
京都府産業教育振興会『京都府産業教育この10年の歩み——90周年を記念して』一九七六年
京都公立商業高等学校設置促進協議会『商業教育の新展開——京都公立単独商業高校実現のために』一九六一年
京都府立高等学校家庭科研究会『家庭一般・男女共修・資料』改訂版、一九八一年
京都市立高等学校生徒指導研究会『研究報告　生徒会指導一〇年のあゆみ』一九六〇年
京都市立西京高等学校『生徒指針』一九五一年
永田照夫編『資料集　京都における生徒会連絡協議会——西京高校関係資料を中心に』一九七八年
『京都市立洛陽高等学校　生徒手帳』

京都府立洛北高等学校『学校要覧』
『同志社百年史　通史編二』一九七九年
『創立十周年記念誌　園部高等学校』一九五八年
『京一中洛北高校百年史』一九七二年
『京都府立石原高等学校創立十周年記念誌』一九七三年
『京都市立西京商業高等学校創立三十周年記念誌』一九七九年
『京都市立日吉ヶ丘高等学校　三十年史』一九八一年
『和知分校三十三年の歩み』一九八一年
『和知分校40年のあゆみ』一九八九年
『記念誌　京都府立須知高等学校桧山分校』一九八一年
『京都府立峰山高等学校弥栄分校定時制課程閉校記念誌　三十七年のあゆみ』一九八五年
『洛陽工高百年史』一九八六年
『京都府立田辺高等学校創立30周年記念誌』一九九三年
『創立百周年記念誌　京都府立綾部高等学校』一九九四年
『京都市立堀川高等学校定時制創立50周年記念誌』一九九九年
『京都府私立中学高等学校要覧』一九五三年
『商業課程設立十周年記念誌　精華学園』一九六二年
『京都成安女子学園六〇年史』一九八七年
京都府立京都第一中学校『京一中新聞』

京都市立第一工業学校『京工新聞』
京都府立鴨沂高等学校『鴨沂新聞』
京都府立洛北高等学校『洛北高校新聞』
京都市立西京高等学校『西京高校新聞』
京都市立洛陽高等学校『洛陽新聞』
京都市立西京高校生徒会機関誌復刊号『西京』一九五八年
『あゆみ――鴨沂高校三期生卒業40周年記念文集』一九九二年
『鴨沂の歩み――生徒と教師の証言』一九九三年
『鴨沂の歩み――生徒と教師の証言』第二号、一九九五年
『鴨沂の歩み――高校三原則下の公立高校の実像』第三号、一九九六年
京都府私立中学高等学校協会『京都府私立中学高等学校要覧』一九五三年
京都府青少年問題協議会『京都府青少年問題要覧　昭和三三年度』
京都府青少年問題協議会『京都府における青少年の保護育成に関する条例制定参考資料』一九六三年
京都府警察本部『昭和三二年　非行少年の補導状況』一九五七年
京都府警察本部『昭和三三年　京都府下の少年非行の実態』一九五八年
京都府警察本部『少年非行の実態』（昭和三四年〜平成一〇年）一九五九年〜一九九八年
京都府立高等学校教職員組合『京都の高校教育』（府高版）一九七三年
『京都新聞』
『夕刊京都』

都新聞『京都年鑑　昭和二五年版』一九五〇年
GHQ／SCAP文書（京都軍政部関係）
『帝国議会衆議院議事速記録86　第92回議会下』東京大学出版会、一九七二年
『近代日本教育制度史料』第六、二三、二四巻、講談社、一九五六、一九五七年
『新日本教育年記』第一巻、学校教育研究所出版部、一九六六年
『戦後日本教育史料集成』別巻、三一書房、一九八四年
『時事通信・内外教育版』時事通信社
文部省学校教育局「新学校制度実施準備の案内」『文部時報』第八三九号、一九四七年四月
文部省学校教育局『新制高等学校実施の手引』一九四七年
文部省学校教育局『新制高等学校教育課程の解説』教育問題研究所、一九四九年
文部省学校教育局『新制中学校新制高等学校　望ましい運営の指針』教育問題研究所、一九四九年
文部省『日本における教育改革の進展──文部省報告書』一九五〇年
文部省教育施設研究会『文化国家の建設は六・三制学校建設の整備から』教育弘報社、一九五〇年
文部省「高等学校生徒の選択科目選択状況および卒業単位取得状況について（その一）」『中等教育資料』一（一一）、一九五二年
文部省『昭和二七年度公立高等学校入学者選抜実施状況および学区制に関する調査報告』一九五二年
文部省初等中等教育局『公立高等学校入学者選抜実施状況に関する調査報告書（昭和二九、三〇、三一年度）』一九五七年
文部省初等中等教育局『公立高等学校入学者選抜実施状況に関する調査報告書（昭和三二、三三年度）』一九五九年

文部省調査企画課『教育財政研究報告第四部　公立学校における建築費と土地費』一九五七年
文部省『わが国の教育水準』一九五九年
文部省『学習指導要領家庭科編　高等学校用（試案）』一九四九年
文部省『学習指導要領　一般編（試案）』一九五一年
文部省『高等学校学習指導要領　家庭科編』一九五六年
文部省『高等学校学習指導要領』一九六〇年
文部省『高等学校学習指導要領』一九七〇年
文部省『高等学校における生徒指導の諸問題』一九七〇年
大照完『新制高等学校の制度と教育』旺文社、一九四八年
全国高等学校長協会「高校教育改善についての調査」『時事通信・内外教育版』第五五六号、一九五四年
総務庁青少年対策本部『青少年白書　平成一一年版』一九九九年

研究論文・著書

赤塚康雄『戦後教育改革と地域――京都府におけるその展開過程』風間書房、一九八一年
阿部彰『戦後地方教育制度成立過程の研究』風間書房、一九八三年
天野利武『一教育長の回顧――京都府の教育改革』民主教育協会、一九五六年
鮎川潤『少年非行の社会学』世界思想社、一九九四年
池田悠子「京都府立高等学校の実践から」『家庭科教育』第四八巻三号、一九七四年
市川哲・高木英明・室井修・淀川雅也「京都府における高校教育制度改善の動向」『教育行財政研究』第一二号、一九

八五年
今津孝次郎・樋田大二郎編『教育言説をどう読むか』新曜社、一九九七年
大石良材「定時制教育の実態」『教育研究』京都府教育研究所、第四号、一九五〇年
大内文一・小川吉造・武石文人・山領健二『学校新聞からの証言　高校生の戦後史』新評論、一九八三年
大村英昭『新版　非行の社会学』世界思想社、一九八九年
小川吉造・今井久仁編著『高校新聞の戦後史――学園メディアと高校生記者たちの青春』白順社、一九九九年
柿沼昌芳・永野恒雄・田久保清志『高校紛争――戦後教育の検証』批評社、一九九六年
「学制改革」を記録する会編『ああ朱雀』かもがわ出版、一九九三年
家庭科の男女共修をすすめる会編『家庭科、なぜ女だけ！――男女共修をすすめる会の歩み』ドメス出版、一九七七年
家庭科の男女共修をすすめる会編『家庭科、男も女も！――こうして拓いた共修への道』ドメス出版、一九九七年
門脇厚司・飯田浩之編『高等学校の社会史』東信堂、一九九二年
喜多明人「子どもの参加の権利と生徒参加史研究――戦後日本における生徒自治会形成過程の検討を中心に」『教育学研究』第六二巻第三号、一九九五年三月
喜多明人・坪井由実・林量俶・増山均編『子どもの参加の権利――〈市民としての子ども〉と権利条約』三省堂、一九九六年
教育の明日を考える会編『われら新制高校生――戦後教育の原点を検証する』かもがわ出版、一九九九年
京都高校教育問題研究会編『これからの高校教育――小学区制に基づく京都の実践と提言』明治図書、一九七九年
『京都市会史（明治二二―昭和三一年）』一九五九年
京都の教育を考える府・市民の懇談会編『どの子にもたしかな未来を――高校三原則論争のうずまく京都から』あゆみ

出版、一九八四年
京都府教育研究所編『京都府教育史――戦後編（戦後の教育制度沿革）』京都府教育研究所、一九五六年
京都府教育研究所編『戦後京都教育小史』京都府教育研究所、一九七八年
『京都の私学略史』京都府私立中学高等学校長会、一九九八年
黒瀬卓秀「一九七〇年代の京都の公立高校『家庭一般』の取り組み――『生活者』として職業を選ぶということ」『慶應義塾大学大学院　社会学研究科紀要』第五三号、二〇〇一年
現代中等教育研究会『高校の生徒会活動（現代の高校教育3）』明治図書、一九六六年
国民教育研究所編『全書・国民教育10　民主的高校教育の創造』明治図書、一九六七年
国民教育研究所・京都教育センター監修『民主教育――戦後京都の教育運動史』民衆社、一九七四年
小林信彦『現代〈死語〉ノート』岩波書店、一九九七年
小山静子「京都府議会における高校教育論議――一九六〇年代前半における高校生急増への対応」『立命館教育科学研究』第一三号、一九九八年
小山静子「男女共学論の地平」『教育学年報7　ジェンダーと教育』世織書房、一九九九年
小山静子「一九五〇～六〇年代における男女共学問題」『教育学年報10　教育学の最前線』世織書房、二〇〇四年
坂本秀夫『生徒会の話――生徒参加の知識と方法』三一書房、一九九四年
佐々木享『高校教育の展開』大月書店、一九七九年
佐々木享「高校の学科家庭科に関する覚書」『名古屋大学教育学部紀要（教育学科）』第三四巻、一九八七年
佐々木享・横山悦生「解説　家庭科教育の現代史と雑誌『家庭科教育』」『雑誌『家庭科教育』解説・総目次・索引』大空社、一九九四年

佐藤薫『六・三制』教育弘報社、一九五一年
鮫島文男「高等学校の定時制課程の現状」『文部時報』第九〇六号、一九五三年二月
清水英夫・秋吉健次編『青少年条例』三省堂、一九九二年
鈴木集蔵『高校生は発言する』エール出版社、一九六九年
但馬卓『教育の軌跡――大正生まれの一教師の足跡』柳原書店、一九八四年
田中清一「戦後初期における生徒自治活動史の研究――長野県下新制高校生徒会成立・展開過程にみる『民主主義』受容」修士（教育学）学位論文　筑波大学大学院教育研究科、一九九八年
谷村信武「新潟県における女子教育振興策について」『産業教育』一九五八年四月
田村義雄「京都府の実施した中等学校入学考査法」『文部時報』第七八二号、一九四三年一月
永田照夫「政治教育としての高校生徒会活動」『教育』国土社、一九六七年三月
永田照夫『ある戦中派教師の戦後体験――西京高校二三年』栄光出版社、一九七四年
永田照夫『日吉ヶ丘の緑陰から――続・ある戦中派教師の戦後体験』（非売品、京都府立総合資料館蔵）一九八三年
永田照夫『教育基本法第八条（政治教育）小史　教育法社会学的考察序説』西村信天堂、一九八五年
中原克己・鈴木集蔵・折目和子編著『高校教師は発言する』明治図書、一九七〇年
日本教育新聞編集局『戦後教育史への証言』教育新聞社、一九七一年
橋本紀子『男女共学制の史的研究』大月書店、一九九二年
服部義治郎「高校生の悩みの調査について」『教育研究』京都府教育研究所、第一五号、一九五六年
服部義治郎「道徳的価値観調査について」『教育研究』京都府教育研究所、第一九号、一九五九年
広瀬裕子「戦後学制改革期における男女共学化に関する一考察」『教育学研究』第四九巻第三号、一九八二年九月

藤田昌士「教育課程と生徒自治」『教育』国土社、一九九八年二月
朴木佳緒留「戦後初期の家庭科教育における主婦養成教育――高等学校職業課程『家庭課程』の成立」『年報・家庭科教育研究』第一二集、一九八四年
朴木佳緒留「戦後教育改革期における女子職業教育」『生活課題と教育』光生館、一九八四年
朴木佳緒留「女子特性論教育からジェンダー・エクィティ教育へ」『ジェンダーと教育の歴史』川島書店、二〇〇三年
細金恒男「戦前における中等学校入試制度の改革」『高校入試制度の改革』労働旬報社、一九八八年
増田幸一・徳山正人・斎藤寛次郎『入学試験制度史研究』東洋館出版社、一九六一年
松村啓一「京都の高校三原則の発足と日本側の対応」『日本教育史研究』第九号、一九九〇年
松本泰蔵「定時制分校の経営」『教育研究』京都府教育研究所、第九号、一九五二年
松本泰蔵「定時制分校の経営」『教育研究』京都府教育研究所、第一一号、一九五四年
三井須美子「戦後女子『特性』論の定着過程研究――産業教育振興法の成立と家庭科教育」『教育学研究』第四七巻第一号、一九八〇年三月
宮坂哲文『新訂　特別教育活動』明治図書、一九五九年
宮坂哲文「日本近代学校における課外活動の発達」『宮坂哲文著作集』第三巻、明治図書、一九七五年
村田晃治『総合制高等学校の考察』私家版、一九七八年
村松喬『教育の森1　進学のあらし』毎日新聞社、一九六五年
森幸枝『男女で学ぶ新しい家庭科――京都における歩みと実践』ウイ書房、一九八六年
安田雅子「『家庭一般』の自主編成〈男女共修〉」『民主的家庭科教育の創造』家庭科教育研究者連盟、一九七四年
安田雅子「わかる授業をめざして」『家庭科教育』第五一巻三号、一九七七年

山本キク「昭和二十四年以後の家庭科」『家庭科教育』第三〇巻四号、一九五六年四月
湯浅晃「京都における高校三原則と高校教育課程審議会の活動」『国民教育』第一三号、一九七二年
横山文野『家庭科教育政策の変遷——教育課程における女性観の視角から』東京大学都市行政研究会研究叢書一五、一九九六年
淀川雅也「京都府における高校制度改善の動向と問題点」『高校制度改革の総合的研究』多賀出版、一九八六年
和住靖子「高等学校定時制短期修了について」『教育研究』京都府教育研究所、第九号、一九五二年
『法律時報増刊　青少年条例』日本評論社、一九八一年

編・著者紹介

小山静子（こやま・しずこ）――京都大学大学院人間・環境学研究科教授。著著に『良妻賢母という規範』（勁草書房、一九九一年）、『家庭の生成と女性の国民化』（勁草書房、一九九九年）、『子どもたちの近代――学校教育と家庭教育――』（吉川弘文館、二〇〇二年）などがある。〔編者〕

四方利明（しかた・としあき）――立命館大学経済学部助教授。論文に「モノ語りが生成し続ける学校建築」（『学校のモノ語り』東方出版、二〇〇〇年）、「学校の空間」（『子どもと空間』京都精華大学創造研究所ライブラリー3、二〇〇一年）、「学校のウチ／ソト考」（『学校の境界』阿吽社、二〇〇三年）などがある。

菅井凰展（すがい・よしのぶ）――立命館大学文学部教授。論文に「実業専門教育――その発達の基礎が築かれるまでの経緯」（『帝国議会と教育政策』思文閣出版、一九八一年）、「明治後期における第一高等学校学生の思潮」（『日本近現代史―構造と変動2』岩波書店、一九九三年）、「京都法政学校創立前後の京都の教育」（『立命館百年史　通史1』立命館大学、一九九九年）などがある。〔編者〕

土屋尚子（つちや・なおこ）――立命館大学非常勤講師。論文に「大正期における女子教育の展開――大阪府を例として――」（大阪女子大学人間関係学科『人間関係論集』第一四号、一九九七年）、「『学芸の都』における公立大学論議――一九五〇年代を中心に――」（立命館大学教育科学研究所『立命館教育科学プロジェクト研究シリーズX　京都における「新教育」半世紀』一九九八年）などがある。

冨岡　勝（とみおか・まさる）――近畿大学教職教育部講師。論文に「旧制高校における寄宿舎と『校友会』の形成――木下広次（一高校長）を中心に――」（『京都大学教育学部紀要』第四〇号、一九九四年）、「京都帝国大学における寄宿舎『自治』の成立とその変化」（教育史学会『日本の教育史学』第三八集、一九九五年）、「学生による調査・発表を中心にした『特別活動論』の授業」（近畿大学教職教育部『教育論叢』第一四巻第一号、二〇〇二年）などがある。

森岡伸枝（もりおか・のぶえ）――奈良女子大学非常勤講師。論文に「明治初期における女児小学――島根県を例として――」（大阪女子大学人間関係学科『人間関係論集』第一六号、一九九九年）、「明治初期の初等教育機関における男女の分離」（奈良女子大学文学部教育文化情報学講座年報『人間形成と文化』第三巻、一九九九年）、「女紅教育の変容――京都周辺の女紅場を中心として――」（教育史学会『日本の教育史学』第四四集、二〇〇一年）、などがある。

山口和宏（やまぐち・かずひろ）――近畿大学教職教育部助教授。著書・論文に「土田杏村における『教養』の問題――その思想的根底としての華厳の世界観について――」（教育史学会『日本の教育史学』第三六集、一九九三年）、『社会教育の近代』（共著、松籟社、一九九六年）、『土田杏村の近代――文化主義の見果てぬ夢――』（ぺりかん社、二〇〇四年）などがある。〔編者〕

戦後公教育の成立
——京都における中等教育

2005年3月31日　第1刷発行 ©

編　者	小山静子・菅井凰展・山口和宏
発行者	伊藤晶宣
発行所	(株)世織書房
組版・印刷	(株)マチダ印刷
製本所	(株)協栄製本

〒224-0042　神奈川県横浜市西区戸部町7丁目240番地　文教堂ビル
電話045(317)3176　振替00250-2-18694

落丁本・乱丁本はお取替いたします　Printed in Japan
ISBN4-902163-20-9